岩　波　現　代　文　庫

日本軍の治安戦

日中戦争の実相

笠原十九司
Tokushi Kasahara

学術 471

岩波書店

目　次

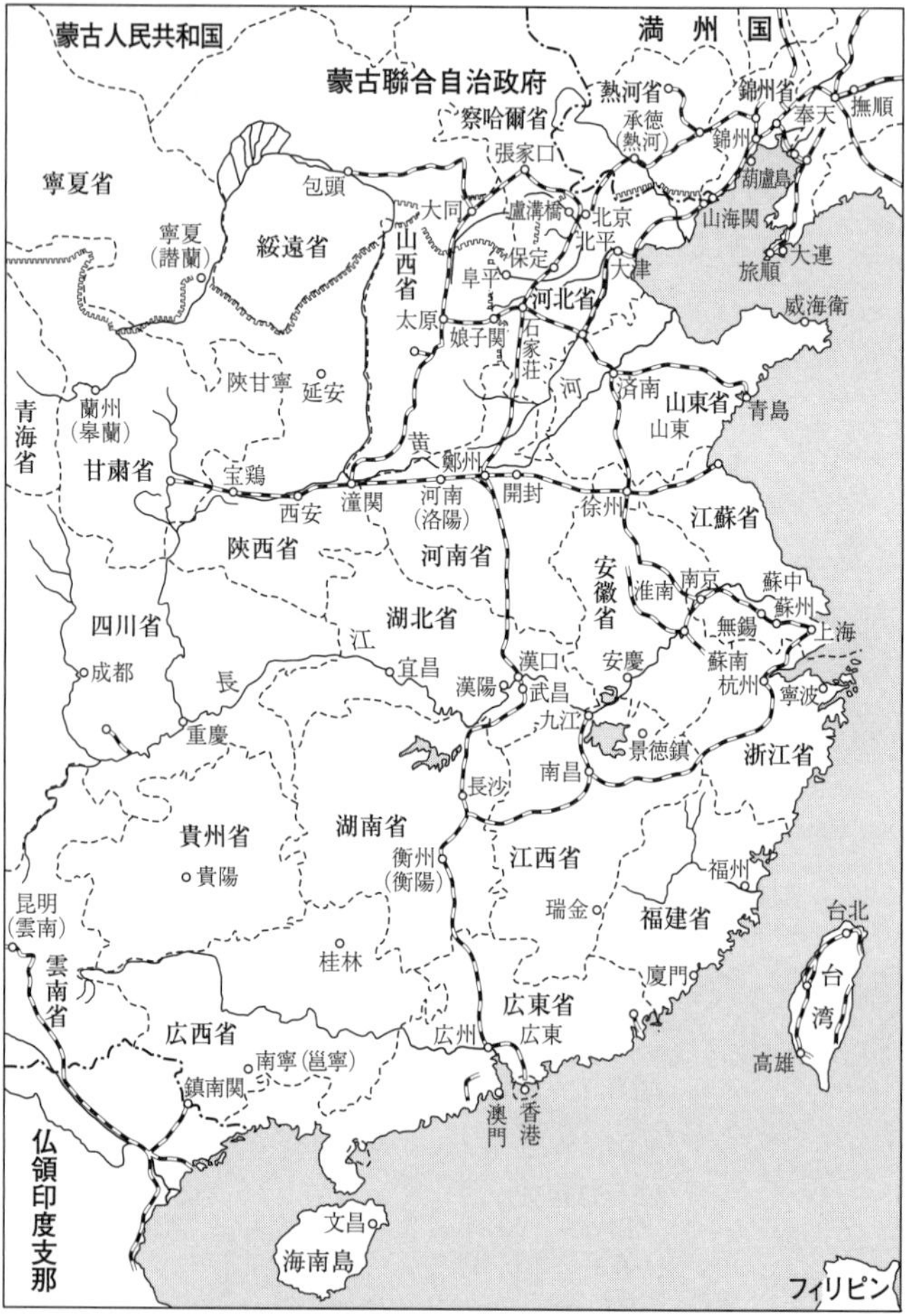

本書関連地図(1940 年前後)

プロローグ
山西省の治安戦における宮柊二と田村泰次郎

宮柊二『歌集山西省』(短歌新聞社，1995年)，尾西康充『田村泰次郎の戦争文学 —— 中国山西省での従軍体験から』(笠間書院，2008年．表紙は宣撫班の紙芝居を使った巡回公演の写真．中央の日本兵が田村泰次郎)

歌集『山西省』に歌われた治安戦

戦後短歌の代表的歌人である宮柊二に『山西省』(古径社、一九四九年)という歌集がある。川崎の富士製鋼所(のち日本製鉄に合併)の工場新聞の編集の仕事をしていた宮は、一九三九年、兵隊としては高齢の二七歳で補充兵として召集される。そして同年一二月から一九四三年九月までの四年間、中国の山西省において治安戦に従軍した。歌集には宮が山西省における戦場の日々と光景を詠んだ短歌が収められている。その中に、つぎのような歌がある。

ひきよせて寄り添ふごとく刺《さ》ししかば声も立てなくくづをれて伏す

この歌の前に「磧《かはら》より夜をまぎれて来《こ》し敵兵の三人《みたり》迄を迎へて刺せり」という歌がある。宮らは夜間に中国軍陣中に潜入、遭遇した中国兵を帯剣(銃剣)で刺し殺したのである。中国兵を抱え込んで自分の体重をかけて帯剣を突き刺し、腸を抉《えぐ》るようにして切断、相手は叫び声をあげる間もなく崩れるように死んだ、即死であった。相手は武装している中国兵であるから、抵抗され、逆襲される危険があるにもかかわらず、敵兵を抱き寄せて急所を一刺しにして即死させたのは、戦闘慣れして、度胸の据わった兵士でなければできないことである。まさに「殺人のプロ」といえた。

　それにしても、人を殺している瞬間を詠った歌は日本短歌史のなかでは類を見ないもので、「戦争とは人を殺すことである」ことを端的に表している。宮には「帯剣の手入《ていれ》をなしつつ血の曇《くもり》落ちねど告ぐべきことにもあらず」という歌もある。帯剣の手入れをしているとき、帯剣に付着した血糊の凝結があり、拭いても拭いても落ちない、これは敵兵を殺傷した「戦果」の証拠であるが、手柄話として兵隊仲間に話すような特別なことでもない、という意味である。この歌から、宮が銃剣による中国兵の刺殺に慣れていたことがうかがえる。

　宮柊二は、山西省北西部に位置する寧武県、神池県（巻末の地図5を参照）に駐屯した独立混成第三旅団（独混三旅）歩兵第一〇大隊第二中隊に所属していた。同部隊は後に詳述する晋察冀《しんさつき》辺区にたいする治安粛正作戦を展開していた。宮は前掲短歌の前書きに「部隊は挺身《（ママ）》隊。敵は避けてひたすら進入にこころがけよ、銃は絶対に射つなと命令にあり」と記している（『山西省』〈復刻版〉六六頁）。挺進隊は、特別任務のもとに、遠く本軍を離れ、独立して敵軍の背後に行動し、敵の退路を遮断するなど、あらゆる手段をつくして本軍の作戦を有利にさせるための活動をした別動部隊のことである。企図心に富み強靭な性格を持つ、積極果敢な指揮官のもとに、兵隊は必要最小限の精鋭が選ばれた。宮が挺進隊員に選ばれたことは、彼が戦闘力に優れた兵隊であったことを意味する。
この時、宮たちは深夜に中国軍陣地の背後に進入して、本部隊による明け方の急襲突撃を有利に導くための作戦行動をしていた。中国軍に気づかれないように深夜の隠密行動であり、「敵」に遭遇した場合でも、銃を絶対に使わずに刺殺するように命じられていたのである。

宮が所属したのは独立混成第三旅団だった。独立混成旅団は歩兵大隊を中心にした身軽に動ける戦闘部隊で、師団のように野戦重砲のような重火器はもっていなかった。そして抗日根拠地や抗日ゲリラ地区への討伐作戦、占領地維持などの治安戦にもっぱら従事した。独混三旅は、一九三八年一〇月から敗戦の四五年八月までずっと、山西省に駐屯して治安戦に従事した。宮は治安戦に参加している最中に多くの歌を詠んでいるが、それらの歌から、宮自身が体験ないし目撃した治安戦場の様相をうかがうことができる。

落ち方の素赤《すあか》き月の射す山をこよひ襲はむ生くる者残さじ

「晋察冀辺区(一九四二年)八月二日出動、一〇月一五日に至る」と前書きにあるように、晋察冀辺区への治安粛正作戦に参加していた時の歌である。八路軍の根拠地のある山村に夜襲をかけ、村民もふくめて皆殺しにしてやろうという意味である。「敵性住民への燼滅《じんめつ》作戦」という言い方もしたが、燃えかすも残らないほど徹底して殺戮、放火した

「殺し尽くし、焼き尽くす」作戦である。なお、宮が詠んだ歌の背景にある作戦の実相が分かるのは、宮の当時の部隊の上官にあたる相楽圭二(独立混成第三旅団歩兵第一〇大隊副官)が、敗戦後に太原の戦犯管理所において、詳細な作戦行動と自分の指揮部隊が犯した罪行について自筆供述書を残していたからである(中央檔案館整理『日本侵華戦犯筆供』第三冊、中央檔案出版社、二〇〇五年。同書については後述)。相楽は宮の所属部隊の上官として、山西省北西部の寧武県、神池県に駐屯して、八路軍根拠地の掃蕩作戦を指揮して、部下に民家の放火や住民刺殺、略奪をおこなわせ、八路軍に通じた嫌疑で、農民を逮捕、拷問、撲殺、刺殺、射殺させたりしている。さらに宮の部隊が警備にあたった寧武県東寨鎮警備隊長として分遣隊を指揮し、部下の強姦、輪姦を容認し、自分でも女性を将校宿舎に誘って強姦している。

目の下につらなる部落の幾つかが我に就き敵に就き遂に謀りき

眼下に見える村々のなかに、いくつかの村が日本軍に協力的であったと思ったら、最後には八路軍に通じて日本軍を欺いたという意味である。日本軍がこのような目にあった場合、その後は、報復と見せしめのためにそれらの村にたいする徹底した燼滅掃蕩作戦をおこなった。中国側が「三光作戦」といって恐れた「殺し尽くし、焼き尽くし、奪い尽くす」作戦、つまり村民の皆殺し、家屋の焼却、家畜や食糧の略奪であった。

鶏《にはとり》をいすくめ抱《かか》へ密偵の丈《たけ》の低きが捕はれ来りぬ

日本軍の動向を探り、八路軍に情報を通報する密偵をはたらいていたと見られた農民が鶏を抱いたまま連行されてきたというのである。日本軍は八路軍の兵士やゲリラ兵を捕らえた場合、訊問《じんもん》などが済んだら殺すことにしていたので、密偵とみなした場合は激しい拷問を加えて情報を吐かせようとしたうえで、吐いても吐かなくてもほぼ例外なく殺害した。

甕《かめ》の類あまた並べし家ぬちに遁《に》げ遅れたる女ぞひそむ

治安掃蕩作戦に出動し、ある村の村落掃蕩に押し入ったところ、村民はすでに逃亡、避難してしまっていた。食糧などの略奪もかねて民家一軒一軒の捜索に入ったところ、土間にならべられた甕の奥に女性が隠れていたのを発見したのである。「女」とあるから老女や子どもではなく、成人の女性が病気や妊娠中など何らかの理由で逃げられなかったのであろう。さきの相楽圭二の供述書や後述する田村泰次郎の作品のところで言及するように、発見された女性は、部隊の誰かによって強姦、あるいは集団で輪姦されたうえ、殺害されることが多かった。

出没する敵百姓をのぞみつつ水を溜め壕を掘り静けき日々《ひび》や

「分遣隊　宿舎は山下谷間の部落、二四時間交替勤務にのぼりゆくトーチカはその西と東の山頂」という前書きがある。「出没する敵百姓」というのは農民ゲリラ兵を指す。民兵ともいわれた。農民が日本軍の侵略から家や土地、財産を守り、家族を守るために八路軍の工作下に抗日ゲリラ部隊を組織したのであるが、宮ら日本兵にとっては、「敵百姓」であり討伐、殺戮の対象であった。分遣隊は、抗日根拠地、ゲリラ地区の活動を封じ込めるために、十数名規模の小部隊が村の民家を接収して宿舎にあてて駐屯、背後にある丘陵や山頂にトーチカを築いて警備にあたった。トーチカの建設や壕の掘り、水の運搬などには当地の村民が強制労働のかたちで使役されることが多かった。

とらへたる牛喰ひつぎてひもじさよ笑ひを言ひて慰さむとすも

宮の部隊が山西省の南端の河南省・陝西《せんせい》省との省境の山岳地帯で展開された中原会戦（一九四一年五月七日―六月一五日）に参加していたときの歌である。農民にとって牛は耕作、運搬などのための大切な労働力であり、高価な財産であった。作戦中の食糧の多くを現地調達という名の略奪によった日本軍の部隊は、歌のように農民の牛を略奪して殺害、食糧にしたのである。「殺し屋」となったことへの自嘲的な笑いであろうか。しかし膨大な時間と手間をかけて大切に育てた牛を奪われた農民の悲憤への同情はない。治安作戦を展開していた日本軍は、中国農民にとっては、蝗軍《こうぐん》(皇軍をもじってこう呼んだ。発音が同じ)すなわち作物や家畜を略奪して喰い荒らすイナゴと同じ軍隊であった。

後述する田村泰次郎の作品に「地雷原」(『群像』第一九巻一一号、一九六四年一一月、講談社)がある。太行山脈の奥深くの抗日根拠地へ掃蕩作戦に出動し、地雷埋設の多い地帯に入ったところで、ある村落の牛を全部集めて、大半を殺害して兵隊たちの胃袋におさめたあと、残りの牛十数頭を尖兵中隊に先行させて、埋設地雷をひっかけさせて、兵隊たちの身代わりにしようとした話である。どこに地雷が埋設されているかも知れない道路を、牛を追いたてて進むのは、八路軍兵士の捕虜十数名であった。それらの捕虜が逃亡しないように監視したのは、作戦期間中は俘虜工作隊と名称を変更された、田村が所属した独立混成第四旅団司令部直属の宣撫《せんぶ》班の隊員であった。田村たちは牛や俘虜たちとともに、尖兵中隊に先行して進まなければならず、隊員の数名は、牛や俘虜たちと同じ危険を背負って行軍したのである(『田村泰次郎選集』第四巻、日本図書センター、二〇〇五年所収)。

耕《たがやし》に入らざる丘が相つづきか黝《ぐろ》に寂しき城壁負へり

抗日根拠地あるいは抗日ゲリラ地区の農村への討伐作戦の途中で見た光景を詠んだも

のである。日本軍を恐れて農民が長期にわたり避難、逃亡してしまい、春になって作物の種植えの季節になっても村にもどらず、耕作されずに放置されたままの畑の丘陵がつづいている。畑つづきの終わりにある県城の城壁も、人影もなく廃墟のように青黒く聳《そび》えている、という光景である。日本軍の治安作戦は、農村統治の安定どころか、農民にとっては、一時家や畑を放置して、避難、逃亡しなければ生命の安全が守れないものだったのである。

田村泰次郎「裸女のいる隊列」に描かれた治安戦

戦後すぐに『肉体の門』(一九四七年)を書き、肉体の解放を唱える肉体派作家として華々しく文壇にデビューした田村泰次郎は、一九四〇年から四六年までの山西省での従軍体験をもとに、『肉体の悪魔』(一九四七年)、『春婦伝』(一九四七年)、『蝗《いなご》』(一九六五年)など、朝鮮人慰安婦、八路軍女性兵士との肉体的な恋愛関係などをテーマにした多くの戦争文学作品を書いている。

早稲田大学仏文科を卒業後、青年文士として小説や評論を書き始めていた田村は、一九四〇年一一月、二九歳で召集され、独立混成第四旅団(独混四旅)歩兵第一三大隊第三中隊に配属された。その年の九月、本書で詳しく述べる八路軍の百団大戦により、同中隊が中隊長以下八割の戦死者を出したため、田村らはその欠員補充として送られてきたのである。最前線の厳しい戦闘生活に耐えかね「一日でも早く召集解除」を願っていた田村にたいして、同じ三重県出身の作家丹羽文雄が陸軍報道部長に依頼してくれたおかげで、翌四一年に旅団本部直属の宣撫班に転属となった。宣撫班は占領地区の住民に日本軍の占領政策を理解させて、人心を安定させることを任務とするもので、教育文化宣伝活動など平和的な手段を行使して治安戦の一端を担った。田村は八路軍の捕虜を団員とする「和平劇団」を組織して巡回公演をおこない、「日満支親和精神の徹底」「抗日教育の一掃」「民心安定」のための「鎮撫工作」に従事した(プロローグ扉写真参照)。独混四旅の司令部は山西省の中部の河北省寄りにあったので、宮柊二が山西省北西部を中心に武力による治安戦に従事していたのにたいし、田村泰次郎は中東部を中心に文化活動による治安戦に従事していたのである。

田村は山西省における戦場体験を回想した短編「裸女のいる隊列」(別冊『文藝春秋』四二号、一九五四年一〇月)において、日本軍がおこなった抗日根拠地、抗日ゲリラ地区にたいする燼滅作戦(治安掃蕩作戦)について、こう書いている。宣撫班に転属される前の、独混四旅の中隊にいたときの体験である。

老百姓《ラオパイシン》、——日本軍にとって、この言葉は、なんの人格的な意味もなかった。彼らは野良犬や、虫けらと、すこしもちがう存在ではなかった。長い戦争の期間をとおして、日本軍に殺された住民の数は、恐らく日本軍と闘って死んだ中国軍の兵隊の数よりも多いのではないだろうかとさえ、私には思われる。すくなくとも、中国の奥地では、戦場で見る敵兵の死体よりも、農民の数の方が、私たちの眼に多く映るのが、普通だったのだ。ある時期においては、ときには、公然と、住民をみな殺しにしろという軍命令が出たこともある。燼滅作戦というのが、それだった。

「おい、こんどの作戦は、ジンメツだとよ」

作戦開始のときになると、兵隊たちはそんな噂をしあった。作戦地域内の部落という部落は焼き払って、生あるものは、犬の子一ぴきも生かしておかないというのが、建前だった。日本軍全体が、血に狂った鬼の軍隊になった。

住民たちに対する日本軍の身の毛のよだつような所業は、私の七年間にわたる戦場生活で幾場面も見ているが、全戦争期間、全戦域にわたっては、それがどのくらいの場面になるかは、想像を絶したものがあるにちがいない。

田村は当初、独混四旅第一三大隊第三中隊に編入されたが、同大隊第一中隊長であった山脇大尉についてこう書いている(1)。

その山脇大尉という将校は齢はもう四十歳に近かったようだ。昔の一年志願の将校で、こんどの戦争に召集されるまでは一介の平凡な勤め人だったということだった。私たちが補充要員として、内地から送られて行った山西省の、石太鉄道のある駅から三十里ほど南にはいった、太行山脈のなかのその県城で、山脇大尉は勇名を轟かせていた。(中略)

新兵が入隊すると、山脇隊では新兵の度胸をつけるために敵兵や、日本軍側に連絡をしない部落の住民を捕らえて、一名の新兵に一名ずつの男を刺殺させることになっている。新兵が入隊する頃、山脇隊につかまった住民は運が悪い。生きて帰ることは、まずないからだ。

「おれの隊では、討伐に出たら、強姦したって、ええんやってよう。そのかわり、強姦したらきっとその女を殺さないかんのやって、死人に口なしいうさかいなあ」

関西出身の同期の補充兵から、そういう言葉を聞いたことがある。それが山脇隊の暗黙の隊規(?)だったようだ……いくら敵性地区の住民であっても、暴行を加えた尚その上に、まだその女の生命まで奪う必要はないように思えた。殺すことだけは、余計ではないか。(中略)

あるときの討伐では、山脇隊長が、兵隊たちのとり巻いているなかで、父と娘とを相姦させたという噂を聞いた。そのあと、父も、娘も、銃剣で刺殺したそうである。私は隊長のところへ行くことが、次第に気味悪くなって来た。

独混四旅第一三大隊は、八路軍の抗日根拠地にたいする一週間にわたる冬季大討伐作戦をおこない、凍傷者が続出する厳寒のなかを疲労困憊しながら引き揚げて来る途中、第三中隊から第一中隊の山脇隊に伝達連絡に出された田村二等兵は、つぎのような異様な光景を目にした。

私は稜線をちょっと降りたところで、隊長を待った。そのとき、なかに白い色が、隊列のなかに、まじっているのを、私は見た。白い色は、うす暗さを増してきている山の暮色に、一際きわだっているが、とっさには、それがなんであるか、私には見当がつかなかった。

けれども、近づくにつれて、まもなく、私にわかった。それは全裸の女なのだ。一個分隊くらいの間隔をおいて、その裸の女体は配置されている。あまりの唐突さに、私にはこの場面の意味が、すぐには判断出来なかった。

「貴様たち、この姑娘《クーニャン》たちが抱きたかったら、へたばるんじゃないぞっ、――いいか、姑娘の裸をにらみながら、それっ、頑張るんだっ、――」

下士官がどなっている声が、聞こえてくる。隊列は、私のそばにきた。眼の前をすぎてゆく女の肌は、はっきりと鳥肌だっているのが見え、蠟人形のように透きとおってきていて、むしろ、妖しい艶めかしさを帯びてさえ見えた。

隊長は、馬上で、影絵のように近づいた。私は敬礼した。

「小休止」

隊長が小声でつぶやくと、そばの将校が大声で、それを中隊じゅうにつたえた。

隊長は私の伝達を聞くために、馬から降りて、地面に立った。そのとき、一人の老婆が、なにか大声でわめきながら、隊長のそばに寄ってきた。裸にされて、酷寒のなかに立たされている娘を、返してくれといっているらしい。娘たちは、さっき通過してきた部落からひっぱってきた女たちにちがいない。

老婆は、彼女たちのなかの自分の娘を追っかけてきたのだ。

うるさいというように、将校の一人が老婆をつきとばした。老婆は、道路わきの地面に落ちて、仰むけにひっくり返った。その姿勢のまま、まだしきりとわめいている。すると、隊長が、ひょいと腰をかがめて、両腕で西瓜ほどもある石を抱えあげたかと思うと、老婆の方にむかって投げつけた。

「ぎやっ」というような叫びが、山の空気をひき裂いて、老婆の頭は砕けた。ざくろのように白っぽい脳漿が、凍土に、どろりと流れた。

誰も、なんともいわない。一瞬、ひんやりとしたようなものが、兵隊たちの胸から胸を流れたようだった。

「出発」

山脇隊長は、同じ調子の小声でつぶやいた。

まだ、びくびくと手足を動かせて、うなっている老婆を残して、ふたたび、隊列は、裸女たちをはさんで、粛々と動きだした。それは一糸みだれぬ、みごとな統率ぶりであった(以上、「裸女のいる隊列」の引用は、『田村泰次郎選集』第四巻、二〇―二六頁)。


日本陸軍の編制部隊の構成は、師団―連隊―大隊―中隊―小隊―分隊となっていたが、戦場における戦闘単位は中隊であり、中隊長の命令または号令で戦闘動作を遂行した。中隊の兵員は一二〇―二〇〇人であったが、いったん戦場に赴くと中隊長の存在が俄然重要となった。中隊兵員はすべて中隊長の人格見識の感化を受け、その人間性や経験の如何によって、中隊の兵隊はその運命を左右されることになった。田村が描いた山脇中隊はそのことを如述に物語っている。

田村の回想した「裸女のいる隊列」と同じような場面を、田村と同じ独混四旅第一三大隊の第二中隊(田村は第三中隊、山脇隊長は第一中隊)の兵士であった近藤一《はじめ》さんが体験している。田村と同じ三重県出身の近藤さんは田村と同様に百団大戦の損失の補充兵として一九四〇年一二月に召集され、山西省の戦場へ送られたのである。

一九四一年の秋のこと。初年兵の近藤は、自身にとって二回目の討伐作戦に参加していた。その二ヵ月におよぶ長期の討伐作戦の中の、ある日の行軍のときのことだ。

部隊とともに行軍する近藤の目の前を、赤ん坊をかかえた裸の中国人女性が歩かされている。三〇歳前後の若い女性は、行軍のために靴だけは身につけることを許されているが、脱走させないためにあとは素裸にされている。夜は零下に冷え込む寒い季節だ。前日に、この部隊から集落討伐にあい、赤ん坊を抱いた女性は逃げ遅れ、日本軍兵士に輪姦された。中国人女性を強姦・輪姦した後は殺してしまうのが普通だが、討伐作戦で襲った部落で若い女性を見つけるのはそう頻繁にあることではなく、若い女性をめずらしく捕まえたので、次ぎの日も輪姦すべく日本兵が行軍に連れ歩いているのだ。

その日の午前中の行軍は、切り立った崖の上の山の稜線を一列縦隊で進んでいた。素裸の女性は近藤のすぐ前を歩かされているので、元気が出るだろうと古年兵から近藤はひやかされていた。午前一〇時か一一時ころ稜線上で休憩になったときのことだ。赤ん坊を抱いて歩き続けてきた女性が疲労し弱っているのを見たある兵士が、歩くのにじゃまだということで突然女性から赤ん坊を奪い取り、あっという間に断崖の谷底へ放り投げた。それを見た女性は、すぐに赤ん坊の後を追って谷に身を投げた。近藤の目の前で起きたあっという間の出来事だ。

周りにいる日本兵たちは、女性が谷に身を投げたことを騒ぎもせず、特に話題にすることもない。女性の隣にいた近藤も死んじゃったなと軽く思う程度で、かわいそうなことをしたというような気持ちは少しも持たない。その後、何事もなかったように部隊は行軍を続けた(青木茂『日本軍兵士・近藤一――忘れえぬ戦争を生きる』風媒社、二〇〇六年、二〇―二一頁)。

筆者(笠原)は、三重県桑名市に住む近藤一さんを訪ねて、直接戦争体験を聞いたことがある。近藤さんや田村泰次郎が所属した独混四旅は、一九四三年に独立混成第六旅団と合併して第六二師団に改編され、一九四四年八月には沖縄戦に投入された。同師団は、圧倒的な戦力をもつ強大なアメリカ軍を前に無謀な玉砕戦を強いられ、近藤さんの所属した第一三大隊約一一〇〇人のうち、生き残ったのは九二人であり、近藤さんの中隊一九〇人のうち、負傷して生き残り、戦後「本土」に帰れたのは、一一人に過ぎなかった。

数少ない沖縄戦の生き残り兵士として、無謀な沖縄戦で殺された仲間の下級兵士の悲惨さを語らずにいられなかった近藤さんは、やがて、自分たちが中国でおこなった数々の加害行為についても語らなければ戦争の悲惨な全貌がわからないと思い、加害兵士としての体験を語るようになったのである（「戦争の語り部」としての近藤一さんについて、「コラム元日本兵の証言」と題して、日中韓3国共通歴史教材委員会『未来をひらく歴史――東アジア3国の近現代史』高文研、二〇〇五年、一三五頁に紹介した。証言者としての近藤一さんの生涯については、内海愛子・石田米子・加藤修弘編『ある日本兵の二つの戦場――近藤一の終わらない戦争』（社会評論社、二〇〇五年）を参照されたい）。

近藤さんのつぎの証言から、田村が「裸女のいる隊列」で書いた、山脇第一中隊長が老婆を石で殺害したような行為が実際におこなわれていたことがわかる。

「私たちの前を行く中隊の跡に、便衣《べんい》（民間服）姿の中国兵の死骸がいくつも転がっている。その死体の眼玉がみな飛び出して頭蓋骨が鉢割れている。その中隊の者に〈どうしてあんな殺し方をするんや〉と聞いたら、〈隊長が、チャンコロを殺すのに、陛下からお預かりの大切な銃で殺すのはもったいない。石が分相応だ。石畳の上に寝かせて、大石を頭に落として殺せと命令されている〉と答えました」（亀井鑛『親鸞と戦争を痛む――信の群像』大法輪閣、一九九八年、七二頁）。

山西省の日本軍が繰りかえしおこなった抗日根拠地、抗日ゲリラ地区にたいする治安粛正作戦について、近藤さんは「討伐作戦の表向きの目的は治安維持や情報収集で、討伐作戦で襲う集落が「敵」軍・八路軍と関わりがあれば情報を収集し、根こそぎ破壊する。しかし、兵士の本音の目的は金品や女性だ。ブタ・ニワトリ・野菜など食料を略奪し、金品を奪い、そして女性を追いかけまわし強姦・輪姦を繰り返す」と述べ、さらにつぎのように証言する。さきの一九四一年秋の討伐作戦において、ある部落を襲ったときのことであった（引用にあたり、段落の前後を入れ替えている）。

日本軍による集落討伐から逃げ遅れた中国人女性が日本兵に捕まり、集落内のある家の庭で強姦されるのを初年兵の近藤は見る。庭をコの字型に取り囲むように部屋が並び、庭のもう一辺は門と塀で囲まれている。その庭の中での出来事だ。手足をばたつかせている女性の両手足を四人の部下に押さえつけさせた小隊長は、日本刀を取り出し刃を上に向け、女性の着ている衣服の紐を切って衣服を剝いだ。そして小隊長は女性にのしかかる。

軍隊内では、入隊時期が早いか遅いかが兵士の上下関係を決める。入隊して三年なり四年を軍隊で過ごした三年兵・四年兵など古年兵は、討伐作戦に出たときの強姦・輪姦はやりたいほうだいだ。二年兵もおおっぴらに強姦することができる。そして、一日の作戦行動が終わったあと、その日の「成果」を彼らは自慢げに話すのだ。（中略）

ある集落を襲ったときのことだ。近藤の一年上の三重県四日市出身の兵士が、妊婦の腹を割って中がどうなっているか見ようと言い出した。それで、野次馬のように兵士が集まり周りを取り囲む。強姦された後に殺されたのだろうか、妊婦は腹をはだけて死んでいる。集落の中だったか畑だったか近藤は場所を憶えていない。

近藤ら日本兵は、戦闘のとき三八式歩兵銃に装着する四〇センチか五〇センチくらいのゴボウ剣と呼ぶ銃剣を腰に付けている。そのゴボウ剣で、四日市出身の兵隊は妊婦の腹を割いた。周りを取り囲む兵隊は、おもしろおかしいものでも見るようにそれを見ている。初年兵の近藤は、現場を間近で見たあとすぐにその場を離れた。

（中略）

日本軍部隊が作戦で行軍するとき、本隊の前を尖兵隊が行き、尖兵隊が安全を確かめた後を本隊が進む……そのようにして田舎道を行軍しているとき、道のすぐ脇や道から見えるいたるところに、いたずらされた中国人女性が放置され転がっているのを近藤は見ている。両足を拡げられ、性器に棒や大根などまでも突き刺された女性の死体だ。あるいは、棒切れを局部に突き刺されながらまだ息のある女性だ。

行軍の途中で部落を見つけると、安全確保のため尖兵隊は部落を調べに行く。そこで捕まえた女性を強姦し、そのあと「いたずら」を加えて放置したり、女性を見つけても行軍中のことで強姦している時間がないときは、腹いせのいたずらで木片などを性器に突き立ててすぐに殺害してしまうのだと近藤は考えている。性器に棒切れなどを突き立てられながらまだ息のある女性を行軍途中で見るのは一回や二回

ではなく、一〇回くらい近藤は見ている。（中略）

日本兵による強姦で一番強く印象に残っている場面として近藤が話すのは、一九四四年に第六二師団全軍で遂行した河南作戦の中で、中国の古い都で大きな町である鄭州に攻め込んだときのことだ。

四年兵で兵長の近藤は部下を五名か六名連れ、ある家の扉を蹴破って建物の中に入った。部屋の中では、三人か四人の五〇歳から六〇歳くらいの高齢な中国人が布団を囲んで座っている。踏み込んできた近藤ら日本兵を、中国人の老人たちは「大人、大人」と言って手を合わせて拝み、乱暴はしないでくれと助けを請い、中央の布団をめくって見せた。布団には、血まみれになった一二歳か一三歳の女の子が倒れている。日本兵に輪姦された後なのだ。状況を理解した近藤は、部下の日本兵全員をすぐに家の外に出させた。一二歳か一三歳くらいの子供まで強姦するなど近藤には衝撃だ。そんなことまでしなくてもよいのにと思った（青木前掲書、二二―二四頁）。

田村泰次郎の作品や近藤一さんの証言が、ほぼ事実にもとづいていることがわかるのは、二人の部隊の上官にあたる住岡義一（独立混成第四旅団第一三大隊第四中隊附少尉、後に第一三大隊教育主任）が、戦後、後に述べる太原戦犯管理所において記した詳細な供述書の内容と符合するからである(中央檔案館整理『日本侵華戦犯筆供』第四冊、中央檔案出版社、二〇〇五年、所収)。中隊附少尉は、中隊長の補佐役として、初年兵教育の教官をつとめ、兵器、馬匹、被服などの業務の名目上の責任者であった。住岡は、女性を強姦した後に部下に輪姦させたり、機関銃初年兵教育隊少尉教官として初年兵に実敵刺突訓練をさせ、合わせて約三四〇人の捕虜を刺殺させたりしたことなどを供述している。

治安戦と三光作戦

これまで、日中戦争時に山西省で展開された治安戦において、日本軍部隊が作戦地域の民衆にたいしてどのような被害と犠牲を与えたか、宮柊二と田村泰次郎の作品を中心にその一端を見てきた。

「治安」の言葉の由来は、『大漢和辞典』によれば、中国古代の春秋時代の斉の政治家管仲が斉の桓公を覇者にするために書いたとされる『管子』のなかの一節「万物を生養するは、地の則《おきて》なり、百姓《ひゃくせい》を治安するは主(天子)の則なり」にあり、「おさめ安んずること、天下が治まって安らかなこと」の意味である。したがって治安戦とは「治安を確保するための戦闘」の意味であり、「日本軍の治安戦」とは、日本軍が確保した占領地の統治の安定確保を実現するための戦略、作戦、戦闘、施策などの総称である。しかし、中国側では日本軍の意図とはまったく逆に、当時からこれを日本軍の「三光作戦」または「三光政策」と呼んで恐れかつ憤ったことは、拙著『南京事件と三光作戦――未来に生かす戦争の記憶』(大月書店、一九九九年)に記したとおりである。「三光」とは中国語で〝焼光、殺光、搶光(焼き尽くし、殺し尽くし、奪い尽くす)〟を意味し、中国共産党と八路軍が支配して活動する地域と民衆にたいして、日本軍が徹底して放火、殺戮、略奪した掃蕩作戦を「三光作戦」といった。

田村泰次郎が「長い戦争の期間をとおして、日本軍に殺された住民の数は、恐らく日本軍と闘って死んだ中国軍の兵隊の数よりも多いのではないだろうかとさえ、私には思われる。すくなくとも、中国の奥地では、戦場で見る敵兵の死体よりも、農民の数の方が、私たちの眼に多く映るのが、普通だったのだ」と記していたように、日本軍が治安戦と総称した「燼滅掃蕩作戦」「剔抉《てっけつ》掃蕩作戦」「治安粛正作戦」「治安強化作戦」などによる中国民衆の犠牲者は膨大なものであった。しかし、日本では、日中戦争において膨大な数の農民を犠牲にした治安戦、中国側のいう三光作戦の実態の解明は遅れており、歴史研究者の側からその全体像を明らかにする試みはまだ十分になされていない。(2)

日本軍による三光作戦について、日本では高校の世界史教科書、日本史教科書とも数社の教科書に簡単に記述されているだけであり、南京事件については不十分ながらも全社の教科書に記述されているのと比較しても、その実態はもちろん歴史用語としてもあまり知られていない。(3)

日中戦争、中国にとっての抗日戦争（一九三七─四五年）において、中国側がこうむった人的、物的損害の総額は膨大であった。その正確な数量を算出することは、今となっては不可能であるが、現在の中国の公式見解は、一九九八年秋に訪日した江沢民・中国国家主席が早稲田大学でおこなった講演「歴史を鏡として未来を切り開こう」のなかで言及した「三千五百万人が死傷し、六千億ドル以上の経済的損失を受けた」というものになっている。[4]それ以前は、中華人民共和国政府が一九六〇年に中国軍民の死者一〇〇〇余万人、物的損害五〇〇億ドルという数字を公表しており、日本の日中戦争史関係の書物の多くもこの数字を引用してきた。[5]

江沢民が言及した数字について、日本の多くのメディアは「中国人特有の白髪三千丈式の誇張」と批判的、否定的な反応を示した。ここでは数の問題について論ずることはしないが、中国軍民の死者一〇〇〇余万人という被害者の規模についても、日本人には想像できないし、受け入れがたい数字だと思っている人が多い。その主たる理由は、中国侵略戦争の期間に、日本軍が中国各地でどのような加害行為、虐殺行為をおこなったかについて、あまりにも事実を知らないからである。その典型が、華北を中心とする広域において、中国民衆が、長期間にわたってもっとも甚大な被害をこうむった三光作戦の実態がほとんどの日本人に認識されていないことである。

日中戦争当時の支那派遣軍と北支那方面軍の指揮官たちは、「剿共《そうきょう》なくしては治安維持は達成せられない」と考え、民衆をふくめた共産党勢力の殲滅《せんめつ》をはかった。中国共産党(以下、共産党)の八路軍・新四軍が指導する抗日根拠地(中国側では解放区ともいった)や抗日ゲリラ地区(同じく抗日遊撃区)は「敵地区」「敵性地区」といっぽう的に断定し、民衆もふくめて何をやってもかまわない、戦時国際法、国際人道法の適用など考慮する必要がない、共産主義という「悪」を根絶・絶滅するのに手段を選ぶ必要がないと考えたのである。日本軍はこうした軍事思想的「正当化」にもとづいて、本格的な作戦計画を立て、抗日根拠地や抗日ゲリラ地区の軍民にたいする大規模な皆殺し作戦を実行した。八路軍や新四軍は戦力維持のため、負ける戦闘は避けて待避戦法をとることが多かったので、民衆の犠牲のほうがはるかに膨大となった。

抗日根拠地・抗日ゲリラ地区では女性も殺戮の対象とされ、「どうせ殺すのだから何をやってもかまわない」と強姦殺害、集団による輪姦殺害、さらには近藤一さんの証言にもあったように、女性の身体を猟奇的に殺傷する残虐行為まで激発した。

日中戦争において日本軍がおこなった侵略・残虐事件の象徴として南京大虐殺事件(南京事件と略称)が語られることが多いが、三光作戦のなかでおこなわれた虐殺・残虐事件こそが、日本軍の正式な作戦計画にもとづいて、解放区や抗日ゲリラ地区の軍民の燼滅・殲滅をはかった大規模な掃蕩作戦の結果生じたものであり、軍事思想・作戦・実態・犠牲者数において、日中戦争の侵略性・残虐性を象徴する深刻なものであった。三光作戦の規模と実態と被害、そしてそのおおよその全貌が具体的イメージをともなって認識されるようになれば、中国側がいう抗日戦争の被害数をいっぽう的に否定することはできなくなるであろう。

日本軍が華北を中心に展開した治安戦においてどのようなことをおこなったのか、日本軍の占領統治の安定確保を目的とした治安戦が、どのようにして中国側で三光作戦といわれるものになったのか、そして日本軍の意図とは逆に多くの農民を中国共産党・八路軍の方へ追いやり、抗日戦争を激化させる結果になったのはなぜか、それらの実態と全体像を明らかにすることなくして、日中戦争の実相に迫ることはできないであろう。本書では、治安戦を「おこなった側」の加害者・日本兵の論理と、「された側」の被害者・中国民衆の記憶とを照合させながら、日中戦争の実相に迫っていきたい。

第一章

日中戦争のなかの治安戦

建物に書かれた日本語の抗日文（江西省徳安．1938 年 10 月）

1　日中戦争の開始

中国における二つの戦場と治安戦

日中戦争(抗日戦争)において、中国大陸にはいつも日本軍にたいする二つの戦場が存在した。中国ではこの二つを「正面戦場(国民党軍戦場)」と「敵後戦場(共産党軍戦場、解放区戦場)」と呼んでいる。[1] 日本軍は正面戦場では、中国の正規軍であった国民政府軍(国民党軍)と正面作戦を展開し、後方戦場(敵後戦場)では、共産党勢力を中心とする八路軍・新四軍・抗日ゲリラ部隊(抗日遊撃隊)が日本軍にたいしてゲリラ戦(非正規戦)を展開した。正面戦場においては、日本軍と国民政府軍との正規軍どうしが対峙して、近代兵器を投入しての大規模な戦闘が展開され、後方戦場においては、八路軍と抗日ゲリラ(非正規兵、民兵)がゲリラ戦(遊撃戦)を展開して、日本軍の占領・支配地域を内側から解放して解放区を拡大した。八路軍は国民革命軍第八路軍(方面軍)の略称で、正規軍であったが、戦術として神出鬼没の遊撃戦を展開した。ただし、有利とみれば、運動戦といって正規戦に近い戦闘もおこなった。後述する百団大戦がその例である。

八路軍と抗日ゲリラ部隊は、解放区を抗日根拠地にして辺区政権を築いて革命政権を樹立、同政権を司令部として、後方戦場におけるゲリラ戦を展開し、各地の鉄道や橋、幹線道路を破壊、寸断して日本軍の物資輸送・補給に重大な障害をもたらした。

日本軍が正面戦場で大きな犠牲をはらって国民党軍を敗退させ、占領地を拡大しても、後方戦場において、共産党軍がすぐに解放して抗日根拠地とした。これにたいして日本軍が抗日根拠地(解放区)・抗日ゲリラ地区の徹底的破壊をめざして大々的に燼滅掃蕩作戦を展開したのが「治安戦」であった。さらに、日本軍が占領した広大な地域に膨大な数の部隊を常時駐屯させて八路軍・抗日ゲリラの活動を封じ込め、遮断するための諸施策を実施した。後方戦場における日本軍の作戦と戦闘、工作の総称が「治安戦」である(2)。

防衛庁防衛研修所戦史室編纂の戦史叢書のタイトルが『北支の治安戦』であり、中支と南支がないのは、共産党と八路軍による抗日根拠地は、華北(北支)に集中して樹立され、日本軍の「治安戦」の戦場も華北とその周辺においてもっぱら展開されたからである(このことについては後述)。さらには、後方戦場において「日本軍の治安戦」と戦いながら農民を組織し、革命政権を築いた共産党軍が、日本軍の敗北、撤退後に「農村から都市を包囲する」かたちで国民党軍との内戦に勝利し、中華人民共和国の建国に成功したのである。

「日本軍の治安戦」の実態と全体像を究明することなくして、日中戦争の実相を解明することはできない、というのが本書の執筆意図である。

本書では、一九三七年七月七日の盧溝橋《ろこうきょう》事件(中国では七七事変という)に始まり、一九四五年八月一五日の日本の降伏で終わる日中戦争について、前述した正面戦場と後方戦場とを合わせた、全中国における戦闘の推移を押さえながら、治安戦の展開過程を時期区分しながら整理してみたい。日中戦争全体の推移と合わせて治安戦の展開過程を見ようとするのは、日中戦争において、治安戦が占める比重とその役割を明らかにしてみたいからである。本書では、一九四一年一二月八日の日本陸軍のマレー半島上陸、日本海軍の真珠湾攻撃に始まるアジア・太平洋戦争についても、日中戦争期の一時期とみなして時期区分をおこなう。

日中戦争における治安戦の時期区分は、おおまかに、開始期(一九三七年七月―三九年)、本格化期(一九四〇年)、強化期(一九四一―四二年)、弱体化期(一九四三年―四五年八月)の四期に区分することが可能である。以下、これらを日中戦争全体の展開過程に位置づけながら、治安戦の段階とその特徴を整理していきたい。

なお、日中戦争全体の作戦の推移については、日中戦争勃発当時に参謀本部戦争指導課の主任幕僚であり、一九三九年に支那派遣軍参謀として政務を担当、一九四一年には総力戦研究所員となって日米戦争の不可を唱えた堀場一雄が戦争直後にまとめた『支那事変戦争指導史』(時事通信社、一九六二年)、ならびに防衛庁防衛研修所戦史室編纂の戦史叢書の日中戦争における陸軍作戦、海軍作戦に関する巻を基本史料とし(3)、治安戦の展開については、主に前掲『北支の治安戦(1)』と『同(2)』に基づいて整理してみたい。

本書において、「支那」「匪賊《ひぞく》」「満州」「満蒙」「蒙疆《もうきょう》」など本来ならば「　」をつけて引用すべき用語や、「支那派遣軍」、「北支那方面軍」、「敵軍」、「共匪」のように、それぞれ中国派遣軍、華北方面軍、中国軍、共産党軍(八路軍)などと言い換えて使用すべき用語があるが、煩雑になるのと、日中戦争当時の用語のニュアンスを伝える意味もあって、そのまま引用、使用することにした。しかし、筆者は当時の用語がもつ差別的、蔑視的ニュアンスを肯定、継承するものではない。引用にさいして、カタカナはひらがな、旧仮名遣いは現代仮名遣い、旧字体は新字体に直し、読みやすくするために読点やルビなどを補った。また、引用文中の筆者の注記は〔　〕で示す。

盧溝橋事件

一九三七年七月七日、北京(当時、北平)郊外の盧溝橋付近で夜間演習中の支那駐屯軍と中国軍との間で発生した衝突事件(盧溝橋事件)は、一一日に現地軍の間で停戦協定が成立したにもかかわらず、日本陸軍中央統括機関(陸軍中央と略称。参謀本部、陸軍省および教育総監よりなる)はその日に日本軍の華北派兵を決定、陸軍の決定をうけた近衛文麿内閣は、事態を「北支事変」と命名し、同じ日の夕刻、つぎのような政府声明を発表した。

今次事件は全く支那側の計画的武力抗日なること最早疑の余地なし。思うに、北支治安の維持が帝国及満州国にとり緊急の事たるは茲に贅言《ぜいげん》を要せざる処にして、支那側が不法行為は勿論支那側の排日侮日行為に対する謝罪を為し、今後斯かる行為なからしむる為の適当なる保障等をなすことは、東亜の平和維持上極めて緊要なり。仍て政府は本日の閣議に於いて重大決意を為し、北支出兵に関し、政府として執るべき所要の措置をなす事に決せり(4)。

右の近衛内閣声明に、日本が「北支治安の維持」のために華北出兵することは、「東亜の平和維持」すなわち日本帝国と満州国の平和と治安を維持するためであるという治安思想が端的に示されている。近衛内閣の「重大決意」の声明にたいして、蔣介石・国民政府行政委員長は「最後の関頭にいたれば抵抗するだけである」という廬山《ろざん》談話を発表(七月一七日)、対日抗戦の決意を表明した。両国間に警戒と緊張がたかまるなかで、日本軍は華北で総攻撃を開始、戦闘は華北一帯へ拡大した。

支那駐屯軍は、七月中に北平(北京)・天津を占領、八月末に北支那方面軍に改組されて増兵された後、河北省・山西省・山東省に侵攻し、涿州《たくしゅう》、保定、石家荘、津浦《しんぽ》線沿線(天津―浦口《ほこう》(南京))、太原、済南などを占領して、同年末までに三省の主要都市と鉄道を支配下に収めた。こうして関東軍が華北分離工作により一九三五年一二月に樹立させた冀《き》東《とう》防共自治政府（殷汝耕《いんじょこう》主席。通州に政府）の配下の河北省東部（「冀」は河北省の別称）と合わせて、日本軍は広大な華北一帯を支配下においたのである。

関東軍はまた、盧溝橋事件の発生により、日露戦争以後進めてきた満蒙政策（満州と蒙古とくに内蒙古を日本の支配下に収めて、対ソ作戦の前進基地にしようとした）を拡大する絶好の機会が到来したとみて、察哈爾《チャハル》作戦を開始、八月末には張家口を占領、さらに綏遠《すいえん》を占領して、一一月二二日に察哈爾省・綏遠省・山西省北部を領域とする蒙疆連合委員会（蒙疆政権）を張家口に設置した。

さらに、関東軍と北支那方面軍は山西作戦も実施、一九三七年九月一三日には山西省の東北にある同省第二の都市、大同を占領、一一月には山西省の省都太原を占領、翌年の二月二八日には山西省南部の代表的な都市、臨汾《りんふん》を占領、つづいて三月八日には同省の南端と西南端に進出し、山西省の占領作戦は一段落をつげた。日本軍が日中戦争の緒戦において山西省を軍事占領したのは、石炭、鉄鉱石、銅、石灰、硫黄、ボーキサイト、岩塩などの重要鉱物資源を獲得するためであった。

関東軍、支那駐屯軍（後、北支那方面軍に改組）が華北一帯の軍事占領を急いだのは、華北分離工作の延長上に「北支事変」を発動して、朝鮮・満州・「北支（華北）」を支配領域とする大日本帝国の拡大を目論んだからである。

いっぽう、上海海軍特別陸戦隊の大山勇夫中尉と水兵一名が中国保安隊に射殺された八月九日の大山事件をきっかけに開始された第二次上海事変により、日中戦争は華中へと一挙に拡大し、九月二日の閣議において北支事変を支那事変と改称することを決定した。八月一五日の海軍航空隊の南京渡洋爆撃とそれにつづけて四カ月におよんだ南京空襲は、南京攻略戦の前哨戦であり、世界航空戦史における戦略爆撃の先駆例となった。華北戦場から上海、南京への華中戦場への日中全面戦争化をリードしたのは、華中・華南を作戦領域とした海軍であったことは、拙著『日中全面戦争と海軍――パナイ号事件の真相』(青木書店、一九九七年)に詳述したとおりである。(5)

上海派遣軍は杭州湾上陸をはたした第一〇軍と編合されて中支那方面軍となり、参謀本部の統制に従わずに、上海から南京にいたる諸都市を占領しながら南京へ侵攻していった。拙著『南京事件』(岩波新書、一九九七年)にその経緯を詳述したように、武藤章ら参謀本部の拡大派と松井石根・柳川平助ら現地軍司令部が「中国一撃論」を唱え、「国民政府の首都南京を占領すれば中国は屈伏する」という安易な思いこみから開始した南京攻略戦であったが、南京占領が現実的になると、大本営は正式に南京攻略を下令して(一二月一日)、拡大派の下克上と現地軍司令官の独断専行を追認した。大本営は、戦時にさいして設置される天皇直属の最高戦争指導機関であるが、日本のマスメディアが南京攻略戦に便乗して、進撃する皇軍のはなばなしい捷報《しょうほう》(勝利のしらせ)を報道、「南京城に日章旗が翻るまで」という報道合戦を繰り広げ、煽動された国民のあいだに期待感が高まるなかで、一一月二〇日に宮中に設置されたのである。それまで日本政府は、宣戦布告もせずになし崩し的に開始した日中戦争を「支那事変」と呼称して、戦争ではなく「事変」であり、戦時国際法の拘束をうけないなどと強弁してきたが、大本営の設置は、天皇をはじめとして戦争指導当局（陸軍中央ならびに軍令部・海軍省からなる海軍中央に内閣をふくめた最高戦争指導機構の総称）が、戦争を遂行していることを確認したものであった。

日本軍が一二月一三日に南京を占領すると、日本全国で官庁肝いりの南京陥落祝賀行事が展開され、国民は「勝った！　勝った！」と戦勝祝賀の提灯行列に繰り出した。しかし、すでに重慶遷都を宣布していた中国国民政府は、武漢に首都機能を移し、中国軍民の抗戦意志にささえられて、抗日抵抗を継続した。これにより、中国一撃論が完全に失敗したことが証明されたのであるが、近衛内閣はそれを認めないどころか、一九三八年一月一六日に「爾後《じご》国民政府を対手《あいて》とせず」という政府声明を発表、国民政府が存続し、抗戦するかぎり戦争を拡大することを宣言し、ゴールの見えない長期泥沼戦争に国民を引きずりこんでいった。

しかし、華中と華南は海軍の作戦領域であったこと、上海戦が海軍の謀略に近いシナリオで開始されたこと、南京攻略戦が参謀本部の拡大派と現地軍司令部の独断専行でおこなわれことなどのため、中支那方面軍は華中の占領地における軍政（占領地の軍事力による統治)計画はもたず、治安維持工作はすぐにはおこなわれなかった。「首都南京を陥落させれば中国は容易に屈伏する」という思惑が挫折したショックからようやく立ち直り、中支那派遣軍(一九三八年二月一四日に中支那方面軍の戦闘序列が解かれ、同軍となった)の工作により、南京に中華民国維新政府(行政院長梁鴻志《りょうこうし》)が設立されたのは一九三八年三月二八日であった。

以上がおおまかな戦闘の経緯であるが、つぎに治安戦に関連する占領地支配について見ていきたい。

治安維持工作の始まり

日本は、華北において、ソ連の中国赤化政策に対抗するためと称し、防共と資源・市場獲得のために華北分離工作を推進してきたが、さらにその拡大をめざして、戦争指導当局は一九三七年八月八日に「北支事変処理要綱」を策定した。つづいて、一〇月一日には首相、外務、陸軍、海軍の四相会議において「支那事変処理要綱」の決定を見た。同要綱は、「冀東地区及北支作戦後方地域」つまり華北において、「治安は軍の指導に依り之を確立し」「北支の統括的行政事務に当たるべき機関」として、「北平政務委員会」を設置して、①日満支防共、②北支に於ける経済提携、③内蒙自治政府設立などの諸懸案の解決を期す、と定めていた。[6] 華北の占領地に日本の傀儡政権を設立して、日本・満州・華北・内蒙を合わせてソ連に対抗する反共ブロックを形成して日本の国体護持をはかるとともに、同地域の資源を獲得し、市場を支配することをめざした。日本軍による治安維持はそのために必要だったのである。

華北において、傀儡政権を設置して占領地支配のための治安維持工作を進めるいっぽう、華中においてはほぼ無策状態であったことは、一二月二四日に閣議決定された「事変対処要綱」に明瞭である。「北支処理方針」として、河北・山東・山西の三省および察哈爾省の一部を領域とする防共親日満政権の北支新政権を成立させることを謳い、「政治指導方針」「経済開発方針」を具体的に列挙してあるのに較べ、「中支那方面」としては、「軍の占拠区域には機の熟するを俟ち北支新政権と連絡ある新政権の樹立を考慮するも、当分の間治安維持会及必要に応じ、其の連合会を組織して治安の維持に当たらしむ」として、日本軍の占領地である浙江・江蘇省については具体的方針があげられていなかった。(7)

北支那方面軍(八月三一日に支那駐屯軍を改組)は、一二月一四日華北占領地域の傀儡政権として中華民国臨時政府(主席は空白にし、行政委員長に王克敏)を北京(一〇月一三日に北平を改称)に成立させた。同政府の政治大綱に「一、国民党の一党政治を一掃し民衆本位の政治を復活す、二、共産主義を絶対に排撃す、三、東亜の道義を発揚し友邦との敦睦《とんぼく》を篤《あつ》うす、四、産業を開発し民生を向上す」と謳った。(8)

ついで一二月二四日に北支那方面軍特務部の指導で中華民国新民会(会長王克敏。新民会と略称)を設立した。同会は「治安の確立、臨時政府の基礎確定に即応する地方組織の拡充と教化の徹底」をはかることを目的とした。[9] 創立式典で発表された新民会宣言は、国民党の非を批判、産業開発と民生安定を第一とする中華民国臨時政府と表裏一体の国民組織として「剿共滅党の旗幟の下に反共戦線に参加」することを掲げた。[10]「滅党」とは国民党政府を滅亡させるという意味である。日本は、中国の広大な占領地において、新たな植民地行政機構を構築する準備も力量もなかったので、中国における国家―県―村の伝統的行政システムを復活させ、利用する以外に方法はなかった。そこで、傀儡の中華民国臨時政府を設立して、県政府―村の地方行政機構を復活させ、占領統治の安定確保をはかるとともに、税・労役収奪をはかる農民支配秩序を維持しようとした。そのために各県単位に新民会を組織させ、日本人顧問を指導員として占領地行政の治安を確保しようとした。岡田春生編『新民会外史　黄土に挺身した人達の歴史　後編』(五稜出版社、一九八七年)は前編とともに、日本人顧問(役職は参事)として新民会を指導した人たちの体験をまとめているが、「新民会日系職員名簿」から派遣先を見ると、ほとんどが華北の各省になっている。このことからも、日本軍の占領地における治安工作が組織的に実施されたのは、華北に集中していたことがわかる。

新民会は、日本の統治を受容させるために、東洋平和のための防共思想を宣伝・啓蒙するいっぽうで、郷村建設をかかげて農民生活の安定、向上をめざし、販売、金融、生産事業のための農村合作社を組織したり、中国青年の訓練所を設置するなどの治安工作を進めたが、後述するように、北支那方面軍によって当初の理念は挫折させられていく。

2　一九三八年の作戦と戦闘

長期総力戦へ

近衛首相の「国民政府を対手とせず」の声明によって、みずから長期戦にはまりこんでいった日本の政府と軍部は、南京攻略戦の政治的失敗後も相変わらず国民政府軍の抗戦力を見誤り、蔣介石政府を撃滅することができるという思いこみから、正面戦場における国民党軍との大規模作戦を繰り広げた。

一九三八年三月、山東省へ侵攻した北支那方面軍の部隊が台児荘で国民党軍に包囲攻撃され、大損害をだして退却した。中国側がこれを台児荘の戦いの大勝利として大々的に祝賀、宣伝したので、面子を失った大本営は、四月七日、徐州作戦を発動し、華北・華中の占領地の連絡(天津—浦口間の津浦線打通)と中国軍の包囲殲滅を策した。日本軍は五月一九日に徐州を占領したが、中国軍主力を殲滅できず、戦争の行方を左右するような戦果とはならなかった。ついで八月二二日大本営は、重慶遷都を宣言した国民政府が、首都機能を移していた武漢を攻略するための武漢作戦(漢口作戦ともいわれた)を発動した。中支那派遣軍の一四個師団余約三〇万余の大兵力を動員して戦ったが、中国の「四大火鍋(夏に酷暑となる南京・武漢・成都・重慶)」の一つである武漢の炎熱とマラリアと中国軍の抵抗に苦戦し、一〇月二六日にようやく武漢を占領した。この作戦と並行して、国民政府の対外通商路であるイギリス領香港からのルートを遮断するために、広東作戦が決行され、一〇月二一日広州(広東)を占領した。

武漢・広東作戦により、日本軍は中国の重要都市のほとんどすべてを占領下においたが、しかしこれが軍事動員力の限界であった。武漢作戦終了時の日本陸軍は、中国大陸に二四個師団、満州・朝鮮に九個師団を配置し、内地に残されたのは近衛師団一個のみであった。[11]しかも、日本軍が多大な犠牲をはらって武漢を占領しても、国民政府は重慶に移転して抗戦を継続、国民党軍の主力も決戦をさけて後退していた。

この年の五月、近衛内閣は戦時(事変)にさいして「人的及物的資源」を統制・動員・運用するための「国家総動員法」を施行、戦争を利用して政府・軍部が強権を発動して無条件に国民を統制、動員していく、日本型ファシズムが法制的にも確立した。いっぽう国民の側には、厳格な治安維持法体制の徹底により、無謀・無策な日中戦争拡大政策を批判、阻止する力もなく、総力戦に動員され、戦争終結のゴールが見えないまま、長期・持久戦に突入していった。

以上が一九三八年のおおまかな戦闘の経緯であるが、つぎに占領地支配について見ていきたい。

華北の占領地統治

日本の戦争指導当局は、「北支の治安主義と中支の作戦主義とを明確にし、特に国力消費の多岐分散を戒む」最高指導案を策定していた[12]。具体的には、北支那方面軍が華北において日本軍の占領地行政を推進するために治安工作に重点をおき、中支那派遣軍が国民政府軍の殲滅をはかるための大規模作戦に重点をおくという任務の相異を明示した。このことからも、日本軍の治安工作は華北において重点的に取り組まれ、治安戦の舞台が華北中心となった理由の一つが理解できよう。

この年の三月二八日、南京に中華民国維新政府が成立したが[13]、日本政府は、すでに北京に成立していた中華民国臨時政府を中央政府とし、維新政府を地方政府に位置づけて将来合併させる方針であった。現地陸軍においても、北京の臨時政府は北支那方面軍、南京の維新政府は中支那派遣軍、張家口の蒙疆政府は関東軍と縄張りは決まっていた。

北支那方面軍は、擁立した臨時政府の下に、地方行政機構の復活を急いだ。中国では伝統的に県が地方行政の中心になっていて、県城を中心にして周囲に多数の農村が散在した。県城はヨーロッパの都市や町のように堅固な外壁で周囲を囲まれた地方小都市であり、中心に県の役所である県公署（県庁。中国では県政府ともいった）があった。県知事がその長である。中国ではそのような県公署のある地方小都市（あるいは町）を県城と呼んでいる。県城の中に商工業者の総元締め組織である県商会や中学校、治安維持のための警察施設があり、保安隊も駐屯していた。日本軍は、県城を占領すると、宣撫工作員などを派遣して、まず地元の地主、商人、教師らの有力者・知識人を招集して地方行政を担当させる治安維持会を組織させ、やがて県公署に組織替えした。県城での活動を確立すると周辺の町（中国では鎮とよばれる）と村へ向かって工作を広げていった。

占領地統治の急務から北支那方面軍司令部は、一九三八年夏に「県政連絡員制度」を設けることを決定、一般から募集、採用した県政連絡員（当時、単に県連絡員と称した）を占領下の各県の県公署に顧問として常駐させ、現地部隊と提携して、治安工作をおこなわせた。県連絡員は北支那方面軍司令部に配属、特務部づきの軍属として、特務機関員も兼ね、治安情報の蒐集《しゅうしゅう》と謀略（スパイ工作）などもおこなった(14)。前年末に成立した新民会の活動も県の組織が中心であり、日本人の顧問も県新民会の参事の役職で指導にあたった。

特務機関の宣撫工作

軍占領地の治安工作にあたったのが、北京に本部をおいた北支那方面軍の特務部で、

写真1　宣撫工作の一つ，小学校での日本語教育(1938年4月)．向かって左の旗は新民会旗．

写真2　河北省晋県の小学校で日本語を教える日本兵(1939年4月)．

各軍、兵団（通常、旅団と師団のこと）に宣撫班を配属した。宣撫とは大漢和辞典によれば、「上の意を宣《の》べて下を恤《あわ》れむこと」とあり、唐王朝の時代に始められた官職で、「上意を宣べて下民を撫述する義から取って名づけ、主として軍事を掌る」宣撫使が語源になっている。つまり、地方に出て行って、王朝の方針を述べ伝えて、軍事力を背景に民を手なずける役目を負った官職であった。日本軍はこの用語を使って、占領地の住民に占領政策を理解させ、人心を安定させるための活動を「宣撫工作」といい、それを担当する部隊を宣撫班と称した。

華北における宣撫班の編成は、一九三七年八月上旬、南満州鉄道株式会社(満鉄)派遣要員数十名が天津の支那駐屯軍宣撫班に配属され、作戦軍に随伴して宣撫工作に従事したのが最初である。その後華北戦線の拡大にともない、人員、班数を増加、一九三八年一月、北支那方面軍特務部に宣撫班本部(班長八木沼丈夫)をおき、数回にわたり内地で宣撫官を民間から募集して投入、同年末には合わせて三〇〇班を数え、班員千数百名に達し、華北全域に分散配置された。宣撫班の活動は、華北の本部が中央機関となり、各軍・兵団(師団、旅団)に指導班を配置、第一線部隊配属の宣撫班は、数名ないし十数名からなり、宣撫工作に従事した。一九三九年七月には総動員数二千を数えた(15)。

華中における宣撫工作は、一九三七年一一月二七日に中支那方面軍特務部総務班に中支宣撫班がおかれたことで本格化した。設立当初は班長(中佐)一名、班員二、三名であったが、一九三八年三月には本部に三三名、華中各地で三七班、二四〇—二五〇名となった。班員の内訳は、満鉄上海事務所派遣が六七名、満州国官吏から採用した者、東亜経済調査局員、東京の拓殖大学出身者、今年度卒業学生からの選抜者、在支領事館と現地紡績業者が派遣した者、などであった(16)。華北における宣撫工作が華中のそれを凌駕していたことを証明する数字である。その中支宣撫班も後述する興亜院の設立と関連して解消され、蒙疆地区の宣撫班は一九三八年末に解消され、北支宣撫班のみが継続して治安工作を活発におこなった(17)。

宣撫官は特務機関配属の軍嘱託(軍属)で、「武器なき戦士」といわれ、「誤った抗日容共下の民衆を赤化の危険から救い、明朗支那の実現を促進するという重大な使命を持って」第一線部隊の武力侵攻に随伴して、占領地域の治安処理に従事した(18)。宣撫班の工作任務は、県公署の組織指導、治安維持会の組織指導、経済産業復興工作、教育文化工作(抗日教育の一掃、日満支親和精神の徹底、学校の開設、日本語の普及奨励、演芸・催物の開催、新聞の発行、青少年隊の結成)など多岐にわたった。プロローグに登場した田村泰次郎は独立混成第四旅団本部直属の宣撫班に所属して、民心安定のための演芸活動による治安工作に従事したのであった(19)。

宣撫班は一九四〇年三月、北支那方面軍の命令によって新民会に統合され、宣撫官は新民会職員として新任務につくことになる(後述)。

ここで、特務部と特務機関の関係を整理しておきたい。特務部は日中戦争による占領地の拡大にともない、現地政権を育成するために、現地部隊に所属する現地政務指導機関として設置された。最初に創設されたのは、一九三七年八月末の北支那方面軍特務部で、「軍作戦後方地域における各般の政務事項に関し、中国側機関を統制指導、諸般の工作を実施する」とされた。一九三七年一〇月には上海派遣軍特務部が設置され、これらの特務部は各地に配置した特務機関を指導した。一九三八年から三九年にかけて各省ごとに特務機関がおかれ、省名を付して、たとえば「河北省特務機関」と称し、さらにその下部に支部的な特務機関がおかれ、軍政、宣撫工作、諜報、謀略などの現地活動をおこなった。一九三八年一二月、興亜院の設置によって特務部、特務機関とも廃止され、興亜院の各連絡部に統合されることになった[20](後述)。ただし、この他に占領地におかれた行政実施機関なども便宜上特務機関と称した場合もあり、その編制、任務、活動は各種各様であったが、なべて「治安工作」と称される活動をおこなった。さらに、興亜院設置後に撤廃されるはずであった軍の特務機関がその活動を手放そうとせず、各地で活動を継続し、あるいは名称だけを変えた部署を軍内に設けて、それまで同様に各種政治工作をおこなった[21]。こうした特務機関の不統一性と身分や工作の秘密性のために、日本軍の占領統治地域に商売や営利目当てに押しかけてきた大勢の日本人のなかには、軍服まがいの服や戦闘帽などをかぶり、あるいは軍刀(日本刀)まで携帯して特務機関員や憲兵、県政連絡員などのふりをして、中国人にたいして侮蔑、粗暴な態度をとり、あるいは詐欺、略奪まがいの行為をおこなった人たちも出現したのである。

日本政府はまた、華北占領地における経済開発と統制に着手するため、一一月一日国策会社の「北支那開発株式会社」を発足させた。同社は主要な交通、運輸、港湾、通信、電力、鉱産、塩業などで多くの子会社を設立した。[22] 日本軍の華北占領地が拡大するにともない、内地財界の華北経済進出への要望がはげしくなり、軍の占領下におかれた華北の経済開発への期待が、それぞれの企業や業界の思惑とからんで噴出するようになった。北支那方面軍も経営者がいなくなった占領地の企業や、鉄道の管理や、通貨・金融の措置など、早急に解決を要する問題に直面していたので、実質的には陸軍省軍務課が原案作成を進めて同社の設立となったのである。[23]

3　一九三九年の作戦と戦闘

泥沼の戦争へ

武漢・広東作戦により、日本軍は中国の重要都市のほとんどすべてを占領下においたにもかかわらず、重慶を抗戦首都に定めた蔣介石の国民政府(重慶政府)を屈伏させることはできなかった。しかも前述のように、当時の日本軍の軍事動員力の限界に達して、大規模な侵攻作戦を実行する余力を失っていた。日本軍と国民政府軍とは対峙状態となり、日中戦争は完全に長期持久戦の段階に突入した。

蔣介石政府を崩壊させるというゴールが見えなくなった日本は、それでも見えないゴールを引き寄せようと陸軍・海軍ともに、また、陸軍では北支那方面軍と中支那派遣軍がそれぞれに各種の作戦と謀略工作をつづけ、さらに日中戦争を長期泥沼化させていった。

天皇制集団無責任体制

筆者は、かつて日中戦争拡大の構造に関連して、日本の戦争は軍部が暴走して戦争を拡大するには易く、その責任を問われず、かつどこかで責任を引き受けて戦争の収束を図るには困難な体制にあったとして、それを「天皇制集団無責任体制」と名づけたことがある(24)。日本の戦争指導体制は、政府と軍中央が対立、軍中央も参謀本部と陸軍省の対立があり、前述のように陸軍に対抗して海軍拡張を目論んだ海軍が日中戦争を華中、華南に拡大させるのに積極的役割を果たしたのである。陸軍は陸軍で、軍中央と現地軍との対立、齟齬《そご》があり、現地軍が軍中央の統制を無視して作戦を独断専行する下克上の風潮が強かったことは、本章において上海戦、南京攻略戦を事例に述べたとおりである(25)。

これまで見てきたように、日中戦争においては、「暴戻《ぼうれい》なる抗日支那の膺懲《ようちょう》」「蔣介石政府の覆滅」というスローガン的戦略目標がかかげられ、中国の抗戦力を軽視、蔑視した軍部の拡大派や現地軍が、政府や軍中央の統制を無視して戦線を拡大し、占領地域を拡大してきた。そうした軍部の暴走を天皇は追認し、むしろ激励する役割を果たした。

国家の重要政策・戦略を最終決定した天皇臨席の御前会議は文字通り「会議」であって常設ではなく、戦争の最高指導機関とされた大本営や大本営政府連絡会議も、軍事・外交・経済政策を統合して強力に指導する機能はなかった。しかも、戦争指導は、天皇の統帥権を利用した軍部の集団指導体制になっていたが、国家主権者であり、軍隊の統帥権をもつ天皇は「神聖にして侵すべからず」とされる存在であり、政治や軍事の責任を負わない(天皇無答責)しくみになっていたから、天皇に近い、軍中央の高級エリートほど天皇を騙《かた》って責任を問われず、回避できる構造になっていた。「天皇制集団無責任体制」と呼ばれるゆえんである。

一九三九年は戦局が長期化して膠着《こうちゃく》したまま、軍中央と陸軍の各軍、そして海軍がそれぞれの作戦を実施、結果的にはさらに戦局を混迷させることになった。

国民政府軍と正面戦場での戦闘を展開してきた中支那派遣軍は、なおも国民政府(重慶政府)の屈伏を迫るために、三月、江西省の省都で、水陸交通の要衝である南昌の攻略をめざして、海軍支那方面艦隊の協力を得て南昌攻略戦を実施した。作戦の目的は「南昌を攻略して浙贛《せっかん》鉄道を分断し江南安徽省及浙江省方面の敵主要連絡を遮断する」ことにあった。(26) 南昌は一九三〇年代前半、蔣介石の国民党軍が、中国共産党の樹立した中華ソビエト共和国(江西ソビエト政府、首都瑞金)にたいして五次にわたる周到な囲剿《いそう》戦をおこない、紅軍(共産党軍)を「長征」へ追いやった軍事作戦の拠点だった。日本軍は三月末に南昌を占領したが、その後も国民党軍の遊撃戦に苦しめられた(27)。

中支那派遣軍は、重慶政府に圧力をかけるため、重慶のある四川省に隣接する湖北省、湖南省、江西省の長江流域に配備された国民党軍の正規軍ならびに遊撃隊の撃滅をめざして、襄東《じょうとう》会戦(五月、湖北省北部)、贛湘《かんしょう》会戦(九月、湖南省の洞庭湖東部と江西省西境)を実施したが、戦局に大きな影響をあたえるようなものではなかった(28)。

蔣介石が重慶を陪都(中国語で臨時首都、副首都の意味)として重慶国民政府を設立し、四川省の成都、重慶から雲南省の昆明にかけて抗日戦争の大後方として西南建設(開発)をすすめ、長期抗戦の基盤とした(29)。四川省は当時約四〇〇〇万人の人口をかかえ、それだけの人口を支えられるほど四川盆地は広大であり、気候は温暖湿潤で農業と産業が発達していた。しかも四川盆地は周囲の高い急峻な山岳地帯が天然の要塞の役割をはたし、古来四川省は「蜀の国」として独立王国的な存在であった。

こうした地の利を生かした重慶政府を日本軍が地上から攻略することは、軍隊の輸送と補給からいって不可能であった。中支那派遣軍は翌年五月から六月にかけて宜昌作戦を展開し、宜昌(湖北省)を占領するが、大型船が長江を遡れるのは宜昌までであり、その奥の四川省へは両岸に屹立した断崖に激流が逆巻く長江三峡を小型船で遡行するほかはなかった。また陸道も「蜀の桟道」といわれる岸壁をくりぬいたほそい山道しかなかった。四川省へのもう一つの通路として、武漢から漢水を遡航して陝西省南部に出て、そこから大巴山脈を踏破して入川する道があったが、これもまた補給線の問題を考えると不可能であった。したがって、中支那派遣軍が宜昌を占領した時点で、地上からの重慶政府攻略作戦は行き止まりに直面したのである。宜昌作戦は、後述する桐工作の一環として蔣介石に和平会談へ応ずるよう圧力をかける目的もあったが、同工作そのものが重慶政府の謀略に攪乱されたものであった。

重慶爆撃

中支那派遣軍が地上戦の手詰まり状況を打開するために考えたのが空からの攻撃であった。同軍は、一九三八年一二月二六日、陸軍航空兵団(陸軍が占領した漢口に航空基地)に要請して、最初の重慶爆撃をおこなった。一九三九年になると海軍航空隊も参加して本格的な重慶爆撃を開始した。それまでの地上軍の進撃と連動した空地協同作戦ではなく、純粋に航空攻撃のみによって、重慶の首都機能を徹底的に破壊し、蔣介石政権に降伏を強いる作戦を考えたのである。空からの爆弾投下により、重慶の都市と住民を標的にして連続無差別爆撃をおこない、中国国民の抗戦継続意志の破壊をめざした本格的な戦略爆撃であった。重慶爆撃に動員できた爆撃機は、初期は陸軍九〇機、海軍機五〇機程度であったが、その後、海軍機は二〇〇機以上に増強された。攻撃の主力は、初期の作戦では、海軍の第一、第二連合航空隊と陸軍第一飛行団が担った。重慶市街にむけた無差別爆撃は、一九四三年まで断続的につづけられるが、もっとも激しい空襲が実行されたのは、一九三九年から四一年にかけての二年半であった。

重慶爆撃で、市民がうけた物的・人的・精神的被害は甚大なものであったが、日本軍の期待に反して、市民の間からは蔣介石政府に早期講和を求める声は湧きあがらなかった。重慶爆撃によっても、国民党・重慶政府の抗戦気力を崩壊させることはできなかったのである。[30]それだけでなく、重慶市民にたいする無差別爆撃の惨状は、国際的な批判を呼びおこし、特にアメリカにおいては、さまざまな中国支援団体が、アメリカは対日軍需品輸出によって重慶爆撃のような破壊と殺戮の罪行に加担していると批判する運動を展開、政府と協調しつつ、石油・屑鉄・機械などの対日軍需物資禁輸に向けたはたらきかけをおこなった。[31]これらの運動は一九四〇年のアメリカ政府の対日ガソリン・屑鉄禁輸の公布へとつながるものであったから、重慶爆撃はアメリカの対日経済制裁を呼びこむ一因となった。

汪精衛政権樹立工作

武漢・広東を占領したものの蔣介石政府を屈伏させることができず、手詰まり状態になった戦況を打開しようと、日本の戦争指導当局がこころみたもう一つの方法は、国民政府内の親日派・反共派・和平派を誘って、同政府の分裂、崩壊をめざした汪精衛《おうせいえい》政権樹立工作であった。汪精衛は孫文とともに革命運動を指導した国民党の長老であり、一九三八年三月蔣介石国民党総裁に次ぐ副総裁に就任、重慶政府のナンバーツーの地位にあった。武漢・広東が陥落したことの打撃と、いっぽうでは共産党が抗日根拠地を拡大し、民衆の支持をえて勢力を拡大していることへの危機意識から、汪精衛は日中提携に中国の将来を託そうという「和平救国論」を唱えるようになり、「抗戦救国論」を唱える蔣介石と激しく対立するようになっていた。その間に、日本側は参謀本部第八課（総合情報、謀略、宣伝）課長影佐禎昭《かげささだあき》大佐と参謀本部支那班長今井武夫中佐、中国側は汪精衛の腹心の周仏海《しゅうふつかい》国民政府副秘書長兼国民党中央宣伝部長と高宗武国民政府亜州司長ならびに梅思平香港駐在中央宣伝部特派員との間で、和平工作のため、汪精衛を重慶から引き出す計画が進められた。

これに連動するかたちで、近衛内閣は一九三八年一一月三日に「東亜新秩序声明」を発表、国民政府が共産党と決別し、抗日政策をやめるのであれば、「国民政府と雖《いえど》も従来の指導政策を一擲《いってき》し、その人的構成を改替して更生の実を挙げ、新秩序の建設に来たり参するに於いては敢えて之を拒否するものにあらず」とうたい、同年一月の「国民政府を対手とせず」声明を事実上撤回し、国民政府内の汪精衛派との提携による和平への期待を声明した(32)。

一一月二〇日、上海で影佐・今井と高・梅とのあいだに「日華協議記録」が調印され、日華防共協定の締結と日本軍の防共駐屯、満州国承認、日本人の中国での活動の自由と日本側の在華治外法権の撤廃、日華経済提携、治安回復後二年以内の日本軍の撤兵などを約した。さらにこれを日本政府が声明すれば、汪精衛は蔣介石と絶縁し、四川・雲南などの反蔣勢力を糾合して新政府を樹立し、日本軍も重慶政府軍を牽制、中国軍の後方地帯を爆撃するなどの支援をおこなう計画がとり決められた(33)。

ところが、一一月三〇日の御前会議で決定された「日支新関係調整方針」では、華北・蒙疆・華中などの駐兵権確保(撤兵については北支と蒙疆をのぞいて「成るべく早期に之を撤収す」としたのみ)、日本人による顧問政治の実施、主要交通機関の掌握など、中国植民地化をめざした具体策に「善隣友好・防共共同防衛・経済提携」の語句を冠したにすぎなかった(34)(同方針については、華北の治安工作のところで詳述する)。

この「日支新関係調整方針」は、汪精衛を重慶から脱出させるためにつかわれた「日華協議記録」を裏切るものであり、しかも汪には知らされていなかった。まさに日本の戦争指導当局の「二枚舌」であった。

御前会議決定方針を知るよしもない汪精衛は、「日華協議記録」の計画にそって、一二月一八日に家族とともに重慶を脱出して昆明を経由してハノイへ到着すると、近衛首相は二二日、善隣友好、共同防共、経済提携の「近衛三原則」を発表して重慶政府へ揺さぶりをかけようとしたが、汪側が「日華協議記録」の眼目とした日本軍の撤兵については触れていなかった。(35)しかし汪精衛には引き返す余地はもはやなく、二九日、蔣介石と国民党執行委員、監査委員宛てに「和平・反共・救国」の「和平建議」を打電した。しかし、汪精衛に同調する反蔣の動きはおこらず、汪の脱出に呼応して、雲南の龍雲、四川の鄧錫侯らが行動を共にし、新政府を樹立するはずであったが、それも不発におわり、日本側がめざした重慶政府瓦解の目論見ははずれた。結局、汪精衛工作は、双方が空手形を出すことでおわり、日本は軍事的にも政治的にも戦争収拾の目途を失った。

汪精衛は一九三九年四月上海に移り、五月から六月にかけて来日し、汪精衛政権樹立の条件をめぐって広大な占領地域の既得権に固執する日本側と厳しい交渉をおこなった。その後一一月から上海において汪精衛政権樹立をめぐる交渉がおこなわれた。日本側は前年の御前会議決定の「日支新関係調整方針」(後述)にもとづく要求を汪精衛側に呑ませ、その結果、一九三九年一二月三〇日に協定された「日支新関係調整に関する協議書類」は、中国の全面的な制圧をめざす内容となった。ここにいたり、高宗武と陶希聖が日本側の背信行為に譲歩を重ねる汪精衛に不満をいだいて上海から香港へ脱出し、香港『大公報』(一九四〇年一月二二日付)に「協議書類」の内容を全部暴露して、日本側の動きを批判した。和平運動の先駆を担ってきた二人の脱落と「協議書類」の暴露は、汪精衛の和平運動への大きな打撃となり、重慶政府内で同調する動きを完全に沈静化させた。(36)

一九四〇年三月三〇日、汪精衛を首班(臨時主席代理)とする中華民国国民政府の還都式（重慶から南京に首都を戻したという意味）が南京でおこなわれ、中華民国臨時政府（北京）と中華民国維新政府（南京）もこれに合流した。中華民国臨時政府は華北政務委員会と改称したが、事実上は北支那方面軍の統制下に独立した存在であった（後述）。

汪精衛政権を樹立した後も、日本の戦争指導当局は、重慶政府との和平工作をつづけて汪政権の正式承認を引き延ばした。しかもそれは、重慶政府が日本の汪精衛政権正式承認を引き延ばすためにはかった謀略に乗ったものであった。工作は畑俊六陸相が「桐工作」と名づけて、軍をあげての謀略として実施することを指示（一九四〇年二月二一日）、大本営の「重慶の包括乃至切崩工作に誘導す」という方針にもとづいて、「中央および現地を問わず、全陸軍の関係者がこぞって期待をかける事変終結の工作」であったが、重慶政府側の藍衣社《らんいしゃ》の首領戴笠《たいりゅう》の指導下でおこなわれた謀略工作であることが判明して、大本営陸軍部は「停戦交渉は之を中止すべし」と発令したのである（一〇月八日）[37]。

桐工作が失敗した後は、松岡洋右外相が重慶政府との直接和平工作を試みて失敗、一一月二八日の大本営政府連絡懇談会で、汪精衛政権を中央政府と正式承認することを決定[38]、一一月三〇日に同政府とのあいだに「日本国中華民国基本関係に関する条約（日華基本条約）」を結んだが、それは日本による中国の全面的制圧の要求を条約の形式で確認させたものであった[39]。

海軍の海南島占領

日中戦争終結のゴールが見えなくなった戦局の行き詰まり状態のなかで、海軍は海軍で、海軍主導の作戦をおこない、日本を破滅の太平洋戦争へ導く第一歩を踏み出した。海南島攻略作戦がそれである。海南島は広東省に属し、九州よりやや大きく、台湾の大きさに伯仲した島である。一九三九年初頭の人口は二五〇万と称せられ、大部分は漢民族で占められていた。海南島の西には南シナ海を隔ててインドシナ半島が南北にのびており、海南島に航空基地、海軍基地をひらけば、当時のフランス領インドシナを征圧するのに格好の位置にあった。さらに島内には鉄、錫《すず》などの豊富な地下資源が埋蔵されているといわれ、海軍の渇望する油田の発見も期待された。

海軍は、英・仏・米などの重慶政府援助の援蔣ルートであるハノイ・ルートおよびビルマ・ルート遮断の航空攻撃をおこなうために、航空作戦基地の設定が必要であるとして、一九三八年一二月以来、陸軍に海南島攻略の同意を求めていた。海軍は、海南島を拠点にして南進政策を推進しようという構想をもっていた。陸軍は、海軍が青島《チンタオ》、廈門《アモイ》のように政治経済の全面において権益を確保することを懸念して容易に同意しなかった。しかし、陸軍は、陸海軍協同の関係を考慮し、「海南島を占領しても陸軍海軍ともに政治的経済的地盤を造らない」という協定を結んで作戦に同意した。一九三九年一月一三日の御前会議で海南島攻略が決定され、二月上旬に開始された。中国軍はすでに内陸へ撤退していたので、上陸作戦はなんら抵抗をうけることなく成功し、海南島攻略戦は予定よりはやく二月一三日に終了した。海軍は航空基地の設営を開始、同時に内務省と台湾総督府から科学者が派遣されて地下資源の調査を開始、二カ所に鉄鉱山を発見して、早速開発に着手した。以後、海南島の治安の維持および開発には主として海軍があたり、海軍はいくつかの特別陸戦隊を合わせて海南島根拠地隊を編成し、海南島における抗日ゲリラ掃蕩の治安戦を実施した(後述)[40]。

日本の海南島占領には、フランス、イギリスから「日本軍の南進」として抗議と警告の声がよせられた。さらに海軍が推進役となって、日本政府は一九三九年三月三〇日付で南シナ海に浮かぶ約一〇〇の小さな島々からなる南沙諸島(スプラトリー諸島)の領有宣言をし、新南群島と命名して台湾総督府令により高雄市の管轄としたのである。同諸島は無人島の珊瑚島嶼で、日本人が燐鉱採掘をおこなっていた。現在は海底油田の存在が確認され、中国、台湾、ベトナム、マレーシア、ブルネイ、フィリピンが領有権を主張している区域である。日本が領有宣言をする前は、インドシナ半島を植民地としたフランスがいくつかの島々を実効支配していた。フィリピンとブルネイとベトナムを結んだ三角形のほぼ真ん中に位置するので、南沙諸島の領有宣言には、イギリスとフランス、オランダが抗議をおこなっただけでなく、フィリピンを植民地としていたアメリカが強い反発を示し、一九三九年一二月に日米通商航海条約の破棄を通告、対日経済制裁の措置を具体的に進めるようになる。[41]

海軍はさらに陸軍と協同して華南で汕頭《スワトウ》攻略戦を実施、奇襲攻撃により簡単に占領した(六月)。広東省において広州につぐ大港である汕頭は、華僑の主たる出身地であった。南方華僑からの莫大な送金が重慶政府の重要な軍資金になっており、汕頭は中国の重要な戦力培養の策源地になっていたので、その覆滅をはかったというのである。[42]

南寧占領と北部仏印進駐の強行

現在の広西壮《チュワン》族自治区の西南部にあって、ベトナムとの国境に近い都市南寧は、中国からベトナムへ通じる対外貿易路の要衝であり、仏印援蒋ルートの重要な拠点になっていた。海軍は早くから南寧に航空基地を開設し、中国の奥地航空攻撃(海軍は重慶を主とする四川省方面の要衝の爆撃をこう称した)の基地にする作戦を考えていた。しかし、陸軍首脳部は武漢攻略終了をもって対ソ軍備の充実を優先させる方針に転換しており、南寧作戦論議については完全に黙殺していた。ところが、後で触れる一九三九年夏のノモンハン事件の責任をとって陸軍参謀本部の首脳が更迭され、新しく参謀本部第一部長(作戦部長)に着任した富永恭次少将が功績をあげようという野心から南寧作戦実行の熱意を示し、周囲の強い反対を押し切って「これが支那事変での最後の作戦」と懇請して大本営の下命(一九三九年一〇月一四日)にこぎつけた。おりからノモンハン事件のため華北から満州へ移駐していた第五師団を転用することで実施が決定した。

南寧作戦発動の背景には、一九三九年九月に開始された「欧州大戦に英仏が拘束され、極東を顧みる余力のなくなった好機を利用しようというものであった。これを好機と見て南寧をとることで、仏国の援蔣を思いとどまらせようというのである。また作戦当局の一部には、欧州の戦局によっては、北部仏印への跳躍台にしようというねらいもひそんでいた」。また、同作戦の目的が南寧からベトナムへの玄関口にあたる国境近くの町龍州までを占領することにあったから「仏印ルート遮断という目的を完全に達成するためには、仏印に対する働きかけが必然的に登場してくるわけで、それはまた、やがて北部仏印進駐に発展する重大な意義をもつものであった[43]」。

南寧占領後、日本軍は同地奪回をねらう重慶政府軍を撃退するために、周辺の占領確保をめざして、賓陽《ひんよう》作戦(一九四〇年一月下旬―二月初旬)をはじめ、広東省、広西省(現在の広西壮族自治区)でいくつかの作戦を展開した。そしてさきの南寧作戦を主導した富永参謀本部第一部長が動いて、一九四〇年二月九日、南支那方面軍の新しい編制を大本営が発令、支那派遣軍(一九三九年九月設立)の戦闘序列に編入した[44]。富永第一部長は参謀本部内の下克上の風潮を代表する軍人で、熱狂的興奮にかられて武力行使による仏印進駐を主張して独走、東京からハノイへ出かけ、自分の命令をあたかも参謀総長の命令であるかのように装って、南支那方面軍参謀副長の佐藤賢了大佐とともに、第五師団を動かして北部仏印進駐を強行したのである。しかもこのとき、外務省はフランスのビシー政府と外交交渉をすすめており、陸軍のハノイ駐在の援蔣物資阻止の監視団委員長(西原一策少将)とフランス側との交渉もまとまりかけて平和的進駐が可能となっていたにもかかわらず、である。(45)

陸軍に対抗した海軍の縄張り意識からの戦線拡大にたいして、参謀本部内の野心的な拡大強硬派が与してなし崩し的に戦場を拡大していく構図は、本書で述べてきた「北支事変」を上海戦へと飛び火させて「支那事変」とし、さらに南京攻略戦へ拡大させた構図のくり返しである。まさに「天皇制集団無責任体制」の構造によって、日中戦争の戦場は華南の最南端まで拡大し、その延長上に一九四〇年九月二三日富永参謀本部第一部長の強硬方針による北部仏印進駐が開始、これに対抗して九月二六日にアメリカが対日屑鉄輸出全面禁止を断行したため、日米戦争開戦への決定的第一歩に踏みこんでしまうことになった。

関東軍の暴走によるノモンハン事件

「天皇制集団無責任体制」が全軍的に露呈した一九三九年の日本軍の作戦のなかで、関東軍が暴走したノモンハン事件についても触れておきたい。

陸軍の参謀本部とくに作戦部は、ソ連を日本の仮想敵国として対ソ作戦計画を立て、満州国とソ連の国境地帯の要所に要塞を築き、チチハル要塞や黒河要塞には毒ガス兵器も配備し、ハルビン郊外に一九三六年に創設された七三一部隊では対ソ戦用の細菌・化学兵器の開発を急いだ。一九三九年三月の陸軍省軍務局軍事課作成の国防計画では、日本、朝鮮、満州、沿海州、華北を「大東亜共栄圏」の「自存圏」と定めていた。関東軍はシベリアや沿海州への武力侵攻も想定した北進論を唱え、満州国を基地として対ソ戦を計画し、準備していた。また、日本政府と軍部は、一九三八年から三九年にわたり、ドイツからの申し入れをうけて日独防共協定を強化し、対ソ軍事同盟に拡充させる方針を決定、イタリアもふくめた三国軍事同盟を締結すべくドイツと交渉を進めていた。

一九三九年四月二五日、関東軍(軍司令官植田謙吉大将)は、対ソ強硬論者の作戦参謀辻政信少佐が起草した「満ソ国境紛争処理要綱」を方針に定めた。そこには「方針」として、「満ソ国境に於けるソ軍(外蒙古軍を含む)の不法行為に対しては周到なる準備の下に徹底的に之を膺懲し、ソ軍を慴伏《しゅうふく》せしめ、其の野望を初動において封殺破摧《はさい》す」と国境紛争に際してソ連軍に武力制裁を加えることが提示されていた。さらに「要領」として、国境が明瞭な地点においては、もしソ連軍(外蒙古軍)の越境を認めたならば、これを急襲殲滅するために「一時的にソ領に進入し又はソ兵を満領内に誘致滞留せしむることを得」と定めていた。つまり、ソ連領内に入ってかまわないし、ソ連軍を満州国領内に誘いこんでもかまわない、ということであり、ソ連軍との戦闘を挑発する意図がこめられていた。さらに、「国境線明確ならざる地域に於いては、防衛司令官に於いて自主的に国境線を認定して之を第一線部隊に明示し、無用の紛糾惹起を防止すると共に第一線の任務を容易ならしむ」と定めていた。つまり、国境を尊重するのではなく、司令官が自主的に国境線を認定して、ソ連軍(外蒙古軍)が侵犯したと判断すれば攻撃せよ、ということである。ノモンハン付近はホロンバイル大草原の一部で、地形的にも国境線はきわめて不明瞭で、日本側とソ連・モンゴル側はそれぞれ異なる国境を主張していた。ハイラルの第二三師団(熊本。師団長小松原道太郎中将)は日本軍側が認定した国境線を「越境」したモンゴル軍を撃破するために出動、「理非の如何に拘わらず必勝を期」して戦闘を開始したのである(46)。こうして、血気にはやる辻政信や服部卓四郎中佐ら作戦参謀のソ連軍の戦力を軽視した作戦指導により、五月一一日から九月一五日まで四カ月にわたる死闘が繰りかえされた。大量の戦車と航空機を出動させ、日ソ双方の正規軍にそれぞれ二万人前後の死傷者、行方不明者を出した大きな軍事衝突は、日本ではノモンハン事件と称しているが、じっさいはノモンハン戦争(ソ連やモンゴルではハルハ河会戦、ハルハ河戦争と呼んでいる)というべき局地戦争であった。

大本営は今すぐ対ソ開戦につながるような挑発攻撃は避けたい意向をもち、関東軍の越境攻撃を抑えようとした。そこで、地上戦闘の地域を国境線内に限定し、航空侵攻を禁じた。しかし、関東軍は作戦参謀の辻や服部らが強硬論を唱えてこれに服せず、越境攻撃の続行をはかり、戦線を拡大し、関東軍航空部隊は国境を一三〇キロも侵入してモンゴル空軍基地タムサグ・ボラクを空襲した(六月二七日)。ソ連軍の戦力を甘く判断した関東軍は、その機械化部隊の火力・機動力に圧倒されて大損害を被った。第二三師団軍医部の調査によれば、同師団の将兵一万五九七五人のうち、戦死傷病者は計一万二二三〇人で七六％に達した。

関東軍を引きずり無残な大敗を招いた実質的責任者である辻政信は、敗北を導いた責任と罪を前線の連隊長以下になすりつけ、自決を強要した。戦闘の激しかった地域に投入された連隊のうち、連隊長は五人が戦死したが、戦場において、あるいは撤退後に、七人が自決させられた。停戦協定成立(九月一五日)後、捕虜交換によってもどってきた将校たちも敗戦・退却の責任をとらされて部隊長三名が自決した。

作戦に参加した兵士たちはノモンハン戦争の事実をかたることを禁じられ、厳重な統制下にメディアも報道せず、国民にはその真相が隠匿された。植田軍司令官以下の関東軍の幹部や参謀次長ら軍中央の責任者は予備役編入の処分をうけたが、実質的責任者の服部と辻は、いったん閑職に回されるが、服部は一九四〇年五月に参謀本部作戦班長(後、作戦課長)、辻は一九四一年七月参謀本部兵站班長(後、作戦班長)に就任して、アジア・太平洋戦争の作戦指導にあたることになった。(47)

ノモンハン事件による人事更迭で、大本営の参謀次長に沢田茂中将、第一部長に富永恭次少将が後任についたが、富永が強硬な南進論に立って南寧作戦を主導、下克上的に北部仏印進駐をはかろうとしたことは、前述したとおりである。ノモンハン事件から北部仏印進駐へ、北進論(対ソ開戦論)から南進論(対米英開戦論)へ、辻や富永のような異常ともいえる強烈な個性と迫力をもった参謀エリートが、つねに積極攻勢主義を唱えて周囲を引きずり、陸軍の方針決定に大きくかかわっていた。このようなことは、まさに「天皇制集団無責任体制」において可能だったのである。[48]

4　華北における治安工作の開始

日支新関係調整方針

武漢・広東攻略作戦によっても国民政府を屈伏させることができず、長期持久戦体制に移行せざるをえなくなった日本の戦争指導当局は、一九三八年一一月三〇日に御前会議で「日支新関係調整方針」を決定し、今後の対中国政策の基本方針と定めた。

同方針は冒頭に「日満支三国は東亜に於ける新秩序建設の理想の下に相互に善隣として結合し、東洋平和の枢軸たることを共同の目標と為す」と「東亜新秩序」を唱い、そのための基礎として、以下の事項を推進するとした。[49]

一、互恵を基調とする日満支一般提携、就中善隣友好、防共共同防衛、経済提携原則の設定
二、北支及蒙疆に於ける国防上並経済上(特に資源の開発利用)日支強度結合地帯の設定、蒙疆地方は前項の外特に防共の為軍事上並政治上特殊地位の設定
三、揚子江下流地域に於ける経済上日支強度結合地帯の設定
四、南支沿岸特定島嶼に於ける特殊地位の設定

二は後述するように具体的であり、三は海軍の割り当て地域である上海周辺と将来南京に汪精衛政権を樹立することを想定して長江下流域の経済関係の結合地域の設定をかかげているだけである。四は海軍の割り当て地域である華南のなかの沿岸地域と島嶼における日本の特殊地位の設定であるが、前述したように、福建省の廈門、汕頭、広州、南寧、海南島の軍事占領として実行された。

同方針にはさらに「日支新関係調整要項」があり、「第二、共同防衛の原則に関する事項」として、「日支協同して防共を実行す。之が為日本は所要の軍隊を北支及蒙疆の要地に駐屯す」と定め、さらに「新支那の政治形態は分治合作主義に則り施策す、蒙疆は高度の防共自治区域とす」として「強度結合地帯其の他特定の地域に在りては所要の機関に顧問を配置す」と定めていた。日本の戦争指導当局は、関東軍の分割領域の蒙疆

ならびに北支那方面軍の管轄領域の華北にたいして「第二の満州国化」をめざす方針を明示したのである。

この方針にそって、大本営は北支那方面軍にたいして「大陸命第二四一号」(昭和一三年一二月二日)により「北支那方面軍司令官は、現に占拠しある北支那地方の確保安定に任ずべし。特に北部河北省、山東省、北部山西省並蒙疆地方に於ける要域の迅速なる治安の恢復を図り、且つ主要交通線を確保するを要す」という任務をあたえた(50)。北支那方面軍は占領地域の点と線の支配、すなわち重要都市周辺および鉄道沿線地域に限定された支配ではなく、さらに面において把握して、政治的にも経済的にも、華北として自立運営させなければならない。特に日本国内生産力拡充のために必要な重要資源の開発と取得の重任を負っている。これがためには活発な治安粛正作戦を実施し、要地要域をふくむ面的占拠を必要とする。武力を中心とする討伐粛正が安定確保の第一条件であり、治安建設の根本方針は「皇軍の絶対的武威」にある。これが北支那方面軍の任務達成にたいする基本的な考え方であった(51)。

「治安粛正」の目的

北支那方面軍司令部は、一九三九年三月三〇日に「治安粛正要綱」を策定し、四月三〇日に麾下《きか》兵団の参謀長会同(会議)を招集して第一線兵団に示達した。同要綱は、一九三九年と四〇年前半までの、すなわち八路軍の百団大戦により治安戦のあり方が大きく転換する以前の治安粛正行動の準拠となった重要なものである。全部で六章、五九項目にわたり、各機関の任務、軍隊や憲兵、支那側機関にたいする実施要領、帰順匪団の処理、交通通信の構築と維持などについて、具体的方法を提示した長大なものである。第一章総則の最初の項目にその理念と目的が記されているが、結果はまったく逆であった。日本軍の将兵が主観的にせよそのように思いこんでいたならば、侵略・加害の意識をまったくもたなかったであろうと思われるので、以下に記しておきたい(52)。

第一　治安粛正の目的は、占拠地域内の残敵及匪団を剿滅し、遊撃戦法を完全に封殺して北支民衆の福祉を増進し、安居楽業の明朗北支を建設すると共に、長期建設の確固不動の礎石を確立し、以て速やかに出師目的の達成を期するに在り。

第二　治安粛正は我軍隊の威力に依りて、残敵及匪団を剿滅若しくは威服する粛正討伐と、次いで之に膺接すべき治安工作と相俟て其の成果を全うするものとす。治安工作は其の内容頗《すこぶ》る複雑多岐なるものあるも、要は皇軍の神聖なる威容を示して、之に信頼悦服せしむると共に、民衆の実生活に触れて、速やかに民生の安定向上を促進し、以て民心を完全に把握するを其の要諦とす。(中略)

第三　軍隊が残敵匪団の討伐を励行し、厳乎たる武威を発揮すると共に、軍人軍隊の挙措を厳粛端正にして恩威並び行わるは、民心把握の要諦なり。之に反し討伐退嬰《たいえい》に陥り、我武を侮らしめ或いは住民に対し暴逆非違の行為を敢てし、其の怨を買わんか、皇軍に対する信頼は為に全く地に墜ち、治安は一朝にして其の根底より破壊せらるるのみならず、遂には聖戦の目的をも汚辱するに至るべし。各級軍隊指揮官は厳に部下を戒飭《かいちょく》すると共に、常に監督指導を適正にして、絶対に過誤なきを期せざるべからず。

第四　治安粛正の諸工作は、軍隊其の他各種機関之を分掌すと雖も、常に一途の方針に準拠し、完全に一元的統制の下に、彼此連繫協調し、此の間些の間隙あるを許さず。而して其の施策たるや、一時的糊塗に堕することなく、民衆永遠の獲得を目標とし、根本的且組織的に実施せらるるを要す。

以上、ずいぶんと美文調の文章で作文的な感がしないでもないが、各兵団長会議で正式に示達されたものである。ここで、繰りかえし強調されているのが、華北民衆の生活福祉を増進して、民衆の信頼を獲得することであるが、現実はまったく相反し、多くの華北民衆を抗日闘争の側に追いやる結果をもたらしたのである。それはなぜなのか。次章において、北支那方面軍が全軍をあげて実施した「治安粛正の諸工作」について検討してみたい。

第二章
華北の治安工作と「第二の満州国化」

五台山(山西省)に進駐する日本軍(1938年10月)

1　北支那方面軍の治安粛正計画

長期化する戦争

北支那方面軍(司令官杉山元大将)は一九三九年に入って治安粛正方針を定め、同年一月二〇日、北支那方面軍参謀長山下奉文中将は、麾下の各兵団参謀長および特務機関長を会同させて、昭和一四(一九三九)年度第一期治安粛正計画を実施するにあたっての口演(口頭報告)で指示徹底をはかった。山下の冒頭の演説は、同年から日中戦争が「長期建設の本格的段階」に入ったので、「長期戦に即応すべき日満支三国関連経済の根基を樹立し、以て聖戦の本義たる東亜の新秩序を確立せんことを期す」ということであった。事実は、華北と華中、華南の主要都市を占領したにもかかわらず、蔣介石国民政府を崩壊させることに失敗した日本の戦争指導当局が、三九年から長期持久戦略に転換せざるをえなくなった結果である。山下が提示した治安粛正基本方針は以下のとおりであった。(1)

一　粛正作戦

討伐作戦により完全に匪軍の根拠を覆滅すると共に、高度分散配置を徹底し、爾後この分散拠点を根拠支撐《しとう》として、特に機敏神速《ママ》な討伐を所在に反覆し、残存匪団に対し安住の時と所を与えぬようにする。

二　治安諸工作

一時的宣撫にのみ陥ることなく、民衆を永遠に獲得することに重点をおき、特に左記各項に留意して実施する。

㈠県政を復活し、自衛組織を再建し、郷村自治を建設する。

㈡道路及び水運の啓開、通信施設の建設を図り、討伐実施並びに補給を容易ならしめるとともに、民業の振興に資する。

㈢帰順匪団の転業処理を促進して、浮浪遊民を根絶する。青少年訓練を励行し、学校教育を復活するとともに、軍隊と民衆との接触を密にし、民心を把握する。

㈣商取引機関、運輸業を復活し物資の流動が容易適切なるようにする。

三　親日武装団体を育成整備して、局地治安維持の中核となるよう指導する。

本書で使用する治安戦と治安工作の意味は、右の治安粛正基本方針にある規定と同じである。すなわち治安戦とは治安粛正作戦の略称であり、日本軍が匪区《ひく》と称した抗日根拠地、匪賊と称した抗日勢力への討伐作戦のことである。ただし、治安作戦という呼称も具体的な治安粛正作戦を指す場合に用いる。治安工作とは占領地確保、民心掌握のための諸施策・工作のことである。

上記の北支那方面軍参謀長山下奉文中将の口演は同軍司令部がまとめた「昭和一四年度治安粛正計画関係資料綴」（偕行文庫所蔵）に収録されていたものであるが、同綴には一九三八年末から三九年の初頭において、北支那方面軍が全軍をあげて取り組んだ治安戦・治安工作の関連資料が収められている。これらの資料から同軍が実施ないし準備をしていた治安工作の思想と目的ならびに実態がわかるので、やや詳細に検討してみたい。

治安工作の思想と目的

「昭和一四年度第一期粛正討伐実施計画（昭和一四年一月二〇日北支那方面軍司令部）」（以下、「実施計画」と略す）は、北支那方面軍が一九三九年から四〇年にかけて三期にわけて計画、実施した治安粛正計画の第一期の実施計画で、前述の兵団参謀長・特務機関長会議で提示されたものである。これにもとづいて、同会議において北支那方面軍参謀副長武藤章大佐[2]が口頭で詳細に説明した記録が「参謀長会同席上に於ける方面軍参謀副長口演要旨（其二）（昭和一四年一月二〇日北支那方面軍司令部）」（以下、「其一」と略す）と「参謀長会同席上に於ける方面軍参謀副長口演要旨（其二）（昭和一四年一月二〇日北支那方面軍司令部）」（以下「其二」と略す）である。北支那方面軍が全軍をあげて取り組んだ治安工作・治安戦の計画が体系的に述べられているので、「実施計画」の項目にしたがい、その説明を「其一」「其二」から引用するかたちで見ていきたい。

「実施計画」は「一、討伐作戦に就て」において、「特に重点を指向して討伐粛正を実施すべき地域は、河北、山東両省の大部、察蒙及北部山西省の要域とす」として、各兵団の作戦地域と任務と実施時期と方法などを明示した。「其一」は討伐作戦を徹底するための説明で、各兵団の作戦実施地域と任務について、駐蒙軍は山西省北部と察哈爾省南東部(現在の河北省の北西部)、第一軍は山西省、第一二軍は山東省、北支那方面軍の直轄(直属)兵団は河北省の京漢《けいかん》線と津浦《しんぽ》線の間を、それぞれ重点を決めて担当するように指示した(巻末地図3参照)。ただし、治安工作の説明が具体的で詳細であるのと比較して、簡潔だったのは、討伐戦の対象が国民政府軍の残留部隊や同系の遊撃隊や一般の土匪であり、共産党の八路軍の勢力もまだ警戒するほど強化されていなかったからである(後述)。この時点では、治安戦はそれほど深刻には考えられておらず、いかに占領地を拡大して安定統治するかという治安工作に重点がおかれていたことがわかる。

「実施計画」は、「二、宣伝に就て」において「軍隊及宣撫班の行う宣伝は、民衆の実生活に触るる具体的施策と併行して日本軍に対する不安を除去するを第一義とすると共に、戦局の態勢を作戦地域内外の民衆に徹底せしむる如く実施す」、「宣伝の実施には巧みに支那人を利用するに努む」と指示していた。

さらに「三、宣撫工作に就て」において「軍隊は配属せられたる専任宣撫班の外、適任なる将校以下並びに地方優良住民を以て所要の臨時宣撫班を編成し之に準備教育を施し、以て専任宣撫班の不足を補い、討伐後の迅速なる治安宣撫を実施す。以上の外、諜報其の他各種治安工作補助又は一部警備力補助等の為適当なる支那人を軍隊に傭役することを得」と定めていた。

「実施計画」の宣伝と宣撫工作について、「其二」では、これらは政務関係事項にあたるとして項目ごとに詳細に具体的に指示した。以下本章では、その要点を、文章を簡略化して紹介する。

第一、特務機関に関する事項

各軍作戦地域内の特務機関は当該軍に隷属し、直轄各兵団には各作戦地域内の特務機関が配属されている。軍隊と特務機関は作戦と政務において唇歯輔車《しんしほしゃ》の関係にあるので、各兵団は特務機関を指揮してその特性を発揮させることに留意する。河北省、河南省の政務指導について、省公署の指導は兵団長の指揮のもとに所在特務機関長を活用して担当させる。

作戦地域内の政務指導は、各兵団長に担任の責任があるが、軍隊の上級、下級指揮官とも作戦軍務があるので、実際には、特務機関系統の職員特に地方顧問、道県連絡員または新民会など本来の政務担当機関に担当させるよう指導する。従来の経緯ならびに経験と特務機関の特性とに鑑みて、以下の事項は特務機関に担当させるのが適当である。

①省及特別市顧問、道県連絡員ならびに新民会等の監督指導、②支那側行政機関の組織人事および予算関係事項の監督指導、③金融、経済関係事項の調査および計画実施、④教育機関の指導、⑤政治、経済、思想に関する情報の蒐集整理、⑥公共団体の指導および特定の謀略、⑦支那側機関を指導しておこなう宣伝宣撫救恤に関する事項など。

以上、特務機関について、やや詳述したのは、政務である治安工作については基本的には特務機関に担当させ、軍隊は軍務である討伐戦(治安戦)に専念するという軍隊と特務機関との分担関係が明らかにされているからである。ここに明確に示されているのは、北支那方面軍が華北の占領地にたいして傀儡政権である中華民国臨時政府をとおして特務機関による軍政を実施し、華北を「第二の満州国化」していこうという方針である。このことは以下の「第二」でさらに明らかになる。

第二、治安関係事項

一、重要占拠地域の行政組織とくに県政の復活指導。分散配置による治安の回復には特に県城を確保して其県政機関を復活善導する。特務機関長が省公署を直接指導する。

二、県行政補助費は臨時政府より支給させる。県連絡員を県政の指導にあたらせる。

三、民間銃器の買収を実施する。

四、青少年層の獲得ならびに宣撫。討伐後の迅速なる治安宣撫のためには、専任宣撫班員が不足しているので、軍隊の適任将校が地方優良住民をもって臨時宣撫班を組織する。宣撫班要員は近く内地人八〇〇名、満支人一〇〇〇名を蒐集して逐次兵団に配属させる。

五、郷村自治の建設のため、粛正直後各種の宣撫工作と新民会による民衆組織の強化、匪民分離工作をすすめる。新民会がまだ全地域にわたっていないので、宣撫班員や県連絡員を逐次新民会員にして進行させる。

六、新民会の活動は政務とくに地方自治組織に重要なので、各兵団は適切な指導をおこなう。

七、帰順匪団の転業処理については、帰農を奨励するか大東公司出張所を経て苦力《クーリー》〔単純肉体労働に従事する人夫〕として満州に行かせる。

八、臨時政府より治安関係方面の支弁を厳正にさせる。

2　北支那方面軍の軍政実施

抗日意識の高まり

本節では、北支那方面軍が一九三八年から三九年にかけて華北五省(北支那方面軍の管轄区域であった河北・山東・山西・河南省と当時の察哈爾省)の占領地の拡大と支配をめざした治安工作の強化と浸透が、現地住民の憤激と反発と抵抗を惹起し、抗日闘争へ決起させ、抗日根拠地の形成と発展を促進させたことを明らかにしていくが、そもそも「治安関係事項」の内容に、中国民衆の抗日意識を誘発せずにはおかない問題があった。

一つは、北支那方面軍が占拠地域の行政組織を回復指導し、末端地域には治安維持会と「地方優良住民」をもって臨時宣撫班を組織し、将来は親日政権としての「地方自治組織」を育成するという治安工作そのものが、民衆の民族感情と意識とを逆なでするものであった。後述するように、中国民衆は日本軍が占領のさいにおこなった殺害、家や郷土の破壊の実態を直接あるいは間接に知っていたのである。そのうえ、軍隊の威圧により占領統治をおこなおうとしている日本軍に進んで協力する「地方優良住民」など存在するはずはなかった。戦闘力だけを重視した日本の部隊は、宣撫班については十分な人員を配置しなかったので、「地方優良住民」を任用せよとしたが、これが武力による宣撫工作参加への強制となり、村の有力者に危害をあたえることになった。いっぽう、日本軍の特務機関に寄ってきたのは、日常生活ではアウトロー的に排除されてきた人物の一群であり、逆に民衆の恨みと怒りを惹起して日本軍の意図をなかから崩していく役割をはたしただけであった。

また民間銃器の買収を実施するとあるのは、実際は民間から武器を取り上げることであった。土匪が横行する中国農村において、農民は粗末な武器なりに武装して、秘密結社などによる武装自衛組織をもっていた。そうした武装自衛の伝統をもった農民たちから買収の名のもとに武器を没収しようとしたことは、農民たちに不安感と恐怖心をあたえることになり、農民たちは武器を秘匿してゲリラ部隊に参加するか、あるいは日本軍に「買収」されるよりは、ゲリラ側に提供するようにしたであろうことは容易に想像される。

関東軍が満州国において徹底的な治安戦を展開し、傀儡政府を立てた統治に一定の成果を得た体験をもとに、(3)北支那方面軍が華北においても同様な方策を実施しようとしても、関内(長城以南の中国)では中国民衆の民族意識は満州とは異なっていたことを日本軍は軽視していた。華北では、北京・天津を発信地として、地方都市にいたるまで、第一次世界大戦以降なんども抗日運動が展開されており、一九三五年には学生たちの一二・九運動を頂点とする華北分離工作反対運動が繰り広げられたばかりであった。

北支那方面軍が直接軍事統治する方法をとらないで、中国政府の臨時政府を立て、省政府、県政府、治安維持会などの中国人の「自治組織」による行政支配の手段を採用したのは、日本側の人材不足という面もあるが、大きくは財政問題もあった。上記のとおり、県行政補助費、新民会経費もふくめ治安関係方面の予算は臨時政府より支給させようとした。そのため後述の「経済関係事項」にあるように、臨時政府の財源となる租税の徴収を徹底するように軍が「援助協力」せよとしたのである。中国民衆から徴収した税金を財源にして、日本軍支配の占領地行政を推進するという仕組み自体が、中国人には耐えられないことであり、反発、抵抗をうむことになる。

新民会と宣撫班の統合

もう一つは、新民会を変質させ、宣撫班員や県連絡員も新民会員に編入させて治安宣撫工作専門の組織にしようとしたことである。新民会は前述のように中華民国臨時政府の組織であり、日本人は顧問となって指導した。この新民会を強化してこれに宣撫班を統合したのは、宣撫班の経費を傀儡政権に肩替わりさせるという軍費節約の意図があった。制度的には、一九四〇年三月三〇日に南京に汪精衛国民政府が設立されたのにともない、中華民国維新政府(南京)は解消され、北京の中華民国臨時政府が華北政務委員会(華北地方政府)に改組されたのと同時に、北支那方面軍の軍命令によって統合がおこなわれた。これを強行したのが、北支那方面軍参謀長の山下奉文と参謀副長武藤章のコンビで、国内から陸軍省の人事課の職歴の長い安藤紀三郎中将を招聘して新民会の指導にあたらせた。

武藤らはそれまで独立機関的な存在であった特務機関を方面軍司令部の参謀部(第四課)の部署に移して(後述する興亜院の華北連絡部設定にたいする骨抜き)参謀長の直接統制下におき、宣撫班と新民会の統合を推進したのである。武藤の回想手記には「この案の実行並びに新民会の改造に就いては、非常な反感を呼び起こした。山下参謀長及び私に関するデマ放送、東京への誣告等、浪人通有の策謀を逞うした」と書いている。[4] いっぽう、新民会を「軍の手先であった宣撫班と統合することにより軍属として軍の支配下に置こうとする」ことに反対して、小沢開作以下、新民会を創設いらい指導してきた満州国協和会出身の日本人幹部はほとんどが辞職してしまった。[5]

宣撫班を統合した新民会の組織は華北全体に広がり、形の上では拡大強化されたが、華北政務委員会の看板を利用して、北支那方面軍の治安工作を遂行する行政指導機関となったため、それまで「日中の共存共栄による郷村自治の建設」という新民会の理念にあるていどの共鳴をもって活動に参加した中国人も離反していき、現地中国住民も新民会を日本の軍政機関とみて警戒するようになった。

武藤章の口演「其二」はさらにつぎのような治安工作を指示した。

第三、青少年訓練および学校教育

一、青少年訓練は、適任の将校以下警察官、小学校教員等を総動員してあたらせ、防共観念による思想の統一、精神訓練による親日思想の普及に重点をおく。

二、学校教育は、占領地の学校にたいし、速やかに抗日教育あるいは共産教育などの不逞教育を一掃し、排日教科書を廃止させ、宣撫班、新民会あるいは適任の将校以下をして教師を監視、再教育をして親日教育に転換させる。各軍師団に臨時政府教育部制定の小学校教科書、宣撫班発行の日本語教科書、防共読本を配布するので教師に使用させること。

第四、交通、通信に関する事項

一、道路は臨時政府建設総署が粛正討伐計画にそって国道建設を実施する。在来道路の補修は主として賦役による。公路敷設地費は無償を原則とし、人夫も賦役を主とし、おおむね日一〇銭を基準とする弁当代を支給する。

二、自動車の整備運行は華北汽車公司に運営権を与える。

三、治安粛正時民船を努めて鹵獲《ろかく》し、沈船、焼却などをさせないようにし、鹵獲民船は速やかに船籍、船屯数、就航状態、組合、工場などに関し調査のうえ、北支那方面軍司令部に報告する。

四、通信施設については、分散配置の実施にともない、各兵団は各地に分駐する歩兵大隊本部以上には軍用無線連絡を確保する。主要都市間の有線通信線は臨時政府の支出により華北電々会社に依託建設させる。各県公署間ならびに省公署連絡のための無線電信電話連絡設備のため、臨時政府に無線機三〇〇台を購入させて配置し、軍がこれを運用する。

治安工作、治安戦に必要な道路の建設は臨時政府に負担、実施させ、補修は賦役、つまり無償の役労働によりおこなわせるというのであるから、現地住民、主として農民にとっては重い負担となり、反発と抵抗が生まれるのは当然であった。

3　華北の「第二の満州国化」

華北経済の収奪的支配

武藤章の口演「其二」はさらに、華北経済の支配について、詳細な工作を以下のように具体的に指示した。

第五、経済関係事項

今回の粛正地域は、特に長期建設に必要な要点が包含されている。実行にあたり、北支建設、軍の自給自足、日満生産力拡充寄与に必要欠くことのできない地域ならびに政治、交通の要衝を我が勢力下に収め、ここに北支民衆安居楽業の地域ならびに日満支を合わせた不動の実力を構成するように努むると共に、特に経済工作実行の強力なる援助者となることを望む。

一、各兵団は占拠直後先ず物資配給調整をおこない、民衆の生活の安定を期す。北支那方面軍の設けた物資輸送統制委員会の工作活動が重要となる。

二、各兵団は占拠直後ただちに農産品増産工作に着手し、棉花その他の軍需品の買い上げをおこない、民心の把握につとめる。

三、占拠地域内の鉱工業は治安工作ならびに思想善導上必要がある場合は、これを軍管理の下に民間業者に経営させる方針とする。京漢線西側地区の匪賊所有の炭区(特に「コークス」に適する炭山)で我が勢力下に収められないものは封鎖をおこなって匪軍活動の根源を掃蕩し、爾後なるべくこれを我が勢力下におさめるようにする。

四、占拠地内の税制ならびに土地制度などは民心を刺激するので、方面軍の指示する場合をのぞいて現地部隊が直接処理しないこと。しかし、統税、塩税、関税は臨時政府の財源となるので、収入増加策に積極的に援助協力する。

五、占拠地域内における通貨はなるべくすみやかに聯銀券(国幣)に統一するようにする。旧通貨(法幣)は三月一〇日限り流通禁止の方針である。聯銀券統一のため各兵団は自ら聯銀券を軍用通貨として使用するほか、聯銀券の交換などに関し積極的に援助を与え、金融攪乱行為にたいしては取締りに十分な協力をする。

六、占拠地における邦人企業者の進出は方面軍の承諾と指示がなければ認めない。

七、封鎖地域に対する経済封鎖は以下の要領でおこなう。①粛正地域より匪区に通じる主要物資流通経路を遮断し、この監視網を組織し、匪区内物資搬入に関する罰則を厳しくして、経済封鎖により匪区内経済の自滅をはかる。②匪区内出入者に対する監視処罰を厳しくする。③匪区内の良民に触手を伸ばして煽動蜂起させ、匪区内の攪乱をはかる。④匪区内の生産物は粛正地域内に誘って買い付けをおこなっても代金や交換物は持ち帰らせない。⑤匪区近接地区の物資の配給は、購入証明、受給物資の監督を厳しくし、聯銀券以外の銀行券使用を厳禁する。

右の経済関係事項で提示された「北支建設、軍の自給自足、日満生産力拡充寄与」の方針から、北支那方面軍が華北を「日満経済ブロック」へ強制編入して華北経済を支配し、「第二の満州国化」を目論んだ意図が明確に読み取れる。その一つが華北の占領地域内の通貨を中国聯合準備銀行券(聯銀券)で統一させようとしたことである。中国聯合準備銀行は、日本政府が一九三九年三月一〇日に開業させた銀行で、中華民国臨時政府が出資設立したかたちになっていた(実際は日本側の銀行団が借款提供)[6]。北支那方面軍はその占領地域において旧通貨(法幣)、すなわちそれまでの国民政府の通貨の流通を禁止して駆逐し、聯銀券を流通させようとしたのである。円とのリンクのもとに聯銀券に通貨貿易の地位を獲得させることにより、華北経済を人為的に華中・華南から切り離して「円ブロック」に強制編入しようとしたのである[7]。華北経済を円ブロックに編入させようとしたのは、華北の資源を獲得するためであったが、上記にある棉花その他の軍需品の買い上げや鉱工業の軍管理はその一例である。このような北支那方面軍が主導した華北経済の収奪的支配が、住民の生活を危機におとしいれ、やがて社会不安を引き起こし、民衆を生活防衛のための抗日闘争へ追いやることになった[8]。

なお、抗日根拠地にたいする経済封鎖の方策が述べられているが、この段階では一九四〇年後半以降に実施される燼滅掃蕩作戦の実施、すなわち三光作戦を必要とする危機意識にはなっていなかったことがわかる。

一九三九年一月二〇日に開催された北支那方面軍麾下の各兵団参謀長・特務機関長会議において、上記の山下奉文北支那方面軍参謀長の口演と武藤章参謀副長の口演とにづいておこなわれた懇談の報告が「直轄兵団参謀長・特務機関長会議に於ける懇談事項昭和一四年一月二〇日支那駐屯憲兵隊司令部」である。同報告には、北支那方面軍第一次(第一期)治安粛正作戦(後述)に参加する北支那方面軍の各兵団(軍および師団)配属の憲兵の服務については参考書を編纂して各兵団に送付した旨が記されている。各兵団への憲兵配属予定数と何処の憲兵隊より配属させるかが記されているが、一九三九年一月当時における北支那方面軍の編制部隊と憲兵隊の駐在状況がわかるので以下に列挙しておく。( )は、補助憲兵数。正規の憲兵では足りないので、配属部隊から下士官以下の兵士を差し出させて補助憲兵とした。

駐蒙軍＝張家口憲兵隊より約六〇(約一〇〇)、第一二軍＝第一一四師団へ済南憲兵隊より約六〇(約八〇)、第二一師団へ徐州憲兵隊より約四〇(約一〇〇)、独立混成第五旅団へ青島《チンタオ》憲兵隊より約二〇(約六〇)、第一軍＝第一〇九師団へ太原憲兵隊より約二〇(約三〇)、独立混成第三旅団および独立混成第四旅団へ太原憲兵隊より各約一〇(約二〇)、第一〇八師団へ臨汾《りんふん》憲兵隊より約一五(約三〇)、第二〇師団へ臨汾憲兵隊より約一〇(約二〇)、第一〇師団＝石家荘憲兵隊より約五〇(約五〇)、第一四師団＝石家荘憲兵隊より約一五(約三〇)、第一一〇師団＝北京憲兵隊より約三〇(約一七〇)、第二七師団＝天津憲兵隊より約四〇(約一五〇)。

ちなみに北支那駐屯憲兵隊は北京に司令部をおいて一九三八年八月一日に編成され、隷下の憲兵隊は上記の各地計九個隊の編制であった。[9]

駐蒙軍は内蒙古・察哈爾省と山西省北部を作戦区域とし、司令部を済南においた第二軍は主として山東省、司令部を太原においた第一軍は主として山西省を作戦地域としたいくつかの師団、独立混成旅団よりなる集団軍で、それぞれに軍司令官と軍司令部をおいた。個別の師団は北支那方面軍の直轄で、北支那方面軍司令官・司令部の麾下にあった。以上の北支那方面軍の編制、配置からして、同軍が華北全域の点ではなく、面を占領統治する任務をもって膨大な陣容を整えていたことを知ることができよう(北支那方面軍の編制部隊については、巻末資料の表3、作戦地域については地図3を参照されたい)。

独立混成旅団は、前述のように、正規軍どうしの正面戦場における大規模作戦による戦闘ではなく、華北のように広大な占領地の治安維持のために一九三八年から独立歩兵大隊を基幹にして編成、配置されたものである。編制兵員は、たとえば山西省に駐屯した独立混成第四旅団(一九三八年二月一〇日編成下令)は、五〇四八人であった。[10] 師団の編制兵員は、平時は一万余、戦時には約二万五〇〇〇の規模になった。[11] 一九三九年九月に北支那方面軍と中支那派遣軍を統合して支那派遣軍を創設したとき、支那派遣軍は総兵力約八五万人となって、関東軍をしのぐ外征大兵団となったという資料がある。[12] 北支那方面軍の一九三九年一月の基幹部隊は、計一一個師団、四個混成旅団であり、さらに騎兵集団と北支那方面軍航空部隊が編制下にあったので、単純に見積もっても総勢三〇万を優に超える膨大な兵員が華北の占領地に貼り付けられ、治安工作と治安戦に従事したのである。

県城と農村の支配

さらに「昭和一四年度治安粛正計画関係資料綴」には、上記会議で配布されたか、あるいは北支那方面軍の各兵団へ模範資料として配布されたと思われる、個別部局や部隊の計画が収録されている。治安工作計画の具体的状況がわかるので以下に要旨を紹介する。

「北京周辺模範治安区域設定計画案(昭和一三年一〇月四日北京防衛司令部)」には、「北京周辺の匪賊を剿滅清掃すると共に、其の外域残匪との通謀蠢動を閉塞し、其掩護の許に支那側行政機関を活動せしめ」るために、軍特務部、北京憲兵隊、県連絡者(県政連絡員)、新民会関係者を動員して、戸口調査、保甲制度の確立、警備用交通網の整備、青年訓練所の普及による思想善導と自衛力の強化、合作社による民生の復興、奸商の取締りなどの治安工作を推進して、北京周辺に模範治安地区を建設する計画が盛られている。

また「青年訓練指導要領(昭和一四年二月二五日北支那方面軍司令部)」には、新民会が青年訓練所を組織していない地域において部隊独自で青少年訓練をおこなった実例を取り上げて、他の部隊でも実施するように作成した指導案である。

「(決定案)北京附近模範区域暫行保甲法　昭和一三年一一月一日南雲部隊本部印刷」

は北京付近模範治安区域(北京四方の郊外、大興、苑平、通、房山、順義、昌平)において保甲制度を実施するための方策である。一〇戸を甲とし、一〇甲を保とし、戸には戸長、甲には甲長、保には保長・副保長、連保には連保長・副連保長をおき、保甲の指揮監督系統を県知事―警察分局長―警察分駐所―連保長―保長―甲長―戸長と定め、中心となる甲長の職務を細かく規定している。保長と甲長が責任をもって各村に日本軍が集団訓練を指導する自衛団を組織させることも定めている。さらに連座法を設け、甲の住民で「一、匪と通じ之に便宜を与え、或いは匪を隠匿脱逃せしめたる場合。二、臨時政府に対する反乱、陰謀竝鉄道及通信線に対する破壊行為に加担し、又は情を知りて之を隠匿庇護したる場合」は、当該甲内の各戸長(甲長をふくむ)に三円以下の連座金が課せられ、さらに甲長と保長は県知事から免職、過失記録、譴責の処罰を受けるとされていた。

右記二資料は、北支那方面軍の管轄下に特務機関、憲兵隊、県連絡員、新民会関係者を動員して北京近郊の県城周辺の農村に保甲制を確立する模範計画例を、全軍へ周知徹底しようとしたものと思われる。北支那方面軍は都市と鉄道の点と線の支配から県城と周辺農村にいたる面の支配へと拡大強化を目論んでいたのである。まさに北支那方面軍による農村にいたるまでの軍政の拡大、強化により、華北の植民地的支配すなわち「第二の満州国化」をめざそうとしていたのである。

プロパガンダ工作

「昭和一四年度第一期粛正討伐に伴う宣伝実施計画（昭和一四年一月一八日北支那方面軍司令部報道課）」は、宣伝すべき趣旨について①臨時政府の基礎鞏固《きょうこ》、治政拡充の容相、②滅共に関する事項、③国共分裂其他蔣政権内部対立抗争に関する事項、④日本の堅確不動の対支方針と之を遂行すべき余裕ある国力、⑤重慶政府の弱体化と窘窮《きんきゅう》の状況、と列挙している。そして、北支那方面軍が宣伝資料を作成し、各部隊から配布すべき謀略新聞、宣伝ビラ、掲示すべき春聯（旧暦正月、つまり中国の春節に家々の門や玄関に貼る慶賀を書いた対の赤紙）、壁書き用の標語・宣伝字句・絵、電気のない地方における放送宣伝のための乾電池式ラジオ受信器の配当等々さまざまな宣伝実施方法が具体的に記されている。ビラについては、毎月一〇種類近くをそれぞれ四〇万、五〇万と印刷して配布する計画表が作成されている。代表的な例をあげると以下のようなものである。（　）はビラの目的。

「日軍占拠地は治安回復し良民嬉々として帰る漫画ビラ」（民衆をして日軍新政府信頼）

「日独伊匈満防共協定成立強化し蘇聯及共産党手も足も出ず」（防共並に敵の戦意喪失）（ビラ1）

「孫科の蘇聯に対する本音を基礎とし蘇英援蔣停止を漫画にて宣伝す」（敵の第三国依

存心を破壊す）
「汪精衛第一次声明同氏の写真入りビラ」（敵の戦意喪失、民衆の和平促進）
「国共合作は共産党のため赤化せられ支那滅亡に陥るのみ漫画入ビラ」（国共合作を破壊し戦意喪失）

ビラ1 「長期抗戦は国民党政府を滅亡させるもと／日本軍は軍備も豊富／善良な将兵よ目覚めよ！／日本軍はこのビラを持っている者は敵兵と見なさず優遇する」

「共産党の残忍的行為民衆害毒の漫画ビラ」（反共気勢の昂進）（ビラ2）
「蔣政権潰滅に瀕し財政困窮戦争継続不可能の漫画ビラ」（蔣介石打倒）（ビラ3）
「新政府勢力図を少女が謳歌せるポスター」（新政府に対し民衆を信頼せしむ）

農民に対して、このような思想宣伝ビラ、ポスターによるプロパガンダ工作がはたして効果があったのか疑問であるが、宣伝する側の日本側の反ソ連、反共産主義とそれにむすびつけた反蔣介石の治安維持法体制のイデオロギーがストレートに出されている。

ビラ2 「これが果たして救国なのか？／見よ！赤魔の党と軍の最後の狂乱計画！／生か！　死か！諸君はいずれを選ぶのか？／日本軍は諸君に同情する！」(国旗は日の丸と中華民国臨時政府の旗)

つぎは治安工作ではなく、治安戦を実施するにあたっての部隊内教育・訓練についてである。「甲部隊長上京の際に於ける北支那方面軍の教育に関する連絡事項(昭和一四年三月北支那方面軍司令部)」は、北支那方面軍が、治安粛正作戦の遂行のため、初年兵から幹部まで作戦の意味を理解させ、「対匪特殊戦闘法の演練」など教育訓練を徹底していた概要を報告したものである。そのなかに、極度の分散配置をおこなうために、「下級幹部の素質未だ所期に達成せざるもの甚《はなは》だ尠《すく》からざるを以て各級指揮官を督励し、特に之が識能の向上に努めつつあり」とあるが、拙著『南京事件と三光作戦』の第二部

「知られざる戦争犯罪――三光作戦」で詳述したように、広大な占領地域に膨大な数の拠点(トーチカを築き、砲台などを備えて小部隊が駐屯した)を築き、それぞれに分遣隊を駐屯させた高度分散配置においては、伍長、曹長の下士官が分遣隊隊長になった。これらの下級幹部の素質が悪かったため、軍紀が紊乱《びんらん》し、分遣隊単位で性犯罪に走ったのである。北支那方面軍の幹部もそれを懸念して下級幹部教育の徹底を指示した。また、同連絡事項には「第五特種教育」に「化学戦教育」の項目があり、つぎのように化学戦(毒ガス戦)の実施訓練がおこなわれていたことが述べられている。

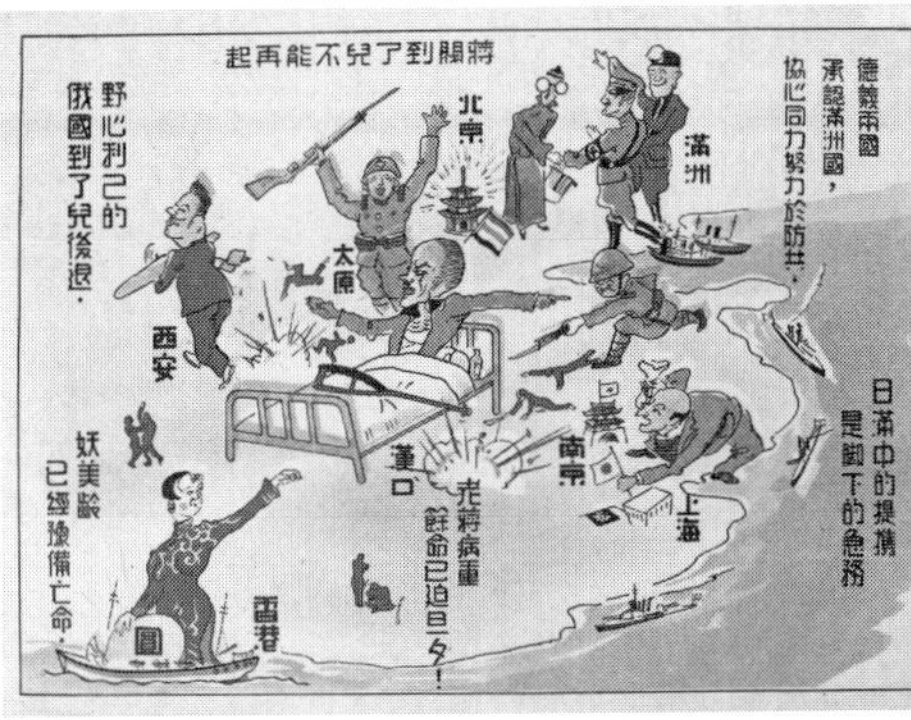

ビラ3　「蔣軍閥は倒れて再起不能／独伊両国は満州国を承認，心を合わせ共同して防共に努力している／日満中の提携は目下の急務／重病の蔣介石は余命いくばくもない／野心的利己的ロシアは倒れて後退する／宋美齢〔蔣介石の妻〕はすでに亡命を準備している」

化学戦に就ては、粛正作戦に即応する化学戦指導特に特種煙用法並に之を利用する各部隊の戦闘法の演練に重点を置き、併せて次期作戦の為一般化学戦の普及を企図し、集合教育を実施せしめたり。

治安戦において毒ガスが多用されたことは後述するが、北支那方面軍はこの段階から毒ガス兵器を使用するために訓練をしていたのである。

「第二の満州国化」構想と興亜院

以上の北支那方面軍の治安粛正計画から浮かびあがってくる事実は、北支那方面軍参謀副長として上記の粛正計画案を立案・主導した武藤章がかつて関東軍参謀として推進した華北分離工作を延長拡大して、華北全体におよぼそうとした「第二の満州国化」の構想である。華北分離工作は、関東軍と支那駐屯軍が防共と資源・市場獲得のために華北を分離・支配しようとして推進したものであり、一九三五年一二月二五日に冀東防共自治政府を樹立させ、河北省東部二二県をその統治下において、経済支配をおこなった。同様にして、北支那方面軍が中華民国臨時政府を樹立させて、華北全体の占領地に臨時政府を利用した軍政を施行、資源、産業の開発と経済活動の促進による収奪に本格的に取り組もうとしたのである。そのために、占領統治の安定を確保する治安工作が最優先課題となった。

武藤参謀副長の報告にあった「交通、通信に関する事項」の具体化として、四月一七日、「華北(北支那)と蒙疆の鉄道、自動車、水運及びその附帯事業を総合的一元的に運営する」するために、北支那開発株式会社と南満州鉄道株式会社(満鉄)と中華民国臨時政府(一九四〇年三月に華北政務委員会となる)とが出資した日中合弁の華北交通株式会社(総裁宇佐美寛爾)が成立した。同会社は華北の占領地における鉄道経営支配を中心にして、華北の石炭、鉄、棉花、岩塩の四大資源を収奪し運び出すための交通手段の整備、拡充と抗日勢力による破壊と妨害にたいする警護をおこなった。鉄道と道路の整備と経営、警護は、北支那方面軍の治安工作、治安戦の遂行にとって不可欠なものであった(13)。

日中戦争の早期解決の見通しが失われ長期持久戦へ転換するにあたって、対中国政策を総合的に調整、遂行する新官庁の設置が陸軍省から提唱された。それまでの広大な占領地域の統治が、現地の陸軍もしくは海軍の特務機関の指導により各地各様に実施され、各種開発事業や経済活動も国策会社もふくめて多岐にわたり実施されるようになったため、現地軍特務機関の政治指導を統一し、占領地政策の統合をはかるため、日本内地において一元的に統一指導する中央機関と現地における連絡機関との設立が必要と認識された。その具体化が一九三八年一二月一六日の興亜院の設立であった。興亜院は、総裁を首相とし(初代総裁に近衛文麿首相が就いたが、翌月総辞職して投げ出す)、副総裁に外務、大蔵、陸軍、海軍の各大臣が就任し、各省と陸海軍を含む膨大な組織となり、「支那事変」に当たり、中国において管理する政治、経済、文化に関する事務、政策の樹立に関する事務、特殊会社業務監督を担当することを目的とした[14]。

初代総務長官に柳川平助陸軍中将(前述)、政務部長に鈴木貞一陸軍少将、経済部長に外務省の日高信六郎総領事がつき、文化部長は柳川長官の事務取扱いとなったので、陸軍が興亜院の中枢を支配するかたちになった。一九三九年三月一〇日に興亜院華北連絡部・蒙疆連絡部・華中連絡部・廈門連絡部、青島に華北連絡部の出張所が設置され、それまで各軍の特務部・特務機関が担当してきた占領地行政が各連絡部に吸収されることになった。華北連絡部は北支那方面軍特務部長であった喜多誠一陸軍中将が初代華北連絡部長官に就任した。同連絡部は、北京の中華民国臨時政府の行政的な指導をおこなうとともに、華北の新民会との連絡、情報宣伝活動、交通運輸・金融政策、商業、農業、林業などの実業政策の統制、北支那開発株式会社の監督など占領地の政治、経済、文化活動の全般にわたって統括することになった[15]。

各連絡部の重要度は発足当初の官制定員を見れば明らかである。すなわち、華北連絡部二九九、華中連絡部二〇一、蒙疆連絡部七四、廈門連絡部四七となっており、北支那方面軍の配下に占領地行政が一番進行していた華北連絡部がもっとも多い。華中連絡部に係わった中支那派遣軍は、前述のように国民党軍との正規戦(正面戦場戦)を主にした軍隊であったので、北支那方面軍のように占領地を維持するための広域配備の態勢はとっていなかった。しかも、従来の満州・華北は陸軍、華中・華南は海軍という管轄領域の縄張りから、華中連絡部長官には海軍の津田静枝中将が就任した。陸軍と海軍の縄張り争いが長官人事にも現れたかたちになった。廈門連絡部長官にも同じく海軍の水戸春造少将が就任した。また、官制定員の充足率は低く、一九四〇年においては、華北連絡部と華中連絡部、廈門連絡部とも約三割、蒙疆連絡部は約一割という低い状況だった。興亜院が看板倒れに終わったことを裏づける数字である。[16]

興亜院設立を急いだのは、陸軍が中国との外交交渉の権限を外務省の手から奪おうとしたからであり、また近衛首相とその周囲には、軍の暴走を抑えようという思惑もあったが、[17]近衛自身が一九三九年一月四日、日独軍事同盟問題や経済危機の克服をめぐる閣内対立から政権を投げ出して総辞職してしまったため、陸軍の支配が残された。その陸軍も中央と現地では対立があり、興亜院設置後に撤廃されるはずであった軍の特務機関が各地で活動を継続したため、興亜院の役割が著しく限定されたことは前述した。北支那方面軍参謀副長であった武藤章は「東京は突然興亜院の創設並びに連絡部の設置を発表した。……占領地の軍政は軍令により定められたる軍司令官の権限である。しかるに軍司令官に対立する行政機関が、軍司令官に属する権限を行うのは、統帥権の干犯であるという理由で〔方面軍司令部は〕反対した」と回想の手記に書いている。[18]その結果、北支那方面軍は形式的に特務機関を撤廃したが、北支宣撫機関の中央機関として杉山部隊本部宣撫班を設け、方面軍の参謀部第四課に属させて、各軍および兵団の宣撫指揮班を指導し、従来の各種政治工作を継続したのだった[19]。

その興亜院も、アジア・太平洋戦争を開始した東条英機内閣が大東亜省を設置したことにより(一九四二年一一月)、拓務省、外務省東亜局、対満事務局などとともに廃止された。

興亜院は北支那方面軍が中華民国臨時政府を操作して、華北五省を「第二の満州国化」するための権益獲得と占領地の軍政統治強化策に介入することはできなかったが、華中においては、経済政策を中心にして相当程度の役割をはたしたことも事実である。華中における中支那派遣軍の占領地行政が北支那方面軍のようには集中、徹底できなかったので、その分、興亜院が参入する余地があったのである。華中はもともと海軍の分割領域であるという縄張り意識が影響したことや中支那派遣軍が国民政府軍との正面戦場の作戦を主任務としたこと(前述)などのために、華中の占領地行政は後手にまわったうえに、中支那派遣軍は中国戦場全体を統括するために編成された支那派遣軍に吸収されたので(一九三九年九月)、中華民国維新政府を操作した華中における占領地行政の拡大は、北支那方面軍のようにはできなかった。汪精衛政権の実権を事実上掌握していた周仏海の日記には、興亜院が同政権の財政経済さらには軍事政策にまで相当な指導と干渉をおこなった事実が記されている。その実態については今後解明されるべき課題である。

一九三八年末から四〇年前半にかけて、北支那方面軍が北京に立てた傀儡政権の統治行政区域を拡大するために全軍をあげて華北の治安工作を遂行したことは、まさに華北侵略そのものであった。その結果、次章で詳述するように抗日根拠地の形成、抗日ゲリラ活動の活発化を促すことになり、北支那方面軍はそれにたいする討伐戦、掃蕩戦(治安戦)を本格的に発動することになる。つまり、日本軍は治安工作を強化・徹底した結果、治安戦を強行しなければならない事態を招来したのである。

4　華北における治安戦の開始

治安戦の開始

『北支の治安戦(1)』の一九三九年の粛正作戦(治安戦)と治安工作の「概要」に総括されているように、この年北支那方面軍は、これまで詳細に検討した「昭和一四年度治安粛正計画」に基づき「年初から強力に治安粛正諸施策を推進した」。同計画は、第一期＝昭和一四年一月―五月、第二期＝同六月―九月、第三期＝同一〇月―昭和一五年三月と三期に分けて実施された。北支那方面軍の割り当て区域である、河北・山東・山西・河南省および察哈爾省の本書でいう華北五省における北支那方面軍部隊による分散配置を基本的に完了し、華北三八八県のうち三一二県で県政が復活し、治安地域が確保されたとして、同計画は以下のように記している。[20]

これら県政の回復のためには全く破壊された行政組織を復活し、潰滅した自衛組織を再建し、産業を興して民生を安定し、金融を再建して経済を復興するなど民心の安定を図った。更に交通、運輸、通信を復活再建して、産業の開発、警備の拡充に寄与させた。また、青少年の教育訓練により、抗日思想の一洗と治安の迅速な回復を図った。これら一切の諸施策を治安第一主義に一元化させ、軍の指導のもとに実行の徹底に努めた。この間、日本の企図する生産力拡充に必要な重要資源の開発を促進して、北支粛正建設諸工作の成果と相俟ち、日満支を結合した確固不動の国防圏確立に寄与することに努めた。

北支那方面軍が華北の全県の約八〇％の県政を復活させたとあるのは、成果を過大に見ている可能性があるにせよ、日本軍が華北を「第二の満州国化」するために広大な占領地に侵出して軍政を実施しようとしたことを示している。しかし、同概要はつづけて「第二期以降、中共軍の台頭がようやく顕著となり、特に第三期においては逐次、蔣系軍、雑軍を蚕食して急速にその勢力を拡大してきた。従って、治安回復は表面上の観察とは異なり、裏面においては暗流が滔々と流れていたといえよう」と記しているように、北支那方面軍の「第二の満州国化」策の実施と拡大が、次章で詳述するように農民の怒りと反抗を惹起し、中国共産党の工作を受け入れて、抗日根拠地の形成と発展を促進させることになる。

一九三九年段階では、本格的ではないが、軍隊を出動させての治安戦が開始されていることにも簡単に触れておきたい。まず、全体的な様相については、北支那派遣憲兵隊の状況を説明した『日本憲兵外史』の以下の記述からイメージすることができる。[21]

盧溝橋事件より約一年余を経過したその当時、北支那方面軍は河北、河南、山東、山西、チャハルの北支五省の要衝より、蔣介石軍を一応掃討することができた。ところが、いまだ相当数の強力な残敵が各地に散在し、鉄道沿線からやや離れた地方村落を根拠地として、時折り軍事輸送の列車や、小部隊の通過を狙って襲撃した。さらにゲリラ活動によって鉄橋を爆破したり、北京、天津、済南、青島の重要都市に秘密工作員を潜入させ、航空機に爆薬を装置して破壊したり、あるいは軍需品集積庫に放火し、また、日本軍に協力する中国側重要人物の暗殺を謀り、さらに民衆に対しては、毎夜反日抗日の宣伝放送をするなど、わが軍後方地域の治安攪乱工作は執拗に継続され、まことに容易ならざる状況であった。

この時期、共産党と八路軍の抗日闘争は突出した脅威とは認識されていない。そのことは、北支那方面軍司令部「昭和一四年度治安粛正計画関係資料綴」(前出)に収録されている第二一師団の治安戦作戦地域である河南省北部の徐州を中心とした津浦線と隴海《ろうかい》線沿線一帯の抗日集団の分布地図を見ると、正規軍(国民政府軍)、中央系遊撃隊(国民政府系ゲリラ)、中央的色彩ある遊撃隊、共産匪(八路軍)、共産的色彩匪、土匪の勢力がそれぞれ記されており、国民政府系と共産党系と土匪とが混在していた状態であったことがわかる。

治安戦初期の状況

『北支の治安戦〈1〉』と『支那事変戦争指導史』に記された一九三九年度をつうじた粛正作戦(治安戦)の状況を以下に簡単に整理しておきたい[22](巻末表2参照)。

五台作戦(一九三九年四月一八日―六月二五日)　山西省では、閻錫山《えんしゃくざん》の山西軍のほか蔣介石国民政府軍も進出して盛んに策動したのにたいして掃蕩戦を実施した。いっぽう八路軍第一一五師副師長の聶栄臻《じょうえいしん》が山西省の仏教の古刹で有名な五台山地区に抗日根拠地を形成する動きを見せたので、掃蕩戦をおこなった。

魯南作戦(一九三九年六月七日―六月三〇日)　魯は山東省の別称。石友山や沈鴻烈《しんこうれつ》などの国民政府軍が残存しており、国民党系遊撃隊が活動していたので、これらの抗日勢力を基本的に掃蕩した。中国共産党軍にたいしてはあまり有力視していなかった。

魯西作戦(一九三九年七月三日―七月九日) 津浦以西の山東省西部には日本軍が分駐しておらず、中国共産党軍の工作が浸透していると判断されたので、その蠢動《しゅんどう》の根拠を絶って、治安圏を拡大するために掃蕩戦を実施した。

以上のように、一九三九年においては、北支那方面軍の治安戦は開始されたばかりであって、共産党と八路軍にたいしても早期に芽を摘んでおくといった程度の認識であり、さほど重大視はしていなかったといえる。

第三章
百団大戦と治安戦の本格化

平型関の戦闘(1937年9月)後，日本軍後方へ向かう八路軍騎馬隊

1　一九四〇年の作戦と戦闘

一九四〇年の正面戦場における主要な戦闘は、中支那派遣軍が五月から六月にかけておこなった宜昌作戦であった。宜昌から約五〇〇キロ奥の重慶には、万重の山の峡谷を流れる長江を遡上しなければ到達することができないため、地上からの重慶政府攻略は行き止まりとなった。しかし宜昌の占領により、戦略的には、重慶政府の補給路を断つことができ、重慶などへの奥地爆撃の基地を確保できた。陸路からの作戦で、重慶を攻略し、蔣介石国民政府を崩壊させることができなかった日本の戦争指導当局は、日中戦争終結のゴールを見失ったまま、重慶政府の崩壊を期待してさまざまな揺さぶりをかけようと試みた。宜昌占領による陸路・水路の経済封鎖、空からの重慶爆撃、南京における汪精衛政府の樹立、いっぽうでは同政府の承認を引き延ばしながらの桐工作といわれた重慶政府との和平工作(前述)などがそれであるが、いずれも日中戦争の行き詰まりを打開できるものではなかった。なお一九四〇年当時、中国に派遣されていた日本軍は六五個師団、約八五万人にも達していた。(1)

ドイツ軍の攻勢に幻惑された日本

日本の動員力の限界に達したこれだけの兵力を中国大陸に投入しても、日中戦争の膠《こう》着《ちゃく》状況を解決できないジレンマに陥っていた日本の戦争指導当局が目を奪われ、幻惑されたのが、ヒトラー率いるナチス・ドイツによる西ヨーロッパ攻勢の予期以上の進展であった。ドイツ軍は五月一〇日、ベルギー、オランダ、ルクセンブルクに侵攻、六月三日、イギリス軍はフランス北岸のダンケルクからドーバー海峡を越えて撤退、六月一四日、ドイツ軍はパリに無血入城、七月一一日、フランス南部のビシーにペタン親独政府成立。こうしてヒトラーの欧州制覇は疑いなく成功するものと日本の戦争指導当局、特に陸軍は判断した。

七月二二日に成立した第二次近衛文麿内閣は、七月二六日に「基本国策要綱」を決定、「世界は今や歴史的一大転機に際会」しているので、「世界史的発展の必然的動向を把握」するという情勢認識にたって、「根本方針」として「皇国の国是は八紘を一宇とする肇《ちょうこく》国の大精神に基づき……皇国を核心とし、日満支の強固なる結合を根幹とする大東亜の新秩序を建設するに在り」と謳い、「国防及外交」として「大東亜の新秩序建設を根幹とし、先ず其重心を支那事変の完遂に置き、国際的大変局を達観し建設的にして且つ弾力性に富む施策を講じ、以て皇国国運の進展を期す」と大東亜新秩序の形成を唱えた(2)。近衛首相が唱えた「日満支」の「東亜新秩序建設」(一九三八年)から南進政策による東南アジアへの領域拡大をめざした「大東亜新秩序建設」を唱えるようになったのである。

ついで七月二七日大本営政府連絡会議は「世界情勢の推移に伴う時局処理要綱」を決定し、方針をつぎのように定めた。(3)

帝国は世界情勢の変局に対処し、内外の情勢を改善し、速やかに支那事変の解決を促進すると共に、好機を捕捉し、対南方問題を解決す。

支那事変の処理未だ終わらざる場合に於いて、対南方施策を重点とする態勢転換に関しては内外諸般の情勢を考慮して之を定む。

方針の重点は、後半の、支那事変の処理が終わらなくても「好機南進」を実施することにあるのはいうまでもない。この国策は、第二次近衛文麿内閣の成立(七月二二日)とともに決められたものであるが、前述のように、一九三七年七月七日の盧溝橋事件を日中全面戦争に拡大し、国民精神総動員運動を展開し、国家総動員法も成立させて、長期泥沼戦争に国民を引きずりこんだのは第一次近衛内閣であった。その近衛首相が相変わらず当時の政界のホープと目されて「新体制運動」を推進、全政党を解党させ、一九四〇年一〇月一二日に大政翼賛会を結成して、一国一党のファッショ的体制を確立した。

同時期の日本の戦争指導当局のあいだには、ヨーロッパ大戦におけるドイツ軍の電撃的攻勢に幻惑されて、ヒトラーの西ヨーロッパ制覇に呼応して日本の東南アジア進出が可能であるという思いこみが広まり、九月二七日に日独伊三国軍事同盟を締結した。「日独という二つの時計を電気でつないだ如く、ドイツの西進に伴ってわが指針は、西方〔中国〕から南方へ方向を変えていったように想像された」と当時支那派遣軍参謀であった井本熊男は書いている[4]。

南進へ

日本の戦争指導体制、すなわち陸海軍の各部や現地軍がそれぞれの野心や思惑から暴走して戦争を拡大するには易く、しかもその責任は問われず、いっぽうではどこかが責任を引き受けて戦争の収束を図ろうとはしない「天皇制集団無責任体制」そのままに、日中戦争解決の方策を講ずることもできないまま、日本は九月二三日、北部仏印へ武力進駐を開始した。その発端となった南寧作戦を主導した参謀本部第一部長(作戦部長)富永恭次少将が南支那方面軍を編成させたことは前述した。その南支那方面軍が支那派遣軍司令部に無断で、北ベトナムとの国境近くの龍州への出兵を実行したのである。さらに南支那方面軍は独断で近衛師団を華南に派遣するよう軍中央へ要請していた。下克上の極みであった。そのうえ、富永第一部長が動いて、南支那方面軍を支那派遣軍の戦闘序列から切り離して、大本営直轄にしてしまった(七月二三日、大陸命第四三九号)。大本営のこの措置は、富永第一部長らが支那派遣軍司令部をとおさずに北部仏印武力進駐を実施しやすくするためであった。時まさに東条英機が陸軍大臣に就任したばかりであり(七月二二日)、東条の腰巾着的存在であった富永の横暴がまかりとおったのであろう。

富永第一部長らの専横的な作戦決定が、もともと南進に積極的であった海軍もふくめて軍中央部において容認されたのは、前述のように、ドイツの電撃戦の成功に幻惑され、東南アジアを支配していたフランス・オランダ・イギリスの敗退に乗じて「好機南進」の到来という気運が高まっていたからでもある。

フランスのビシー政府や仏印当局との間の交渉により平和的進駐を約した協定が結ばれたにもかかわらず、仏印武力進駐に固執した富永第一部長は、大本営直轄となった南支那方面軍の現地指導に乗りこみ、九月二三日、協定を無視して第五師団をベトナムへ越境・侵入させ、フランス軍と戦闘、仏印への武力進駐を強行させたのである。こうした日本の東南アジアへの武力進駐の動きに対応して、アメリカが飛行機用ガソリンの対日禁輸(七月三一日)、屑鉄鉄鋼の対日全面禁輸の発表(九月二六日)と対日経済制裁を強化、日本は対米英戦争開戦前夜の段階へ踏みこんだのである。

当時支那派遣軍参謀(政務)であった堀場一雄は「仏印平和進駐を故意に武力衝突に導きたるは、富永部長及荒尾中佐〔参謀本部員〕の暴挙なり。富永部長は一旦責を問われて職を離れると雖も、大東亜戦争に方《あた》り、人事局次長で陸軍次官となり、自我私権の人事を擅《ほしいまま》にす。軍紀の紊乱《びんらん》極まれりと謂うべし。……支那事変は仏印処理に依りて敗れたり。予東京を離れて未だ一年に満たず。今や東京には支那事変を凝視する者なく、世界情勢に幻惑せられて努力は散漫に拡大せり。国力の確認及戦争目的限度の堅持は既に失われ、禍因を蔵する新外交政策は放漫なる回転を始めたり」とその思いを書いている(5)。

当時同じく支那派遣軍参謀であった井本熊男も「ドイツの西方攻勢がめざましく進展した六月以後、中央部の空気は激変し始めた。それは所謂親(信)独派の台頭であった。このグループの考え方は、支那事変を大体において現況のままに放置して、南方地域に武力進出しようとするものであった。……当時筆者には、確たる意見はなかったのであるが、こんなことをやって一体よいのであるかという不安を強く感じていたことは事実である。それは、末輩の幕僚ながら、一心に取り組んでいる支那事変処理が放置せられることに対する懸念が根底をなしていた」と記している(6)。

堀場が仏印進駐によって「支那事変は……敗れたり」と記し、井本が「支那事変処理が放置せられる」と書いたように、膨大な日本軍を大陸にはりつけたまま、日中戦争の終結処理の責任を引き受ける指導者も部局もなく、行き詰まり状態が放置されたのである。軍中央においては、日中戦争処理の明確な方針が欠如した状況において、独立権力化した北支那方面軍は、華北の「第二の満州国化」をめざし、前年度作成の治安粛正計画による「面」の支配を目論んでいた。北支那方面軍は高度分散配置態勢をとり、各師団兵力は平均約二〇〇カ所の拠点に分散配置され、兵力密度は一平方キロメートル当たり、〇・三七人となっていた。これはたとえば、山西省の石太線《せきたい》(石家荘―太原)沿線および太原地区においては、東京都の都区内を歩兵約一個中隊(一二〇―二〇〇人)が担当する程度であった。(7) 広げきった北支那方面軍の兵力の弱点は、共産党・八路軍の総兵力による一斉、全面攻撃を許すことになった。一九四〇年八月から一〇月にかけて第一次、第二次とおこなわれた百団大戦(百個連隊による攻勢作戦の意味で、共産党側がそう呼称した)がそれである。

2　百団大戦の衝撃

八路軍の攻勢

百団大戦について「北支那方面軍作戦記録」は以下のように記録している。(8)

　北支一帯に蟠踞《ばんきょ》せる共産軍は、第十八集団軍総司令朱徳の部署に基づき「百団大戦」を呼唱し、昭和十五年八月二十日夜を期して、一斉に我が交通線及生産地域(主として鉱山)に対し、奇襲を実施し、特に山西省に於いて其の勢い熾烈にして、石太線及北部同浦線の警備隊を襲撃すると同時に鉄道、橋梁及通信施設等を爆破又は破壊し、井陘《せいけい》炭坑等の設備を徹底的に毀損せり。本奇襲は我が軍の全く予期せざる所にして、其の損害も甚大にして且復旧に多大の日時と巨費を要せり。

右奇襲を受けたる我が軍は、将来斯くの如き不覚を生起せざる為、並に軍の威信保持の為、共産軍を徹底的に潰滅せしめんとし、晋中作戦を企図するに至れり。

それまで共産党・八路軍の戦闘力にさほど大きな注意を払ってこなかった北支那方面軍が、不意を突かれ甚大な被害を出した衝撃がわかるような記録である。百団大戦は八路軍の全勢力をあげて第一次攻勢(八月二〇日夜—九月上旬)と第二次攻勢(九月二二日—一〇月上旬)の二度にわたって実行され、八路軍はそれまでの遊撃戦法とはまったく異なった大部隊による運動戦を展開した。参加した総兵力は一一五団(連隊)四〇万人といわれる。百団大戦の展開については、巻末の地図1を参照されたい。

第一次攻勢では、華北の主要な鉄道(石太《せきたい》線、同浦《どうほ》線、京漢《けいかん》線、津浦《しんぽ》線など)にいっせいに奇襲攻撃をかけた。第二次攻勢は、日本軍の殲滅《せんめつ》と解放区にくいこんだ拠点の消滅に重点をおいて、太行地区・晋察冀地区(後述)などの日本軍警備隊を急襲した。八路軍の戦力を軽視し、分隊単位で高度分散配置をおこなっていた各拠点は、道路・鉄道の各所を破壊されて、増援を得られることなく各地に孤立したまま、数にまさる八路軍の奇襲攻撃に晒《さら》された。たとえば、独立混成第四旅団の管内では、石太線沿線の小拠点約二〇、陽泉―盂県―上社鎮道の拠点若干が一時共産党軍に占拠され、八月末までに六〇人の戦死者およびこの数倍の戦傷者を出した。その他、華北交通の鉄道勤務員、中国側傀儡政権の県警備隊その他の警備員などから相当数の死傷、行方不明者を出した。八路軍の第一次攻勢は、交通、通信線の破壊を目標とし、かつ心理的効果を狙ったもので、その被害は相当大きかった。特に石太線の被害は広範にわたり規模が大きく、その方法も爆破、焼却、毀損《きそん》などにより橋梁、軌道、通信網、停車場施設などにたいして組織的徹底的な破壊をおこなうというものであった(9)。

「北支那方面軍作戦記録」にある井陘炭坑は、石太線沿線の河北省の山西省との省境近くにある大炭鉱で、新鉱、本鉱、陽井鉱の三つからなり、満州の鞍山《あんざん》製鉄所の原料炭の供給地であった。新鉱は当時、約一個分隊(数十名)で警備していたが、八月二一日払《ふっ》暁《ぎょう》、約一〇〇〇人からなる優勢な八路軍の包囲攻撃を受けた。坑内の内通者が電流鉄条網の電流を止めた箇所から侵入した八路軍は、全鉱を占領して、各所の重要施設に放火、破壊した。三炭鉱のうちもっとも重要な役目をはたしていた新鉱が最大の被害をうけ、少なくとも半年以上出炭が不能となった。本鉱と陽井鉱も八月二〇日夜半から翌日朝にかけ八路軍の襲撃をうけ、苦戦しながらも占拠されるのは免れた。二一日午後、石家荘(当時は石門と呼ばれた)に司令部をおく独立混成第八旅団から増援隊を出発、急行させたものの、途中の鉄道および道路が破壊され、その補修や敷設地雷の除去などのため行動が遅れ、石家荘からおよそ五〇キロの距離であるが、二二日午前中になってようやく井陘に到着したという有様であった。[10]

甚大な被害

百団大戦の二次にわたった大攻勢による日本軍の被害は甚大で、鉄道の線路破壊一一四件、四万四六八一メートル、橋梁爆破七三件、駅舎の焼失二〇件、通信施設破壊二二四件、電柱の切断・倒壊二四四〇本、電線切断一四六キロメートルなどの被害をうけた。[11]人命について、日本側の記録は損害総数を明らかにしていないが、もっとも損害の大きかった独立混成第四旅団の戦死者名簿によれば、八月二〇日から一二月三日までの戦死者は合計二七六人であった。なお、一九四〇年における北支那方面軍の死傷者は全部で戦死五四五六人、戦傷一万二三八六人であった。[12]

いっぽう、中国側の歴史書は、「八路軍の百団大戦大勝利」として、北支那方面軍による「反撃作戦」もふくめた一九四〇年一二月までの戦果について、日本軍の死傷者二万六四五人、傀儡軍の死傷者五一五五人、占領拠点二九三カ所、鉄道の線路破壊四七四キロメートル、道路破壊一五〇二キロメートルという数字をあげている。これにたいして、八路軍側の死傷者は二万二〇〇〇余人としている。[13]

日本側は被害数を少なめに、中国側は逆に多めに記録している。ここでは数字の問題を検討することはしないが、北支那方面軍が鉄道や道路、通信施設の被害を総計しながらも戦傷者の総数を明らかにしなかったのは、相当大きな犠牲者数なので軍の威信をはばかって公表しなかった可能性もある。一九四〇年に百団大戦にたいする報復掃蕩戦(後述)を二次にわたっておこなったり、他の小規模の掃蕩戦をおこなったりしているが、公表された北支那方面軍の一九四〇年の死傷者約一万八〇〇〇人のうち、百団大戦によるものが多かったと推測される。

3　なぜ百団大戦が発動されたか

百団大戦は、第一章で述べた、中国大陸における二つの戦場のうち、敵後戦場、共産党軍戦場、後方戦場などといわれた日本軍占領地で展開された戦闘のもっとも大規模なものであった。ここで、ゲリラ部隊もふくめて四〇万人といわれる大兵力を総動員できるまでに発展した、中国共産党・八路軍の指導・組織になる抗日根拠地の形成について概述し、なぜこの時点で百団大戦が発動されたのか、その背景を考えてみたい。

華北における抗日根拠地の成立と拡大

日中戦争が華北から上海へと拡大していくなかで、それまで中国革命をめぐって敵対関係にあった中国国民党と中国共産党が合作して抗日民族統一戦線を結成し、中国民衆も一致協力して日本の侵略に抵抗しようという抗日戦体制形成の気運が一気にたかまった。

国民政府軍事委員会（委員長蔣介石）は、西北部にあった紅軍（共産党軍）約三万を国民革命軍第八路軍に改編すると宣布し、朱徳を総指揮、彭徳懐《ほうとくかい》を副総指揮に任命し、その戦闘地域は閻錫山《えんしゃくざん》の指揮下に山西・河北・山東と指定した（一九三七年八月二二日）。ここに、紅軍は国民政府軍に正式に編入され、わずかながら一定の武器弾薬・軍費が補給されることになった（ただし、本書では共産党軍は八路軍・新四軍と呼称し、国民政府軍は国民党軍を指すことにする）。また、国民政府は共産党の革命政権であった陝甘寧《せんかんねい》ソビエト政府（首府延安）を陝甘寧辺区政府として正式に承認した（一九三七年九月。辺区は辺境地帯に設けられた特別行政区の意味）。陝は陝西省、甘は甘粛省、寧は寧夏省（現在寧夏回族自治区）のことであり、江西省の中華ソビエト共和国（首府瑞金）を脱した紅軍が「長征」（一九三四—三五年）をおこなって陝西省にたどりつき、延安を中心にして甘粛省、寧夏省にまたがる共産党の革命政権を築いていたのである。さらに華中にとどまっていた紅軍の諸部隊は国民革命軍新編第四軍（新四軍）に改編され、葉挺が軍長、項英が副軍長に任命された。こうして第二次国共合作は正式に発足し、正面戦場（国民党軍戦場）と後方戦場（共産党軍戦場)の役割分担が成立したのである。

資源獲得を狙って山西省に侵攻してきた関東軍・北支那方面軍にたいして、第八路軍第一一五師(師長林彪《りんぴょう》、副師長聶栄臻。師は日本軍の師団に相当)は、閻錫山の山西軍と国民政府軍とともに抗戦を展開した。一九三七年一一月九日に山西省の省都太原が日本軍に陥落するのに先立ち、中共中央北方局(当初劉少奇《りゅうしょうき》が組織・指導、華北地区の地下党を組織し、抗日根拠地の創設や民衆の抗日闘争の展開を指導した)の指令をうけて、八路軍第一一五師副師長兼政治員の聶栄臻が山西省北部の五台県に晋察冀軍区司令部を設けた(一九三七年一一月七日)。晋は山西省、察は察哈爾省、冀は河北省の別称で、晋察冀軍区とはこれら三省にまたがって組織された八路軍の根拠地という意味である。五台県は古い有名な寺院がならぶ五台山という仏教の聖地があるところで(第二章扉写真参照)、南は太行山脈につらなる山地になっており、日本軍の機械化部隊が入り込むことができなかったので、遊撃戦には適していた。

聶栄臻が五台地区に抗日根拠地を建設しようとしたとき、これに協力したのは一九三五年に北京大学を卒業し、五台県県長をつとめ、「山西犠牲救国同盟会」の幹部であった宋劭文《そうしょうぶん》で、共産党の秘密党員だった。聶栄臻は配下の二〇〇〇の兵士を工作隊として各地に派遣し、民衆の動員と武装化をすすめた。一九三八年一月一〇日から一五日にかけて、山西省との省境に近い河北省の山間の小都市阜平県城の第一完全小学校で晋察冀辺区軍政民代表大会がひらかれ、武装遊撃隊、三九の県政府、大衆団体、五台山の僧侶、モンゴル族・回族・満州族の少数民族の代表ら一四八人が参加した。大会は晋察冀辺区政府（行政委員会主任宋劭文）の成立を宣言、一月二二日、蔣介石はこれを承認したので、ここに日本軍占領地における最初の抗日根拠地、晋察冀辺区が成立した。この時点で、辺区政府の影響下の県は四〇余、人口は一二〇〇万であった(14)。

晋察冀辺区を皮切りに、華北の各地に抗日根拠地が組織され、辺区政府（抗日根拠地政権）が設立された。共産党は、抗日政権を辺区政府として国民党政府から独立した地方革命権力に築きあげ、民衆を組織していった。抗日政権は、県城や農村、山村をふくんだ広い地域を支配し、経済的にも独立して食糧・物資などの自給自足体制をとった。抗日根拠地には、共産党の指導機関と八路軍の司令部が設置され、共産党の政治工作員を養成する党学校や八路軍兵士を養成・訓練する兵学校がつくられ、さらに簡単な兵器を製造したり、日本軍から捕獲した武器を修理する工場までつくられた。抗日根拠地で訓練された八路軍兵士や政治工作員は、各地に派遣されて民衆を抗日ゲリラに組織したり、解放区を拡大するために活発な活動を展開した。

こうして、山東抗日根拠地（山東半島中心に一九三八年九月成立）、晋綏《しんすい》抗日根拠地（山西省西北と綏遠省の南部の大青山地区を中心に一九四〇年二月成立）、冀魯《きろ》豫《よ》抗日根拠地（河北、山東、河南省の各地に形成されていた抗日根拠地を統合して、一九四〇年二月に冀魯豫軍区が成立)等、華北の広大な地域に抗日根拠地が形成された。冀魯豫抗日根拠地に統合された各地域の抗日根拠地は以下のとおりで、一九三九年から四〇年にかけて設立された。北京の西に平西抗日根拠地(北平＝北京の西の意味)、同じく北に平北抗日根拠地、河北省の北東部に冀東抗日根拠地、河北省の南部に冀南抗日根拠地、同じく中部に冀中抗日根拠地、河北省と山東省の省境にまたがって冀魯辺区、山東省泰山の西に泰西抗日根拠地、山東省の西部に魯西抗日根拠地、同じく中部に魯中抗日根拠地、同じく南部に魯南抗日根拠地、河南省の西部に豫西抗日根拠地などがつぎつぎと設立され、鉄道沿線からやや奥にはいった地域はほとんど抗日根拠地に組織された状態にまでなった。(15) 華北の抗日根拠地の位置については巻末の地図2を参照されたい。

八路軍総司令朱徳の報告

一九三九年から四〇年にかけて華北全域において抗日根拠地が組織されていった主要な原因には、前章で詳述した北支那方面軍の「第二の満州国化」をめざした治安工作があった。このことは、八路軍総司令の朱徳が延安の幹部会議(一九四〇年七月頃)における報告「八路軍が華北の抗戦を堅持してきた三年間」で明確に述べている。

朱徳は冒頭で「華北はまっさきに敵とぶつかるところであり……民衆はこれまで日本侵略者の抑圧をもっとも深く感じさせられてきて」いると、民衆が日本軍の侵略を直接間接に身をもって実感したことが華北の抗戦にとって有利な条件であると指摘し、敵侵略者が華北を支配し、抗日勢力に対抗する方針とやり方を二つの重要な時期にわけて説明する必要があるとして、以下のように述べた。(16)

(1)放火殺戮の時期。これは敵侵略者が華北を占領したばかりの時期であり、彼らのわが国に対する政策は、やはり軍事的な侵攻を主としていた時期である。この時期には、敵は血なまぐさいテロリズムの支配によって華北を完全に支配しようとした。そこで彼らは、軍事面で気違いじみた殺戮を行ない、それどころか焼き払い・強姦・掠奪など、なんでもやらないことはなかった。たとえば、一昨年の四月、山西省東南部に侵攻して十余の町、二十余の村落を焼き、何百何千の民衆を虐殺した。彼らは、政治上では恫喝をほしいままにし、「皇軍」の威力を宣伝し、特務機関は悪逆無道の限りを尽くした。彼らは、経済上では際限のない掠奪を行なった。だが敵侵略者のこのような気違いじみた政策も、華北を征服するにはいたらなかったばかりでなく、彼らの血なまぐさい支配をつくりあげ、これを強化することによって、かえって黄帝〔中国古代伝説上の帝王。漢民族の始祖として尊ばれる〕の無数の子孫たちの抗日の烈火をかきたて、一億の華北の人民を、自己の生存のために、偉大な抗戦の奔流へと怒濤のような勢いで参加させることになった。

(2)「掃蕩」と反掃蕩の時期。……この時期、敵侵略者のわが国に対する政策はしだいに転換して、政治的な侵攻を主とするようになった。この時期の特徴は、敵侵略者が華北に兵力を増強し、「掃蕩」を行なったことである。そして敵侵略者の華北「掃蕩」の基本方針は、「治安粛正」であり、八路軍と共産党を重要な対象として、長期にわたって山岳地帯を中心とする「粛正」、「討伐」と「治安工作」を行なうことである。この方針にしたがって敵侵略者が採用した方法はどんなものであったか?〔以下は引用者が抜粋してまとめたもの〕

(a)軍事方面での方法。①広大な地域を占領して軍隊の分散配置による「治安工作」をおこない、随時集中して「討伐」をおこなうこと。②拠点を固め、交通線を修復建設し、これらを基点ならびに基本ラインとしてだんだんと面の占領をひろげること。③民間の銃を没収し、傀儡軍を組織し、特務機関を強化して偵察工作をおこない、毒ガスを使用すること。

(b)政治方面での方法。①「中国人を使って中国人を抑える」という陰謀を強化して、中国人の団結を破壊し、離間をはかるための謀略に乗せること。汪精衛や陳公博・周仏海らが敵侵略者の「防共・反共」運動にしたがって反共・反八路軍活動に従事している。②漢奸と傀儡組織である新民会を助成・強化し、わが国青少年の民族意識の消滅を企図すること。③革命的三民主義と共産主義に反対し、復古運動と奴隷化教育をおこなうこと。
(c) 経済上での進攻の方法。①華北のすべての重要な鉱物資源や大工場を強制占拠し、晋察冀と晋東南を焼き払い、冀中冀南を水没させ、期限をきって法幣の使用を禁止すること。②経済的に抗日根拠地を封鎖し、交通線を張りめぐらし、蜘蛛の巣のように封鎖線をしいて、根拠地の軍民を「自滅」の道に陥れようとすること。③アヘンやヘロインを投げ売りし、麻薬を吸わせてわが同胞を搾取し、肉体面からわが国の民族を滅亡させること。〔以下はふたたび原文の引用〕
(3) 裏切者汪精衛の登場後の日本侵略者の華北における新しい手品。裏切者汪精衛が登場し、傀儡政権が正式に成立したのちの敵侵略者の華北における陰謀も、全国に対する政治的進攻が強まるにつれて、ますます悪辣なものとなってきた。これは次の点に現われている。①傀儡「臨時政府」と傀儡「中央政府」の合併後、華北の敵も、中国「国民政府」、「国民党」や「三民主義」の美名を盗用して、ますますわが華北の党・政府・軍隊・民衆に対して挑発離間や分裂政策を強め、これによってわが方の団結を破壊しようとしている。②華北の傀儡軍と「皇協軍」は一律にその名を「新中央軍」と改称し、これを利用して民衆をだまそうとし、同時にあらゆる方法でわが抗戦部隊の団結(を破壊すること)を挑発しようとしている。③合併した「新民会」と「宣撫班」は、華北における奴隷化宣伝・教育機構を強化している。

以上、延安の幹部会議における朱徳の報告をかなり詳細に紹介したのは、第一に、華北において抗日根拠地さらにその周辺の抗日ゲリラ地区が急速に拡大した原因が述べられていることと、第二に、百団大戦をなぜ発動する必要があるのか、八路軍幹部にその緊急な状況を説明しているからである。

第一は、朱徳が「放火殺戮の時期」として述べた、日中戦争開始期に北支那方面軍が華北一帯を軍事占領するのにともなって多くの町や村で住民を殺戮し、掠奪、放火、強姦などの残虐行為をはたらいたことが、民衆を憤激させ、自分や家族、親戚、地域の人々の命を守るために、抗日ゲリラ闘争、抗日根拠地へ参加させずにおかなかったことである。表1(巻末)に明らかなように、日中戦争時の華北における日本軍の残虐・虐殺行為は二つのピークがあった。第一のピークが日中戦争初期の日本軍の「対敵撃滅・殲滅作戦」により、侵攻途上や攻撃、攻略、占領した県城やその周辺農村において、住民の殺戮や強姦、放火、掠奪などをおこなったことであった。上海から南京攻略へ進撃していった日本軍が追撃戦の途上で不法残虐行為を重ねていき、南京城占領に前後して南京事件を引き起こしたのと同様の行為であった。第二のピークは、本書のプロローグで言及し、次章で詳述する百団大戦以降の日本軍の治安戦におけるものである。

この二つのピークは、拙著『南京事件と三光作戦』において、李秉新《りへいしん》・徐俊元・石玉新主編『侵華日軍暴行総録』(河北人民出版社、一九九五年)にもとづいて、河北省・山西省・山東省・湖北省における日本軍の性犯罪の事例を一覧表にして整理した結果と同じである。拙著では前半期と後半期とに区分して、前半期は、日中全面戦争を開始した日本軍が、国民党軍と戦闘し、追撃戦の一環として県城や鎮、村落において民衆も巻きこんだ掃蕩作戦を展開するなかで、「抗日民衆の膺懲」という意識をともなって組織的な婦女凌辱がおこなわれた、と説明した。後半期については、八路軍の百団大戦で甚大な被害を受けた北支那方面軍は、対共産党軍認識を一変させ、反撃と報復のための大規模な「燼滅掃蕩作戦」を展開した結果である。それは、八路軍の根拠地を燃えかす同様になるまで徹底的に破壊して消滅をはかれという作戦であり、中国側のいう三光作戦の本格的な開始であり、日本軍の性犯罪はもっとも非道・残虐になった、と説明した。

第一のピークが百団大戦の要因となり、百団大戦が第二のピークの要因となったという因果関係になる。チャルマーズ・ジョンソンが中国共産党はなぜ中国革命に成功したのかを分析した『中国革命の源流』において、「戦時中、中国農民がこうむった大きな影響――農民にしばしば共産党の指導を受け入れ、これを支持させるようにした誘因の一つ――は日本軍の報復の脅威であった。一般的にいって、共産党は日本軍を直接経験しなかった地域では、ゲリラ基地を建設できなかった」と述べ、「日本の侵略に伴う破壊と収奪が、北方中国人の政治的態度を激変させてしまった。華北の農民は、戦時中、共産党の組織的イニシアチブに、きわめて強い支持を与え、共産党のゲリラ基地は、華北の農村で最大の数を記録した。占領区の民衆を組織する共産党の努力が、なぜ成功したかを理解するためには、日本の侵略とその占領政策が作り出した状態を、十分に認識してかかることが、絶対に必要である」と指摘していることに筆者も同感する。[17]筆者自身の体験でも、現在の中国大陸において、日中戦争時にその地域が日本軍の直接の被害を受けたかどうか、あるいは附近で日本軍の残虐事件があったかどうかによって住民の日本人への対応や感情が異なっていた。当然ながら、日本軍の直接の軍事侵攻と虐殺、掠奪、破壊などのあった地域の日本人にたいする態度や意識は、本音のところでは厳しいものである。日本のメディアでは、中国人が日本軍の侵略・加害行為を過度に批判、糾弾しているように報道しているいっぽうで、中国体験をもつ日本人識者には、自分はそのような侵略・加害批判の言動に接したことがなく、中国人は問題にされているほどこだわっていない、という人も少なくない。しかし私の接した多くの中国人は「言わないけれど忘れていない」のである。[18]

百団大戦を発動させた内外情勢

朱徳が「華北はまっさきに敵とぶつかるところであり」と強調したように、当初「北支事変」といわれた日中戦争の戦場が華北であり、北支那方面軍は華北分離工作の延長、拡大として華北五省の全面占領をめざし、さらに華北を「第二の満州国化」することをもくろんで、全軍あげて「治安粛正計画」を実施し、点と線の支配から面の支配への拡大をこころみたのであった。朱徳が「「掃蕩」と反掃蕩の時期」として述べた内容は、前章で詳述したように、北支那方面軍が治安工作において全軍をあげて周到に実施するように指示したことと同じである。アヘンについては、関東軍や北支那方面軍の特務機関、憲兵隊、さらに興亜院までかかわって「国家犯罪としてのアヘン政策」を推進し、江口圭一が「占領地と植民地でこのようなアヘンを生産・販売・使用した戦争は史上ほかに例をみない。日中戦争はまさに真の意味でのアヘン戦争であった」と指摘するほどであった(19)。

朱徳の報告において、「この時期、敵侵略者のわが国に対する政策はしだいに転換して、政治的な侵攻を主とするようになった」と述べているように、一九三八年以降、北支那方面軍が、華北を「第二の満州国化」しようとして軍事、政治、経済、文化、教育などあらゆる方面において推進した「治安粛正計画」により、華北の多くの民衆とくに農民が「敵とぶつかる」現場に直面するようになった結果、日本軍の意図とはまったく逆に、抵抗、反発を惹起し、共産党の抗戦政策に共鳴し、共産党の工作と指導を受け入れ、抗日根拠地の設立に支持をあたえるようになった。そのため、各地に抗日根拠地が組織され、八路軍部隊とその予備軍としての抗日ゲリラ部隊が急激な拡大をとげ、百団大戦を発動できるほどの勢力拡大をとげたのである。

引用した朱徳報告の最後「裏切者汪精衛の登場後の日本侵略者の華北における新しい手品」の内容が、朱徳が総司令をつとめる八路軍がこの報告の一カ月後に百団大戦を発動した主因の一つになっている。それは、汪精衛を首班とする中華民国国民政府が南京に設立され(一九四〇年三月三〇日)、北京にあった中華民国臨時政府が傘下に下って華北政務委員会となり、形式的に汪精衛政権の統一化が華北にもおよぶことになったことへの警戒である。朱徳が「わが華北の党・政府・軍隊・民衆に対して挑発離間や分裂政策を強め」、「あらゆる方法でわが抗戦部隊の団結(を破壊すること)を挑発しようとしている」と警告しているのは、華北の民衆をふくめて抗日統一戦線側に動揺と亀裂が生じることを阻止しようという意図がにじみ出ている。

延安の幹部会議における朱徳の報告は、最後に「われわれの今後の行動方針」として、つぎのように提起して結んでいるので、より明確である。

裏切者汪精衛の傀儡政権が成立し、敵侵略者・漢奸《かんかん》の政治的な新しい攻勢がより一層強まり、「中国人を使って中国人を抑える」というあくどい計画がますます悪辣になってきたこの時にあたり、われわれとしては以下のような諸工作を行なうべきである。(1)汪(精衛)反対・投降反対・蔣介石擁護・抗戦堅持の運動を広範に展開し、華北の抗日陣営内に潜む汪精衛派・漢奸を一掃し、蔣委員長を擁護してあくまでも抗戦をつづけること、⑵広範に憲政運動を展開し、民主政治を真剣に実行し、また抗戦と人民の利益を基礎として、さらに軍事・政治・経済・文化など各方面での工作を展開し、華北の抗戦をあくまで堅持すること、である。

百団大戦の発動については、八路軍総司令朱徳・副総司令彭徳懐・副参謀長左権の名前で一九四〇年七月二二日付「戦役準備命令」[20]が発令され、各部隊に大規模交通破壊作戦の指示がなされ、一カ月後に実行されたので、上述の朱徳報告は、同作戦の発動を前にして、八路軍の幹部にその意義を説明したものといえよう。

共産党・八路軍が大きな犠牲を出しながら百団大戦を決行した理由は、より大きくは国際情勢の変動にあった。中共中央「当面の情勢と党の政策についての決定」(一九四〇年七月七日)[21]は、前述したフランスの降伏によって生じた国際情勢の変動を分析、日本がこの情勢を利用して南方進出をはかり、フランスに迫って滇越《てんえつ》鉄道を封鎖させ、イギリスにたいしてもビルマ・ルートの閉鎖を要求するなどして(七月一八日より三カ月間実施)、重慶政府への圧力を強めていることや、日独伊軍事同盟の締結への動きが強まるなかで「防共・反共」をかかげた汪精衛の南京政府が設立されて親日派が勢いづいていることなどから、日本の圧力に屈して重慶政府が投降する危険性がかつてなく強まったと指摘している。投降の危険な根源として、「日本の圧力であり、独伊の勝利で日本が鼓舞され和平勧誘政策が可能となったこと……国民党内部の再分裂と、新しい汪精衛派の誕生がいまや不可避となったこと、全国人民の間に活路がないという気持ちがかならず増大するであろうこと」などをあげ、「一部の人びとが悲観・失望し、投降を行う危険性を強調する」必要性を全党に指示した。

さらに百団大戦開始の一週間前に、中共中央書記処「統一戦線工作の展開についての指示」(一九四〇年八月一五日)は、重慶政府の主要な投降の危険性は、独伊の勝利に鼓舞された日本の圧力によるものと見て、反共・投降の高まりがあるからこそ、国民党との統一戦線を強化しなければならないと指示した。(22) 中国共産党が百団大戦を発動したもっとも主要な動機は、当時の内外情勢がもたらした重慶政府を中心とする抗日勢力が日本の圧力に屈して投降する危険性を阻止することにあったのである。

このことは、八路軍副総司令彭徳懐が新華社の記者に語った談話「「百団大戦」の偉大な意義」(一九四〇年八月三一日)において、「第一に、「百団大戦」の勝利は、全国軍民の抗戦に対する自信を大いに高め、悲観・失望的な気持ちにきびしい打撃を与えたのであり、この勝利は、わが抗戦力が日ましに成長し強大になっていき……わが国には当面の危険と困難を克服することのできる強大な力があることを証明している」と述べていることからも明らかである。(23)

4 報復としての治安戦の本格化

報復作戦決行

前掲「北支那方面軍作戦記録」の最後に「奇襲を受けたる我が軍は、将来斯くの如き不覚を生起せざる為、並に軍の威信保持の為、共産軍を徹底的に潰滅せしめんとし、晋中作戦を企図するに至れり」とあるように、百団大戦に大きな衝撃をうけ、皇軍の「威信失墜」という屈辱感をあじわった北支那方面軍は、共産党軍にたいする報復作戦として、特に被害の大きかった山西省中部にたいして第一期晋中作戦(一九四〇年八月三〇日―九月一八日)および第二期晋中作戦(同年一〇月一一日―一二月三日)を決行した。

当時山西省の警備を担当していたのは、北支那方面軍の第一軍(司令官篠塚義男中将)であった。同作戦の開始にあたって、第一軍参謀長の田中隆吉少将は八月二六日、「作戦実施に方りては執拗に敵を追撃すると共に、迅速に其の退路を遮断して敵を随所に捕捉撃滅することに努め、目標線進出後反転して行う作戦に於いては、徹底的に敵根拠地を燼滅掃蕩し、敵をして将来生存する能わざるに至らしむ。又、進路の両側に待避せる敵に対しては徹底的に索出して之を剿滅す」と厳格な指示をあたえた。(24)「反転」とは八路軍を作戦目標地点まで追撃した後、部隊の進行を反転して、敗残兵などを掃蕩しながら出発地点にもどる作戦行動である。田中参謀長の指示は、その「反転」において、八路軍の根拠地を「敵をして将来生存する能わざるに至らしむ」ように「燼滅掃蕩」せよ、つまり、燃えかすも残らないほど徹底的に殺戮、破壊、放火、掠奪して生存不可能な状態にせよ、と指示したのである。第一軍上官による公式の三光作戦実施命令であった。

これをうけて、独立混成第四旅団長片山省太郎少将も「討伐隊に与うる注意」(八月二九日付)において、「今次作戦は既に示せる如く敵根拠地に対し、徹底的に燼滅掃蕩し、敵をして将来生存するに能わざるに至らしむること緊要なり。之が為無辜の住民を苦ましむるは避くべきも、敵性顕著にして敵根拠地たること明瞭なる部落は、要すれば焼棄するも又止むを得ざるべし。但し、此の場合にありても虐殺掠奪に類する行為は厳に戒むるを要す」と指示をあたえた。(25)片山旅団長の注意に虐殺掠奪行為を厳戒する旨が記されているが、実際は虐殺略奪が行われたことは、第五章で詳述する。南京事件を否定する論者がその証拠にあげるのが、南京攻略にあたって中支那方面軍司令部が「南京城の攻略および入城に関する注意事項」を下達して、掠奪行為や放火を厳罰に処すと指示していたことであるが、それらは建前的な命令であり、遵守しなくても問題にされず、処罰されることもなかった。

第一期晋中作戦は、第一軍麾下《きか》の各兵団が「討伐隊」を編成して、太行山脈内の八路軍根拠地に向かって侵攻して(第四章扉写真参照)目標線まで達して「反転」し、途次沿道の「敵性部落」を燼滅掃蕩しながら原駐地に帰還した後、再度「復行作戦」に出動し、「将来に対する禍根を除去する目的を以て……敵軍根拠地施設を徹底的に覆滅掃蕩して」作戦を終了したのである。[26]「復行作戦を実施するにあたって独混四旅片山旅団長が下達した「第一期晋中作戦復行実施要領」(九月六日付)は、つぎのように「燼滅目標及方法」を指示した。[27]

①敵及土民を仮装する敵、②敵性ありと認むる住民中十五才以上六十才迄の男子にたいして①②とも殺戮。③敵の隠匿しある武器弾薬器具爆薬等、④敵の集積せりと認むる糧秣、⑤敵の使用せる文書について③④⑤とも押収携行、止むを得ざる時は焼却。⑥敵性部落にたいして焼却破壊。

八路軍兵士やゲリラ兵だけでなく、「敵性」地区すなわち抗日根拠地や抗日ゲリラ地区の青年および成年男子まで殺戮することを指示したのである。また同地の食糧と軍馬の飼料の略奪、村落の焼却と破壊が軍命令によって指示されたのである。第一軍参謀部の「第一軍作戦経過ノ概要」には、第三六師団が「敵は既に待避しありて、黎城東南に於いて約百の敵と遭遇せる外、大なる敵と遭遇せず。支隊は沿道部落に於いて敵側後方施設たる兵舎、糧秣庫、学校等を燼滅しつつ前進」と記録されている。[28]晋中作戦においては他の部隊も同様であるが、八路軍は待避戦術をとったので、さほど大きな戦闘はなく、遠征、討伐地域の村落の略奪、放火、破壊、住民の殺戮、すなわち三光作戦の実施が主たる作戦行動になった。

中国側の抗日戦争史の歴史書では、北支那方面軍の晋中作戦にたいする八路軍の抗戦を「反掃蕩作戦」と名付けて、既述の第二次にわたる八路軍の攻勢につづけての百団大戦の第三段階と位置づけて、この段階において、日本軍の「三光政策」が開始されたと記述している。(29)

抗日民衆対象の三光作戦

『北支の治安戦(1)』に「中共軍の「百団攻勢」を受けた日本軍は、各地の兵団を初め各軍、方面軍ともこの苦い経験により従来の対共認識を改めるとともに貴重な教訓参考事項を得て、これらを爾後の治安諸施策に反映させ、北支における治安粛正の実績を画期的に向上させることとなった」と記しているように、(30) 百団大戦は、北支那方面軍の八路軍にたいする認識を一変させ、それまでの治安工作を重点にした治安作戦方針を、本書でいう治安戦(燼滅掃蕩作戦)重視に転換させる契機となった。さらに日中戦争全体でいえば、主敵が国民政府軍から共産党軍に移っただけでなく、軍隊を相手にすることから民衆を相手にする戦いに変化していった。北支那方面軍は、共産党と八路軍についての情報・資料収集と調査研究を進め、党と抗日根拠地政権と民衆が一体となっているその組織と力量が、容易ならぬものであることを知ったのである。

北支那方面軍司令部の第二課(情報)は八路軍の戦力について、調査、観察をおこなった結果を書類にまとめ、一九四一年七月一六日に開かれた総軍情報会議に提出した。同報告のなかで「共産軍の戦力観察」と題して、つぎのように述べている[31]。

共産軍の実施しつつある民衆武装運動は、単なる民衆の武装化に非ずして、此の運動を中心として行わるる民衆組織運動なる点に於いて特色を有す。即ち約一%乃至五%の党員並に尖鋭なる抗日分子の領導により、軍の一翼として極めて有機的に運用せられあり。……共産軍自体の戦闘力は未だ極めて劣弱にして土匪的戦力の域を脱せず。且つ今後に於いても之が急速なる向上は困難と謂うべし。然れども我が治安粛清の対象としての其の軍事的勢力は之等共産軍と共に広汎なる民衆層内に潜在する敵性武装勢力を考慮せざるべからず。民衆と共産軍との相関関係に於いて、軍の威圧によると思想的連繫によるとを問わず、民衆の有機的組織活動は党の地下工作と相俟って、間接的には共産軍の実力を培養し、直接的には其の戦闘を幇助しありて、我が治安攪乱の実体は、寧ろ之等民衆に在りとも謂い得べし。

共産党軍それ自体の軍事力はたいしたことはないが、治安攪乱の主体は、共産主義化した民衆であり、これが主敵であるとみなすにいたった。ここに、抗日根拠地、抗日ゲリラ地区の民衆を主敵とみなして、殺戮、略奪、放火、強姦など戦時国際法に違反する非人道的な行為をしてもかまわない、という治安戦の思想と方針が明示されることになった。

このような共産党と八路軍にたいする認識に立って、北支那方面軍司令部は一九四一年七月、粛正建設三カ年計画を立案した。これがその後の抗日根拠地、抗日ゲリラ地区への治安戦の基本方針となった。その概容はつぎのようなものであった(32)。

北支那方面軍は、華北占拠地域の治安状況に応じて、軍事、政治、経済、社会の見地から、治安地区、准治安地区、未治安地区の三つに区分する。治安地区とは、治安が確立し、対日協力の新政権「汪精衛政府と華北政務委員会」側の警備力のみで安定確保が可能な地域で、日本軍が分隊以下でも自由に行動できる地域である。准治安地区とは、日本軍事的には治安は一応安定しているが、日本軍は中隊単位の兵力の常駐が必要で、日本軍の常駐がなければ、新政権の施策はおこなうことができず、政治、経済、社会などの面で共産党の遊撃行動が活発な地域である。未治安地区とは、作戦討伐によって一時的に敵勢力を覆滅しうるが、作戦終了とともに再び根拠地となり、常時、敵の勢力が占有している敵地区である。すなわち治安地区は味方地区、准治安地区は敵味方の勢力が入り混じっている地域、未治安地区は敵または敵性地区とした。中国共産党側はこれと反対に、淪陥《りんかん》区(敵地区)、遊撃地区(ゲリラ地区)、解放区(根拠地)と呼んでいた。

粛正建設三カ年計画では、各年度の到達目標をつぎのようにさだめた。

	〈治安地区〉	〈准治安地区〉	〈未治安地区〉
昭和一六年七月現在	一〇%	六〇%	三〇%
昭和一六年度(第一年度)	二〇%	五〇%	三〇%
昭和一七年度(第二年度)	四〇%	四〇%	二〇%
昭和一八年度(第三年度)	七〇%	二〇%	一〇%

北支那方面軍が百団大戦から得た教訓は、広大な地域に均等配分的な高度分散配置をとって軍事力を分散させた結果、拠点一カ所の戦力は弱体化し、その間隙を八路軍に突かれたということである。今度の計画では、治安状況を三つに区分して、治安地区では華北政務委員会の警備力に治安確保を担当させ、日本軍の主力は准治安地区に固定的に配置し、共産党勢力を求めて掃滅剔抉してその活動を封じて、勢力を減退させ、漸次治安区に移行させ、未治安地区にたいしては部隊を集中して計画的に討伐作戦をおこなって、根拠地として再建できないように破壊、覆滅して、共産党勢力を燼滅させることを

めざした。こうして、華北における北支那方面軍の配置に濃淡をつけ、抗日根拠地、抗日ゲリラ地区への燼滅掃蕩作戦(治安戦)に戦力を集中するいっぽう、未治安地区を「敵地区」「敵性地区」と規定して、「敵をして将来生存する能わざるに至らしむ」ための本格的な燼滅掃蕩作戦計画を立て、解放区やゲリラ地区の軍民にたいする大規模なジェノサイド作戦を実行したのである。公然とした三光作戦の実施であるが、具体例は第五章で詳述する。

この三カ年計画で、北支那方面軍がとくに重視したのは、准治安地区を拡大して、治安地区に移行させることであり、そのために華北政務委員会の行政力を地方へ拡大、浸透させて、県警備隊や保郷団などを育成強化しようとした。宣撫班と統合させられた新民会にその指導的役割が課せられたのである。いっぽうでは、未治安地区と准治安地区の間に遮断壕などによる封鎖線を構築し、経済封鎖による未治安地区の崩壊をはかるとともに、准治安地区への共産党軍勢力の侵入を防護しようとした。しかし、遮断壕開削のために無償労働に動員された准治安地区の農民の負担は過重であり、かえって農民を抗口闘争の側に追いやる結果になった(33)。

第四章

アジア・太平洋戦争と治安戦の強化

太行山脈（山西省）を行く日本軍（1940 年頃）

1　一九四一年の作戦と戦闘

国策の奔放からアジア・太平洋戦争突入へ

日本は、一九四一年夏の段階で、約八五万人にものぼる日本軍を中国大陸に投入していたが(満州国は除く)、本書で縷々述べてきた「天皇制集団無責任体制」ゆえに、長期泥沼化した日中戦争を解決処理することはできず、中国戦線は延びきったまま膠着《こうちゃく》状況がつづいていた。

一九四一年になって、南支那方面軍は二月から四月にかけて、蔣介石政府援助物資の流入を遮断する目的で、潮州から雷州にかけての中国南岸線の封鎖作戦、福州作戦などを実施、華中においても同じく封鎖や遮断を目的にした浙東《せっとう》作戦、塩城作戦(七―八月)を実施したが、これらは重慶政府軍の弱体化を狙った間接的な作戦であり、大局に影響はなかった。また、北支那方面軍は、五月から六月にかけて中原作戦を実施、山西省南部、黄河北岸に堅固な根拠地をもっていた国民政府中央軍(重慶政府軍)に潰滅的打撃をあたえた。中原作戦の結果、北支那方面軍は対共産党軍にたいする治安戦に集中できるようになったといわれているが、それ以上戦局に影響をあたえるものではなかった。

堀場一雄が「欧州情勢の進展、新外交政策の展開、南方への関心の成長、国内事情の逼迫等各種の要因錯綜して、今や支那事変を直視するの態度は国内一般頓に減少せるの嫌あり」と記し、「中央に於いては支那事変は事実上既に次等の問題に堕しあり」「当時の中央方策を以てしては、支那事変解決の目途なく……〔その原因は〕支那事変処理の透徹を欠きたる人材の貧困に在り、思想の不統一にあり」と嘆息したように、[1]日本の軍部と政府は、長期化・泥沼化した日中戦争を処理、解決する意志、意欲の欠如したまま、ドイツの進撃に幻惑されて、ドイツのヨーロッパ制覇は必至と考え、北進と南進政策の強行によって、あたかも日中戦争の膠着状態も打開できるかのような誘惑にかられていったのである。一九三九年一二月から支那派遣軍参謀(政務)に就任、日中戦争の解決をめざして奮闘した堀場は「東京の頑迷は改むるに由なし。乃ち予は事変処理の枢機たる総軍当局に留まることを潔しとせず」[2]と一九四一年六月末に同職を辞職、陸軍省軍務局御用掛、総力戦研究所所員に転出した。

さらに堀場が「昭和十六〔一九四一〕年前半の対外政策は、欧州戦局の躍進、世界情勢の緊迫就中国内需要の逼迫等に原因し、対南方施策と共に、対独伊及対ソ並対米各外交工作の発出となり、更に南北に対する戦略上の措置も加わり、国策は各方面に対し、奔放跳躍の状態を現出せり」と記したとおりの戦争指導が展開するのである。[3]

一九四一年六月二二日、ドイツ軍がソ連を奇襲攻撃し(バルバロッサ作戦)、独ソ戦が開始されると、日本の戦争指導当局は、アジア・太平洋戦争突入にむけて国策を急転回させた。井本熊男が指摘するように、日本陸軍指導層には、ドイツが大作戦をおこなうごとに興奮狂喜するような、度しがたいドイツ盲信が固定していて、独ソ戦についても、ドイツが数カ月のうちにソ連を屈伏させるものと信じ、あたかもドイツとともに日本が大戦勝を獲得することが間違いない状況にあるかの如き気分が流れていたのである(4)。ヨーロッパ戦場におけるドイツの攻勢に便乗した仏印進駐について、政府・軍指導者の間では「好機南進」という言葉が使われた。一九一四年七月末のヨーロッパ大戦の開始を「大正新時代の天佑」と叫んでドイツに最後通牒をつきつけ、宣戦布告をおこなって日独青島《チンタオ》戦争を開始、山東のドイツ利権と南洋群島の領有権を奪おうとしたことと本質的には同じ発想である。

六月二六日「情勢の推移に伴う帝国国策要綱」が大本営陸海軍部で立案され、七月二日の御前会議において国策として決定された。それは「帝国は依然支那事変処理に邁進し、且つ自存自衛の基礎を確立する為南方進出の歩を進め、尚(又に訂正)情勢の推移に応じ北方問題を解決す」という方針を決定し、日本は対英米戦準備を整えて仏印およびタイに進出する態勢を強化し、「目的達成の為め対英米戦を辞せず」と決めたものであった。さらに対ソ戦についても、「密かに対「ソ」武力的準備を整え……独「ソ」戦争の推移帝国の為め極めて(極めては削除)有利に進展せば、武力を行使して北方問題を解

決し、北辺の安定を確保す」(括弧内は御前会議決定までに訂正された部分)と決めたのである。(5)

「依然支那事変処理に邁進」とあるが、実際には南進による対米英戦、北進による対ソ戦に備えて支那派遣軍部隊の抽出がすでに計画されており、戦争指導当局は日中戦争の解決策を放置したまま、世界最強国のアメリカと陸軍強国のソ連との戦争を決意して、双方との開戦を準備するという南北併進の国策を決定したのである。まさに破滅のシナリオの決定であり、「天皇制集団無責任体制」の到達点ともいえた。

「関特演」＝対ソ戦発動準備

まず、北進については、ソ連にたいして情勢有利な場合は参戦できる態勢をとるため、強大な陸軍兵力を動員して関東軍の増強をおこなう施策がとられた。「関東軍特種演習(関特演)」の秘匿名称のもとに、日本帝国陸軍創設以来の空前の規模である総兵力八五万人の二六個師団基幹態勢を整える大動員が決定され、七月七日、東条英機陸相・杉山元参謀総長による上奏ならびに天皇による裁可を経て下令された。もしも対ソ戦が開始された場合は、華北から三個師団、華中から二個師団の兵力を関東軍に転用する計画になっていた。七月一三日から大動員が開始され、約七〇万の兵員、軍馬約一四万、飛行機約六〇〇が満州北部のソ連との国境付近に集中輸送された。(6)この時、関東軍(司令官梅津美治郎中将)は、日本兵に提供するために二万人の朝鮮人慰安婦を集めようと計画し、担当の原善四郎参謀は、朝鮮総督府(総督南次郎大将)に依頼して約一万人(八〇〇〇人ともいう)の朝鮮人慰安婦を集め、満州北部へ送り、施設を特設して「営業」させたといわれる。[7] これら多数の朝鮮人慰安婦の輸送中は、一般客は乗車できなかったという。

「関特演」の当初の計画では、八月一〇日開戦決定、八月二九日作戦開始、一〇月中旬作戦完了となっていたが、ドイツ軍のソ連侵攻は日本側が期待したほどすすまず、当初は大混乱におちいっていたソ連も態勢をたてなおして長期抗戦体制を整え、九月八日から始まったレニングラード攻防戦は二八カ月におよび、一〇月二日から開始したモスクワ攻撃も一二月には頓挫した。独ソ戦の短期結着を信じて、「独ソ戦争の推移帝国の為有利に進展せば武力を行使」するために臨戦態勢を敷いた「関特演」は開戦にはいたらなかった。しかし、もしもドイツ軍のソ連領内侵攻が西ヨーロッパ戦場におけるように電撃的であったならば、日本は一九四一年四月一三日に締結したばかりの日ソ中立条約に背信して対ソ攻撃を開始したことは確実である。日ソ中立条約をモスクワで締結してきた松岡洋右外相自身、六月二七日の大本営政府連絡会議の席上で「(独ソ戦が)短期間に終わると判断すれば、北を先にすべきである。……ソ連を迅速にやれば米は参加しないであろう。米はソ連を助けて参戦することは大体ないであろう」と対ソ戦参戦の決意を述べたのである。[8]

日本側では、一九四五年八月八日のソ連の対日宣戦布告を日ソ中立条約違反と糾弾するのが一般的であるが、「関特演」を発動した事実を棚に上げて、一方的にソ連だけを批判することはできないであろう。

強硬派による対米開戦決定

いっぽう、南北併進のうち、南進である南部仏印進駐についても、七月三日、大本営は第二五軍(軍司令官飯田祥二郎中将)約四万に南部仏印進駐準備を下令した。この時、陸軍の意志形成の中心人物は、参謀本部第一部長田中新一と陸軍省軍務局長武藤章、軍務課長佐藤賢了(9)であり、七月はじめに作戦班長から作戦課長に昇格した服部卓四郎と軍事課長真田穣一郎であった。同じく七月に、台湾軍研究部で対米英戦の準備作業をしていた辻政信が作戦課戦力班長として参謀本部に入ると、その強力な個性と迫力で陸軍の意志決定に影響力をおよぼした。ノモンハン事件のコンビであった服部が辻に同調することで、その発言権はいっそう強まった。辻はかつて関東軍参謀として対ソ強硬論をとってノモンハン事件を引きおこしたのであるが、台湾軍研究部員として南方作戦の準備に携わるなかで、一転して南進論者となったのである(10)。

大本営は七月二三日、第二五軍と支那方面艦隊に南部仏印進駐を発令、これにたいして七月二五日、アメリカは在米日本資産(五億五〇〇〇万円)凍結令を公布、八月一日には対日石油輸出を全面停止した。堀場一雄は、南部仏印進駐とアメリカの対抗措置により「大東亜戦争は〔昭和〕十六年七月二十五日開始せられたり。……七月二十五日米国の経済断行及之に続く米英陣営の経済戦略は、明らかに総力戦方式に於ける戦争開始なり」と記している。(11) しかし、南部仏印進駐を決定した当の陸軍指導者には、そのような深刻な認識はなかった。(12)

予想しなかったアメリカの厳しい経済制裁をうけた参謀本部内では、北進派＝対ソ開戦論と南進派＝対米英開戦論が対立したが、八月末になって南進論が押し切り、年内対ソ武力行使の中止と南進決行へ舵を切った。それは「先制主動の権化」のような辻政信が「対米開戦直前、戦力班長として強硬意見をもって参謀本部の作戦課をまとめ」たことがものをいったのである。(13)

藤原彰が指摘するように、「田中、服部、辻のトリオが、作戦部長、作戦課長、戦力班長として参謀本部を開戦論にまとめ、ためらう陸軍省を引きずり、海軍内の主戦論者と呼応して、ついに無謀な対米英戦争に突入したのである。つまり作戦課の幕僚層が、対米開戦を主張して、ためらう軍上層部も、政府首脳も、天皇をも引きずって、開戦を主導した」側面が強かったのである。(14)

こうして、対米開戦、アジア・太平洋戦争突入を決めた以下の帝国国策遂行要領が、九月三日の大本営政府連絡会議で決定、五日の近衛内閣の閣議決定を経て、六日の御前会議で決定されたのである。[15]

帝国国策遂行要領　九月六日　御前会議決定

帝国は現下の急迫せる情勢特に米英蘭等各国の執れる対日攻勢、「ソ」連の情勢及帝国国力の弾発性等に鑑み、「情勢の推移に伴う帝国国策要綱」中南方に対する施策を左記に依り遂行す。

一　帝国は自存自衛を全うする為対米（英蘭）戦争を辞せざる決意の下に概ね十月下旬を目途とし戦争準備を完成す。

ついで、日米交渉継続をめぐって、開戦を主張する東条陸相と対立した近衛首相がまたもや内閣を投げ出して総辞職、一〇月一八日に東条内閣が成立するにいたって日米開戦は決定的となり、一一月五日の御前会議において、「帝国は現下の危局を打開して、自存自衛を完うし大東亜の新秩序を建設する為、此の際対米英蘭戦争を決意し、左記措置を採る。（一）武力発動の時期を十二月初頭と定め陸海軍は作戦準備を完整す」という「帝国国策遂行要領」[16]が決定され、一二月八日の真珠湾攻撃、マレー半島上陸の準備が発動されたのである。

日本の戦争指導当局が対米英開戦の国策を決定して以後、中国戦場の日本軍は南方へ抽出する対象となり、正面戦場における国民政府軍との大規模な戦闘は困難になった。

支那派遣軍は、以前から計画していた長沙作戦を第一次(一九四一年九月一八日―一〇月一三日)、第二次(一九四一年一二月二四日―四二年一月二二日)と実施したが、参謀本部作戦課からは南方作戦への部隊抽出との関係で中止の意見が出されたりした。しかし、長沙は湖南省の省都で、湖北、河南さらには広東などと結ぶ交通の要衝であり、そこを占領することで重慶政府へ打撃をあたえ、抗戦継続の意志を挫《くじ》こうとして、支那派遣軍は長沙作戦をおこなった。参謀本部からは用兵に制限が加えられたうえ、第二次長沙作戦においては、アジア・太平洋戦争開戦にともなって、中国政府(重慶政府)も対日・独・伊に宣戦布告して、アメリカ・イギリスとともに連合国の一員となったため、蔣介石国民政府軍では全面的反攻の気勢が挙がり、支那派遣軍は苦戦を強いられて、長沙を完全占領することなく撤退した。中国側はこれを勝利とみなし、蔣介石は一九四二年一月一一日の日記に「長沙の勝利は、実に〝七・七〟以来の最も確実で納得できる作戦であった」と記した。(17) 日本の作戦軍の記録にも、戦死一四六二人、戦傷四〇二九人、「一部将兵の必勝の信念に動揺をきたし、その回復に年余を要した」と記さざるをえなかったほどであった。(18) 第二次長沙作戦は、もはや日本軍が日中戦争に勝利することは不可能になったことを物語る象徴的な戦闘となった。

2 華北の総兵站基地化

アジア・太平洋戦争開戦

一九四一年一二月八日の日本のアジア・太平洋戦争突入によって、日中戦争の性格は大きく変わった。同日、アメリカ・イギリスも対日宣戦布告をおこない、九日国民政府が正式に日本およびドイツ、イタリアに宣戦布告をおこない、一一日ドイツ・イタリアがアメリカ・イギリスに宣戦布告をおこなったので、日中戦争は第二次世界大戦の一環となった。一九四二年一月一日にワシントンで中国をふくむ二六カ国の代表が集まり、「連合国共同宣言」に署名した。宣言は、加盟国は軍事的経済的資源を尽くして協力し、敵国と単独に休戦または講和をおこなわないことを決めたもので、それまでの中国一国での抗日戦争は終わり、アメリカとともに連合国に加わったことにより、中国の対日降伏の可能性はまったく無くなったのである。蔣介石は一九四二年一月三日の日記に「我が国は共同宣言に調印した。ルーズベルトが宋子文に「中国が四大強国の一角に加わったことを歓迎する」と表明したということを聞き、恐縮するのみである」とその喜びを記した(19)。

蔣介石は前年一二月一三日の日記に「敵が南洋各地に進駐することになれば、その兵力は分散して弱まる。そうすれば、その戦区は拡大し、戦線は延長し、さらに時間が長期化すれば、人力、物力ともに維持できなくなり、その結末の悲惨さは必ずや想像を絶するものとなるだろう」と書いた。アジア・太平洋戦争の緒戦の勝利に得意満面の東条英機首相らとちがって、蔣介石は日本の最終的な破滅の悲惨さを冷徹に見通していた[20]。拙稿に詳述したように、軍事指導者としての蔣介石は、当時、日本の軍事指導者よりはるかに合理的で戦略にも長《た》け、有能といえた[21]。

いっぽう、アジア・太平洋戦争への突入は、華北の治安戦の性格にも大きな変化をもたらすことになった。日本が華北にたいして、食糧、資源、労働力などを収奪して供出させる総兵站基地の機能を負わせたからである。そのために北支那方面軍は、華北にたいする治安工作と治安戦をいっそう強化徹底するようになった。

経済収奪のための治安戦

一九四二年二月二五日と二六日の両日、北支那方面軍は隷下各兵団の参謀長会同を開催し、つぎのような年度計画の大綱を示達した(以下は大綱の抜粋[22])。

第一　方針　国軍の総兵站基地たるの使命完遂に努める。

第二　要領　一、「方面軍粛正建設三カ年計画」の構想に基づき、治安地区の確保任務を逐次中国側の軍、政機関に移譲して、日本軍はその威力圏を更にその外側に推進しつつ、治安圏を拡大するを主眼とし、未治安地区を准治安地区へ、准治安地区を治安地区に転換し、治安地区面積の漸次増大を図る。本年度においては河北省の大部ならびに山西、山東各省及び蒙疆地方の要域を一挙治安地区に転換するよう努める。二、治安の粛正は剿共を主とする作戦討伐に重点をおき、まず冀東、冀中地区、次いで北部太行山脈地区の粛正を実施する。四、大東亜戦争完遂のため、北支が戦力の培養補給の支撑たるべき地位にかんがみ、緊急施策として特に治安の確立と民生の向上、現地自活の強化、食糧問題の解決、金融経済の安定を重視する。

右の年度計画の方針ならびに要領に明らかなように、華北はアジア・太平洋戦争の「戦力の培養補給」の基地と位置づけられ、食糧、資源、労働力の安定供給のために、未治安地区にたいする「剿共討伐作戦」の実施と治安地区・准治安地区における「治安強化運動」が緊急施策として遂行されることになった。

北支那方面軍参謀部は、一九四二年九月「北支那資源要覧」を作成し、「北支の資源開発」「北支の経済建設」の名のもとに、「大東亜戦争の遂行上、速やかに自給自足経済を確立して民生を確保し、北支経営上の日本の負担を軽減すると共に、極力戦争需要資源の供給に努力する、を一般方針とし、強力な戦時経済態勢を展開して重要資源の開発、金融通貨対策、食糧対策、輸送力の確保増大など重点施策の画期的推進のため、特に創意ある施策をもって臨んだ」のである。

同要覧は「北支の資源的地位」について「北支は日満経済に取って原料資源の供給地、労働力の供出地であった。然し第三国貿易の杜絶した今日、南方共栄圏との資源交流を行うと共に、北支からの供給品も純原料から製品、加工品に変化するであろう。南方から食料、鉄鉱石を移入し、紡績、製鉄工業基地の設定が可能であろう」と記している。[23]

本書では、華北の治安工作・治安戦について、華北の「第二の満州国化」をめざした施策と述べてきたが、アジア・太平洋戦争の開始以後、傀儡政権を強化し、治安地区を拡大して実質的に「第二の満州国」に転換させて、いっそうの資源、食糧、金融、労働力の収奪と略奪を強化しようとしたのである。このため、北支那方面軍の治安戦が「労工狩り」や物資略奪・強制供出のように露骨に収奪的なものになっていったことは次章で具体的に述べる。

華北が日本のアジア・太平洋戦争遂行のための総兵站基地として経済的に「第二の満州国」に位置づけられたことは、日本経済史家の中村隆英の労作により明らかにされているのでぜひ参照していただきたい。以下に同書からその要旨を紹介する。[24]

日本がアジア太平洋戦争の緒戦の勝利による南方資源地帯の制圧によって、日本の物動計画が資源の制約から解放されたように錯覚した短い期間があったが、一九四二年秋以降のガタルカナル島をめぐる消耗戦、(25) とくに船舶被害の急増によって冷水を浴びせられ、以後の海上輸送力の減退がただちに日本の国力の衰退をもたらすことになった。このため、内地からもっとも近い満州と華北の重要性がますます高まっていった。一九四三年になると日本内地への物資供給量は、華北が満州国・関東州以上に大きくなり、日本からの輸出は、関東州向けに比してはるかに小さく、原材料補給地としての華北の特質が鮮明になっていった。一九四四年六月、太平洋戦争中最大の日米艦隊決戦であったマリアナ沖海戦で日本海軍は空母三隻、航空機四三〇機を失って惨敗、制海権、制空権を失った日本は、海上輸送力崩壊の惨状を呈するにいたった。南方からの輸送路を絶ち切られた日本側は、華北総兵站基地への依存度をますます強めていくことになった。海上輸送力の不足のために、南方と日本内地を結ぶ陸上輸送経路としての役割も加重されて、華北・満州・朝鮮を結ぶ鉄道は、戦争末期に近づくにつれて、日本内地の補給上の大動脈として機能しなくてはならなくなった。

日本が華北に侵攻して、これを円ブロックに編入したのは、その資源を獲得するためであったが(前述)、アジア・太平洋戦争のため予期以上の巨大な消耗を強いられるようになった結果、華北への要求はいっそう強まっていった。前述したように日本は華北の占領地において中国聯合準備銀行券(聯銀券)を通用させていたが、一九四二年以降、対日満供給物資の購入や現地軍の物資調達のために聯銀券を増発した。日本側が現地物資の入手のために無理をして聯銀券を増発した結果、華北のインフレーションに拍車がかけられた。一九四三年後半以後、日本政府はもはや兵站基地としての華北になんらかの配慮をおこなうだけの余裕も失い、華北のインフレーションと生活物資不足を放置したままで、戦略物資の対日満供給だけを強行するようになった。

日本の満州国にたいする植民地経済支配の実態を解明した松本敏郎も、満州国における鉄鋼生産が、アジア・太平洋戦争開始後の増産計画の推進によって、華北の石炭と鉄鉱石への依存が高まり、「満州製鋼業の中心的な開発目標が対日銑鉄供給にあったことから、日本本国↓「満州国」、「満州国」↓華北地域への大規模な資金流出のルートを作りだしていった」と、華北経済を「第二の満州国化」して円ブロック体制に組みこんでいったことを指摘している(26)。

華北はそのいっぽうで、華北それ自体の経済を維持するうえで、最低限の需要を充たす必要があったが、日本の要求をうけいれて、民衆生活を最低水準以下に切りつめてまで、対日供給上の無理を強いたので、華北経済のインフレーションは昂進され、住民の生活を危機におとしいれ、やがて社会不安を引き起こすことになった。

日本が華北において「満州国」同様になりふりかまわない経済収奪を強行したために、中国民衆の生存は危機にさらされ、多くの中国民衆が共産党・八路軍の宣伝工作をうけて、抗日闘争の側に参加したのは当然といえよう。それを阻止するために北支那方面軍が、次章で述べるように、残虐な治安戦と治安工作を強化した結果、家族や親戚や村民を犠牲にされた中国民衆が怒りをもって抗日闘争へと決起していくことになった。

汪精衛政権の対米英参戦

アジア・太平洋戦争開始後も華北を中心として常時六〇万以上の大兵力を中国大陸に釘付けにされていた日本の戦争指導当局は、大量の陸軍を南方へ転用する必要から対中国政策を転換する必要に迫られた。一九四二年一二月二一日の御前会議で決定された「大東亜戦争完遂の為の対支処理根本方針」は、汪精衛政権を日本側に立って対米英に参戦させ、同政権による日本軍占領地の行政支配を強化させることに政策を転換した。「方針」と「国民政府の政治力強化」のための「経済施策」は以下のようになっていた。[27]

〔方針〕帝国は国民政府参戦を以て日支間局面打開の一大転機とし、日支提携の根本方針に則り、専ら国民政府の政治力を強化すると共に、重慶抗日の根拠名目の覆滅を図り、真に更新支那と一体戦争完遂に邁進す。
〔経済施策〕当面の対支経済施策は、戦争完遂上必要とする物資獲得の増大を主眼とし、占拠地域内に於ける緊要物資の重点的開発取得並に敵方物資の積極的獲得を図る。

この方針にもとづき、汪精衛政権は一九四三年一月九日、アメリカとイギリスにたいして宣戦布告をおこない「日華共同宣言」を発表した。この結果、日本は「国民政府（汪精衛政権）との同盟国」であるという口実のもとに、中国から食糧・戦争物資を公然と収奪するようになった。華北における治安戦の目的は、汪精衛政権下の華北政務政権の安定強化を謳いながら、事実上はアジア・太平洋戦争遂行のための重要国防資源を提供する総兵站基地として、華北を「第二の満州国化」することにあった。

一九四二年一一月に東条英機内閣は大東亜省を設置し（初代大臣青木一男）、それまでの対満事務局、外務省東亜局、拓務省、興亜院、南洋庁などを廃止・統合して、日本軍の支配・占領地に関する行政・外交を集中的におこなわせようとした。中国にたいしては支那事務局がおかれ、大使館・公使館などの出先機関も所轄、華北占領地行政に関連する軍政をとりあつかった。華北の総兵站基地化のための華北生産増強計画なども大東亜省の施策でおこなったが惨憺たる失敗におわった。一九四四年九月、北支那方面軍は軍需省(軍需物資の増産をはかるために一九四三年一一月一日に設置。初代大臣は東条英機首相兼任、次官には岸信介国務相が就任)の強い要請のもとに、軍が前面にたって戦略物資の調達をおこなうことを決定した。北支那方面軍は「対華北緊急措置要綱」を作成して一九四四年九月二五日兵団長会同を招集し、つぎのような新計画を示達した[28](以下は要綱の抜粋)。

一、北支の戦略物資を徹底的に集めて、できる限り多く日本に送り戦争遂行に資する。また海上輸送力を節約するため北支にて製品化することに努める。

二、中共党軍を早期に撃滅できないので、前記戦略物資獲得、輸送に支障をきたさないよう、要域及び鉄道の両側に治安を確立する。〔三、略〕

四、以上の諸施策は日本軍を中心として強力に推進し、従来の日本大使館、中国側を表面に立てて行なうが如き迂遠な方法には改正を加える。すなわち軍を中心として、日本大使館、中国側政治機関、経済諸機関、新民会なども実質上は一本化する。

右の新計画にもとづき、北支那方面軍の各兵団は、軍が前面に立って、管内の治安粛正に邁進し、治安村の建設、民兵の組織、警察活動および物資収買の支援などを実施したのである。この実相も次章で述べるが、物資収買などは軍事力の威嚇によって略奪同様に暴力的におこなわれた。

北支那方面軍は華北をアジア・太平洋戦争の総兵站基地とするために、軍事作戦においても全軍をあげて未治安地区(解放区)への治安粛正作戦、すなわち治安戦をくり返し実施した。それは北支那方面軍が、一九四一年と四二年は「治安建設の開花期」というほど大規模におこなわれた。一九四二年から四三年にわたる時期には、国民政府軍と正面戦場を戦った師団が続々と南方に抽出され[29]、代わって中国現地で寄せ集めのかたちで編成された小規模の師団や独立混成旅団が配備された。そのため、もはや大規模な正規戦は困難になっていたこともあり、日中戦争全体の作戦のなかで、北支那方面軍が展開した大規模、小規模さまざまな治安作戦が主要な戦闘となった観がある。蔣介石国民政府を投降させたり打倒したりすることはもはや困難となり、日中戦争の目的が、華北を総兵站基地として機能させること、さらに汪精衛政権下の華中にも同様な役割を担わせようとすることに変化したのである。

一九四〇年から四三年にかけて北支那方面軍が頻繁におこなった治安粛正作戦(巻末表2参照)については、次章でまとめて述べることにしたい。なお、拙稿「治安戦の思想と技術」(プロローグ注(2)参照)において一九四二年におこなわれた大規模な燼滅掃蕩作戦の事例を紹介したので、参照していただければと思う。

3　汪精衛政権下の清郷工作

新四軍の勢力拡大

日華基本条約の締結によって、中央政府として日本から正式に承認された汪精衛政権は、実質的には、政府をおいた南京および上海を中心にして江蘇・浙江・安徽三省を基盤とする地方政権として出発した。本書で述べてきたように、華中に侵攻した日本軍（上海派遣軍、中支那方面軍、中支那派遣軍と名称と編制を変え、一九三九年九月南京に総司令部をおく支那派遣軍の成立によって統合される）は、華北を支配した北支那方面軍とは異なり、重慶政府軍との正面戦場での戦闘を主任務としたので、南京の中華民国維新政府（傀儡政府）の行政圏を拡大して、華中一帯の占領統治をおこなうことはできなかった。日本軍の侵攻と蔣介石国民政府の重慶遷都によって、ある種の権力の空白ができた華中地域に台頭してきたのが、国民党系の忠義救国軍と共産党軍の新四軍遊撃隊であった。新四軍の勢力拡大は、国民党側の警戒をうみ、蔣介石が新四軍を襲撃させた皖南《かんなん》事件（一九四一年一月。新四軍事件ともいう）が発生した(30)。

清郷工作

日本軍は国共対立を利用して、一九四一年二月以降、太湖西方を中心に長江以南の国民党残存部隊の大規模な「掃蕩作戦」を実施、つづいて長江下流域における汪精衛政権の行政圏の拡大、浸透をめざして、一九四一年七月から「清郷《せいごう》政策」を実施させた[31]。汪精衛政権の最高軍事顧問影佐禎昭少将が提起、支那派遣軍総司令官畑俊六大将の賛同を得て、汪精衛政権の清郷委員会(委員長汪精衛、副委員長陳公博・周仏海、秘書長李士群)によって実行された。

まず該当地区を管轄する日本軍の第一三軍(司令官沢田茂中将)が主体となって、国民政府残存部隊や国民党系ゲリラ、新四軍遊撃隊などの抗日勢力や土匪、雑軍などの武力勢力を掃蕩して「粛正剔抉」し、その後、汪精衛政権の軍隊、警察隊、清郷工作隊などによって清郷地区(統治安定地域)を拡大し、県政府を中心として地方行政機関を組織し、農村における保甲制度の確立を促進、汪精衛政権の経済、文化、教育などの諸政策を浸透させようとした。

清郷工作は、日本軍と汪精衛政権との共同による治安工作・治安戦であったので、軍事的な「掃蕩作戦」「治安粛正作戦」には日本軍が主力として参加したが[32]、その後の清郷工作は、汪精衛政権側にまかせることになっていたことや、八路軍とちがって新四軍は強力・広大な抗日根拠地を建設する活動ができなかったこともあり、華北におけるような大規模な三光作戦はおこなわれなかったといえよう。

汪精衛政権にとって清郷工作は治安対策であり、農村を掌握して同政権の行政力を農村まで浸透させることであったが、日本軍の「以戦養戦」「現地自活主義」とさらにアジア・太平洋戦争にともなう食糧物資供出の強制がその障害となった。とくに日本軍の軍用米の強制供出は農民に食糧危機をもたらした。さらに重慶政府に対して日本は厳格な経済封鎖体制を敷いており、沿岸封鎖にはじまり、華中における物資流通、移動も取り締まられていたために、地方政権としての汪精衛政権の経済政策にも大きな制約がくわわった。汪精衛政権の行政院副院長周仏海日記には、農村の経済建設をすすめて民衆の食糧問題、生活問題を解決しようとしながらも、傀儡政権ゆえに挫折、破綻していく経緯が記され、日本当局や日本軍顧問にたいする失望と批判が記されている[33]。

汪精衛政権の清郷工作は、同工作の有力な推進者であった軍事顧問の晴気《はるけ》慶胤《よしたね》中佐と最高軍事顧問の影佐禎昭少将が一九四二年三月、五月に相ついで転任させられ(両者が汪精衛政権に同調しすぎているという軍上層の判断による)、さらに汪精衛政権内部の周仏海と李士群との対立があって、一九四三年六月に清郷委員会は廃止され[34]、同政権の行政院内に設けられた清郷事務局が清郷に関する一部の事務を統括することになった。さらに新四軍が有効な反清郷闘争を展開したので、清郷工作も見るべき成果をあげられなくなっていった。

4　海南島における海軍の治安戦

軍事拠点としての海南島

海南島は、前述のように海軍が一九三九年二月に占領し、一九四〇年九月の北部仏印進駐時の基地として同島の三亜《さんあ》を利用した。海軍は、同島の抗日勢力の地元守備団、重慶軍、共産党軍などの抵抗を掃蕩するために、海軍特別陸戦隊を合わせて編成した海南島根拠地隊を昇格させて、一九四一年四月海南警備府を新設して作戦と軍政を併任させ、その司令部を三亜においた。アジア・太平洋戦争の開戦の際は、マレー半島に奇襲上陸をおこなうために、一九四一年一二月四日第二五軍(軍司令官山下奉文中将)先遣団一八隻が第三水雷戦隊の直接護衛のもとに出港していったのは三亜港であった。

アジア・太平洋戦争の開始とともに海南島は海軍の南方作戦の基地としてますます重視されるようになった。海南島の軍政については、海南警備府麾下の海南特務部が島内行政および開発にあたった。世界的良質鉄鉱(含有率五七%)を産出する石碌鉱山と田独鉱山は、海軍が巨額を投資して開発をすすめた。海南島に海軍飛行場が開設され、海口、三亜、楡林、八所などに港湾施設が拡充、建設され、鉱山開発と電源開発をおこなうために道路、橋梁、鉄道なども整備、新設され、一九四四年には開発関係の日本人が約三万人も居留し、海軍警察隊四〇〇〇人以上が駐在するにいたった。

抗日根拠地の形成

いっぽう、海軍が上陸、占領時に住民虐殺をおこなったことや、海南島は広東省に属していたことから、国民政府軍、共産党の活動が活発であったことや、同島出身の華僑から資金や武器援助がおこなわれたこともあって、地元守備団は武装して抵抗した。共産党は海南島の奥地に抗日遊撃隊の根拠地を築き、一九四一年一一月一〇日、抗日根拠地として瓊崖《けいがい》東西抗日民主政府（主席馮白駒《ふうはくく》。瓊崖は海南島の別称）を設立した。これにたいして海南警備府部隊は抗日根拠地と抗日ゲリラ地区にたいしてくり返し「討伐作戦」を展開した。本書でいう治安戦すなわち三光作戦がおこなわれたのである。李秉新・徐俊元・石玉新主編『侵華日軍暴行総録』の目次から「日軍在海南省的暴行（一九三九年二月—一九四五年八月）」の虐殺、暴行事件の一覧を知ることができるが、計四八件もあり、四川省の四〇件、広西壮族自治区の三〇件、広東省の一〇件、貴州省の八件、雲南省の一八件よりも多い。蘇智良・侯桂芳・胡海英著『日本対海南的侵略及其暴行』（上海辞書出版、二〇〇五年）は、上編で日本軍の海南島侵略と虐殺、経済略奪の実態を記述し、下編で海南島に海軍が設置した軍慰安所の実態と日本軍慰安婦の被害を叙述している。海南島の開発のための土木事業、また鉱山開発、採掘の重労働に強制連行されてきた労働者たちが酷使され、犠牲になった。藤原彰は、防衛省防衛研究所図書館に所蔵されている海軍の海南警備府戦時日誌、海南部隊戦闘詳報などの海南警備府関係の史料を使って、海軍のおこなった治安戦の全体像を明らかにした[35]。

こうして膨大な犠牲を強いてようやく開発した石碌、田独両鉄鉱山の鉱石も、一九四五年になって、華南方面の海上交通途絶により楡林、八所の港からの積み出しが不可能となり、港に野積みにされたままであった。海南島は、航空兵力が本土決戦にそなえて日本内地に引き揚げたので航空兵力は皆無、また内地からも支那方面艦隊司令部からも孤立して、独力で対米作戦準備中に敗戦を迎えた。いっぽう、勝利した共産党は、瓊崖臨時人民政府（主席馮白駒）を樹立したのである[36]。

5　本土防衛のための中国戦場

逆転する戦争遂行の目的

アジア・太平洋戦争が開始されてからわずか五カ月後の一九四二年四月一八日正午すぎ、日本本土東方六〇〇海里に接近した航空母艦ホーネットを発進した米陸軍機のドゥリットル隊（B25爆撃機一六機、指揮官James H. Doolittle）が東京上空に現れて低空から銃爆撃して西進し、名古屋、神戸なども爆撃して、中国大陸の方向へ飛び去った。この米軍機による本土初空襲は、マニラ占領(一九四二年一月)、シンガポール占領(同年二月)、ビルマのラングーン占領(同年三月)と予想外の大勝利に沸きたつ日本に冷水を浴びせかけた。衝撃をうけた大本営は、B25が着陸を予定していた浙江省・江西省の飛行場を破壊するために浙贛作戦を実施した。作戦は一九四二年五月一三日から八月三一日にかけておこなわれ、浙江省方面の中国軍主要飛行場を破壊した。本作戦期間は雨期で、大洪水、泥濘《ぬかるみ》により日本兵は非常に疲労し、また連合国の一国となったことで戦意の高まった中国国民政府軍の抵抗も頑強で、作戦遂行は容易ではなかった。飛行場を破壊しても、中国側は民衆の人海戦術でたちまち修復するか、別の場所に新しく飛行場を造成した。

この浙贛作戦において日本軍は細菌戦を実施した。関東軍防疫給水部(関東軍第七三一部隊。通称石井部隊)の指揮下に、南京にあった中支那派遣軍防疫給水部(第一六四四部隊、秘匿名栄部隊。部隊長太田章大佐)の部隊員を総動員して実施された。撒布したのは、ペスト菌とコレラ菌、パラチフス菌であった。しかし、この細菌攻撃は、味方の日本軍にも甚大な被害を出した。中国軍がすみやかに撤退したために、撒布地域に入った日本軍が、休息、野営のさい付近の水を飲料水や調理用に使ったので、伝染病患者、とくにコレラ患者が多量発生し、一万人以上の罹病者が生じ、一七〇〇人以上の死者を出した。(37)

アジア・太平洋戦争によって日中戦争が第二次世界大戦の一環となったことで、アメリカと中国が同盟国として共同作戦を展開するようになったので、日中戦争の作戦は、日本本土防衛のための作戦へと性格を変えることになった。中国国民政府を屈伏させるという日中戦争のゴールは完全に消滅し、その目的は、本土防衛というまったく逆のものになったのである。

膨大な犠牲を強いた大陸打通作戦

一九四三年一一月二五日、中国江西省遂川飛行場を発進したＢ25、Ｐ38計一五機が台湾の新竹飛行場を爆撃した。そのころの日本は、アメリカの潜水艦と在中国アメリカ空軍の活躍により本土と南方圏との海上輸送が著しく困難にされていた。また、日本軍の占領がおよばなかった中国西南部のアメリカ空軍基地から日本本土が爆撃されるおそれが強まっていた。そこで本土防衛のためのアメリカ軍飛行場の覆滅、ならびに南方圏への海上交通手段に代わって、本土―朝鮮―満州―中国大陸を南北に縦断、そして広東やベトナムを通って南方圏との陸上交通を確保することを目的に、一号作戦（大陸打通作戦の秘匿名）が計画された。大本営は一九四四年一月二四日、支那派遣軍にたいして京漢線《けいかん》（北京―漢口）、粤漢線《えつかん》（武漢―衡陽―広州）、湘桂線《しょうけい》（衡陽―柳州）の打通と桂林、柳州などのアメリカ軍飛行基地覆滅を命じた。支那派遣軍総兵力の約八割にあたる約五〇万人（延べ二〇個師団）という中国戦線での最大規模の兵力が投入されたこの作戦は、一九四四年四月中旬から四五年二月上旬までおこなわれた。

ところがこの間、アメリカは新たに開発した長距離重爆撃機B29を四川省成都基地から発進させ、六月一六日に北九州の八幡製鉄所などを爆撃、さらに一九四四年一一月二四日にはサイパンの北のマリアナ基地から飛び立ったB29七〇機が東京を空襲した。ここにいたって、大陸打通作戦の意味はほぼ失われてしまったにもかかわらず、大本営は作戦を続行させ、日本軍兵士に大きな犠牲を強いた。日本軍の予期しなかった皮肉な戦果として、国民政府軍に大打撃を与えた結果、共産党軍の対日反抗に有利な条件を作り出したことがある。また、北支那方面軍が大動員された間隙を利用して八路軍が抗日根拠地を拡大することができた。

藤原彰は、当時二二歳の若さで第二七師団歩兵第三連隊第一大隊第三中隊中隊長(中尉)としてこの大陸打通作戦に参加し、みずから胸部に負傷を負った体験をもつが、補給を無視した作戦の強行によって、部隊員に多くの犠牲者を出した。藤原の所属した支那駐屯歩兵第三連隊は、「大陸横断作戦」で死没者一六四七人を出し、そのうち戦死五〇九人(三一%)、戦傷死八四人(五%)、戦病死一〇三八人(六三%)、その他(不慮の死、不詳など)一六人(一%)であった。戦死者の二倍以上の戦病死者を出しているが、この戦病死者の大部分は、補給の途絶から給養が悪化して、戦争栄養失調症のため死亡したのである。戦傷死者も多かったのは、野戦病院における給養不足のため栄養失調に陥り、抵抗力を失って死亡した場合が多かったためであった。戦病死者、戦傷死者ともに広義でいえば餓死者であった。藤原は第三中隊長として、食糧掠奪などをしてなるべく戦病死者を出さないように努力したが、それでも戦死三六人(四七％)、戦傷死六人(八％)、戦病死三五人(四五％)であった。[38]

藤原自身も野戦病院に入院して、「毎日のように病院に死者が出ているのを見て、ここが病院かと思わざるをえなかった」と記し、「いまここの毎日餓死者を出している野戦病院の悲惨な実情を、作戦参謀は知っているのだろうか。少なくともだれかは、第一線の視察にくるべきだろうと思った。それとともに兵の大半が栄養失調で倒れるのは、兵本人の責任ではなく、補給を十分におこなわない軍の責任であること、そのような補給の困難さを承知していながら、作戦を計画し、実行した者にこそすべての責任があることを悟るべきだと思った」と記している。[39]

この大陸打通作戦を、執念をもって強引に進めたのが、参謀本部作戦課長の服部卓四郎であり、支那派遣軍参謀(第三課長)として大兵団の兵站補給にあたったのが辻政信であった。藤原の部隊が水田のなかで泥まみれになって苦闘しているときに、「自動車道路を構築せよ」という無理な命令を出した参謀の最高責任者が服部であり、補給途絶により多くの広義の餓死者を出した現地軍の作戦参謀は辻だったのである。ここでも服部・辻のコンビの戦争責任が問われことになる。当時、大本営陸軍部作戦課で服部や辻の下で参謀をつとめ、戦後は自衛隊の陸上幕僚副長をつとめた高山信武はこう回想して

いる。(40)

大陸縦貫作戦は、参謀本部若手幕僚多数の反対を押し切って、服部作戦課長の強力な意思により敢行されたものであるが、辻としては彼の性格上、恐らくその余力があったらその兵力を主決戦正面たる太平洋方面に転用すべきであると考えたであろう。しかし服部を尊敬し信頼するが故に、黙々として服部の意向に従ったものと思われる。ともあれ大陸縦貫作戦は功少なくして労多かったものの、概ね予定通り進行し終了した。

東京の市ヶ谷台の参謀本部の建物で、きれいな制服を着て大陸打通作戦を指令した作戦参謀にとっては、戦略的にすでに意味を喪失した作戦を強行した結果、膨大な戦死者、戦傷者、戦病死者を「犬死に」同様に出しながらも、そのことへの痛みも同情もなく「功少なくして労多かった」程度の認識しかもっていなかったことがわかる。(41)藤原は戦後になって「戦局のこの段階で、この大作戦を続行する意味は完全になくなって」いたにもかかわらず、「大本営の服部卓四郎作戦課長や、支那派遣軍作戦参謀は、本作戦続行の意志を変えなかった」ことを調べて知り、つぎのように怒りを書いている。(42)

それはみずから計画立案した大作戦の構想に酔っているか、いまやこの戦場でしかできなくなった、自由に駒を動かして作戦を進める快感に浸っていたのか、としか考えられないのである。地図の上に駒を動かす兵棋演習の感覚で、五〇万もの大軍が動かされたのがこの作戦であった。しかしこのような経緯は第一線には何もわかっていない。中隊長の私でさえ部下に説明するために、米空軍基地覆滅の意義があることを強調しなければならなかったのである。

大陸打通作戦の進行中、サイパン島の失陥と日本軍守備隊三万人の玉砕(一九四四年七月)、日本軍の戦死傷者約七万二〇〇〇人を出してのインパール作戦の中止と撤退(同年七月)、フィリピンのレイテ沖海戦の惨敗による連合艦隊の事実上の壊滅(同年一〇月)、さらにはマリアナ基地から飛び立ったB29による東京をはじめとする日本本土への爆撃が本格化した。このため、日本の戦争指導当局は本土決戦態勢の強化に戦争指導方針を転換し、一九四五年一月二二日、支那派遣軍の基本任務を更改し、予想されるアメリカ軍の上陸にたいする大陸東面作戦準備を命じた[43]。このため、ただ「予想される」だけで、上海や杭州湾などの東支那海沿岸地域、山東半島などに部隊を移駐させ、陣地構築に着手させたのである。こうして、北支那方面軍は南方への大兵力の転用、大陸打通作戦への動員、さらに東面作戦準備への移駐、ソ連の対日参戦の可能性を判断しての満州への移駐などにより、占領地は抜け殻同然の状況になった。これに比例して八路軍の解放区からの反攻は活発化し、一九四四年以降は大規模な掃蕩作戦は実施できなくなり、華北占領地支配の崩壊はすすみ、治安戦も破綻、挫折するにいたった。

第五章
治安戦の諸相
——加害者の論理と被害者の記憶

華山「仇」(連環木刻２枚)(鄒雅・李平凡編，小野田耕三郎訳『中国解放区木刻』未来社，1972年，65頁)

１　華北における治安戦の全体像

本章では、華北における治安戦の諸相について、加害者の日本軍将兵の記録と被害者の中国民衆の記録の双方を照合させる方法によって、その実相に迫っていきたい。本章においては、加害者側と被害者側との史料が照合できた事例のなかから典型的な事件を取り上げるので、扱われているのは華北全体で長期にわたっておこなわれた膨大な回数に達する治安戦(中国側でいう三光作戦)のなかのごく数例に過ぎないが、しかし、加害者の論理と被害者の記憶にかんする双方の史料を照合させることによって、より実相に迫ることができるとともに、両者の相異と齟齬《そご》を比較、検討することによって、新たな問題を考える契機になるのではないかと思っている。

具体的事例に入るまえに、本節では、北支那方面軍が華北において実施した治安戦の全体像について概観しておきたい。

北支那方面軍の作戦

表２(巻末)は、堀場一雄『支那事変戦争指導史』、『北支の治安戦(1)』『北支の治安戦

(2)』より主要な治安作戦を年ごとに整理して一覧にまとめたものである。表には、華北において展開された国民政府軍の正規戦についても掲載し、国民政府軍系遊撃隊(本書では重慶政府系、国民党軍系とも記述)にたいする治安作戦も記載した。(1) ただし、国民政府軍系遊撃隊は、民衆を武装させて抗日闘争へ組織し、抗日根拠地政権を樹立する工作はほとんどおこなわなかったので、北支那方面軍の治安工作もふくめた治安戦による燼滅《じんめつ》掃蕩《そうとう》の主要な対象は、共産党と八路軍が築いた抗日根拠地と抗日ゲリラ地区であった。北支那方面軍は「中共勢力こそ治安の癌である」と認識していた。(2)

これまで本書で述べてきた時期区分にしたがえば、一九三七年七月―三九年が治安戦の開始期、一九四〇年が治安戦の本格化期、一九四一―四二年が治安戦の強化期、そして四三年以降が治安戦の弱体化期、ということになる。表2に明らかなように、北支那方面軍がもっとも強力かつ大規模な治安作戦を実施したのが、一九四一年と四二年であった。それは既述のように、百団大戦への報復から始まったが、日本の戦争指導当局がアジア・太平洋戦争の開戦準備に入るなかで、華北を総兵站基地として軍需食糧物資の供給を安定的に確保する必要に迫られたからであった。この期は北支那方面軍が「粛正〔治安〕建設の開花期であり……画期的な諸方策が断行され、粛正面と建設面の緊密な調和により、また大東亜戦争初期における全般戦局の好調と相俟って、北支方面の治安は飛躍的に向上し、かつ拡大した」と総括したほどであった。(3) これにたいして、中国抗日

勢力が受けた被害は甚大であり、権威ある共産党の革命史において以下のように記されている。(4)

一九四一年と一九四二年、敵は華北の根拠地にたいして頻繁に〝掃蕩〟を実施した。毎回一千以上の兵力を動員し、合計一七四回におよび、一、二年前の三分の二増となり、総動員兵力は八三万三九〇〇人に達し、一、二年前の二倍となった。……日本軍・傀儡軍と国民党反共軍とによる抗日根拠地にたいする侵攻と挟撃のために、八路軍は一九四〇年の四〇万人から一九四一年には三〇万三〇〇〇人に減少し、根拠地の面積も縮小し、根拠地の人口は一億から五千万人に下降した。一九四一年と一九四二年において、抗日根拠地は極めて困難な立場に追い詰められ、軍民は厳しい局面に立たされた。

しかし、本章で詳述するように、治安戦によって日本軍兵士が農民に加えた侵略・虐殺行為、女性にたいしておこなった性暴力・犯罪行為、農村でおこなった掠奪、放火などの収奪・破壊行為が民衆の怒りを惹起し、彼らの民族意識を喚起させ、政治的関心を決定的に変えて、共産党と八路軍の指導と工作を受け入れ、抗日ゲリラ地区の形成と抗日根拠地の建設に参加、協力する圧倒的多数の農民大衆を作りだしたのである。そのうえ、アジア・太平洋戦争の長期化と南方補給路の遮断による資源・食糧・物資の掠奪・搾取のいっそうの強化が農民大衆の生活を危機へ追いこみ、さらに抗日闘争へと決起させることになった。いっぽうではそれと逆に、軍備・兵員ともにそろった師団がつぎつぎと南方へ転出していき、代わって武器・装備と戦力ともに劣るにわか編成の師団や混成旅団が配備されたので、八路軍と抗日ゲリラの反掃蕩戦は活発化し、地図2(巻末)のように抗日根拠地と抗日ゲリラ地区は拡大していった(5)。

北支那方面軍にとっては「十六(一九四一)年以降良況に向かいつつあった北支の治安は、十七年末を境として、次第に悪化の傾向を辿り、この年夏ころから中共の蠢動《しゅんどう》が再発激化して治安悪化の現象が急速に表面化してきたのである(6)」。

表2(巻末)の一九四四年、四五年の作戦に日付が入らないのは、『北支の治安戦〈2〉』に記載されなくなるほど小規模な治安作戦になったからである。そのため、『侵略の証言』から補塡した。兵力・装備ともに弱体化した日本軍によって治安作戦はほそぼそと実施されていたが、ほとんどが各師団、兵団の駐屯、占拠地の周辺であり、それまでのような大規模な遠征討伐的な作戦はすでに実施不能な状態に陥っていた。さらに作戦の目的が小麦、棉花等の「収買作戦支援」となり、後述するように日本の商社がらみの掠奪作戦をおこなうまでになった。「相当多量の国防資源が開発取得され、日本内地に還送された。しかしながら、これも一方的搾取があったし、陸海輸送力の掣肘《せいちゅう》などもあっ

て、日満華を一体とする人的物的総動員の立ち場からみるならば、決して満足すべきものではなかった」と『北支の治安戦』の編集者も総括している。(7)

その編集者の最終総括は「要するに全般としてみるとき、北支の治安戦は所望の成果を収めず、目的を達成することはできなかった」というものであった。北支那方面軍が支那派遣軍総司令部(事変初期には大本営)から与えられた基本任務は「北支の安定確保」であった。この任務には二つあって、一つは支那派遣軍の作戦任務である「敵継戦企図の破摧衰亡」に寄与すること、もう一つは、現地政権の友好的、安定的成長の保障に資することにあった。前者は作戦的なもの(本書でいう治安戦)であり、後者は政治的なもの(本書でいう治安工作)であり、本来両者に矛盾はない。ところが現実の推移は、「大東亜戦争」によって、現地政権の安定成長が本来的な戦争目的である地位を失い、戦争の一手段に格下げされたことが、本来の治安戦を遂行させることを困難にし、挫折させたというのである。(8)

たしかに本書で述べてきたように、一九三九年の当初は治安工作が重視された。しかし、一九四〇年八月末の百団大戦以降は報復としての治安戦が中心になり、アジア・太平洋戦争にともなって資源・食糧・軍需物資の収奪を強行するための治安戦が中心になり、治安工作はスローガンだけになったのである。ただし、根本的な矛盾は、治安工作そのものが華北の「第二の満州国化」をめざした侵略政策であり、中国民衆を抗日闘争に決起させずにはおかなかったことにある。民衆が抵抗すれば、それを治安戦によって武力鎮圧、武力掃蕩するという手段しか選ばなかったのが日本軍の伝統であった（前掲拙稿「治安戦の思想と技術」参照）。ところが、治安戦の強行は、生命と財産と民族の誇りを守るために、さらなる抗日武装闘争へと農民大衆を駆り立てたのである。

引用する基本史料

次節から治安戦（三光作戦）の実相について、作戦の内容、加害・残虐行為のありかた等によっていくつかに分けて記述していくが、ここで、これから引用する基本史料について説明しておきたい。

治安戦をおこなった側の記録は、中央檔案館整理『日本侵華戦犯筆供』（全一〇冊、中国檔案出版社、二〇〇五年）のなかから、三光作戦にかかわった高級指揮官たちの自筆供述書が収録されている第一冊―第四冊を使用する。それらは、戦後中国の撫順《ぶじゅん》戦犯管理所および太原戦犯管理所に収容されていた日本軍将校たちが、同所でおこなわれた日本人戦犯裁判において、自らがおこなった戦争犯罪行為について、「坦白《タンパイ》（すべての犯罪行為をさらけ出して告白すること）運動」と「認罪《レンツイ》（人間として恥ずべき犯罪行為を犯したと認識すること）運動」を経た後に書いた供述書である。これらの高級指揮官たちの供述書の他に、同じく戦犯となって起訴された将兵の供述書が中国で公刊されているので引用する。[9]

華北において、治安戦に従事していた北支那方面軍のうち、山東省や河北省、湖北省に駐屯していた師団は、一九四五年の六月から七月にかけて、ソ連参戦に備えて支那派遣軍から関東軍に転属され、満州の中央部と北朝鮮に移動した早々に敗戦となり、ソ連軍に武装解除されてシベリアに抑留された。そのなかで戦犯容疑者たちがソ連によって逮捕され、一九五〇年七月に中華人民共和国へ引き渡され、撫順戦犯管理所に収容された。いっぽう、山西省に駐屯して治安戦に従事した第一軍麾《き》下《か》の独立混成第三、第四旅団は、戦後いわゆる「山西残留」となって共産党軍と戦って敗れ⑩、戦犯となった日本軍将兵が太原戦犯管理所に収容されていたのが、一九五五年になって撫順戦犯管理所に移され、前者と同様に戦犯裁判をうけたのである。そして周恩来総理の、日本人戦犯を一人も死刑にしないで、粘り強く長期にわたって「認罪学習」をさせ、「侵略戦争で罪行を犯した人が十分に反省し、その体験を日本の人々に話す。我々中国共産党が話すよりも効力があると思わないかね。日本の人民もきっと納得する」という指示にしたがって、金源管理所長以下、関係者たちの忍耐づよい努力の結果、戦犯たちは供述書を書くようになったのであった。

撫順戦犯裁判において、一九五四年一月から中国政府は戦犯の本格的な罪状調査を開始し、検察庁と公安庁を中心にした調査団「中華人民共和国最高人民検察庁東北工作団委員会」が設置された。管理所関係者三〇〇人を含めた総勢九〇〇人のスタッフが内部調査班と外部調査班に分かれて、現地調査にも出かけ、被害者や目撃者などから証言を取り、犠牲者の遺骨発掘、科学調査団による殺戮鑑定、毒ガス筒などの物的証拠の収集などを綿密におこなった。

調査団は、これらの証拠を揃えながらも、戦犯みずからが告白するまで突きつけることを極力避けた。戦犯みずからが犯罪行為を認め、告白することが、心からの反省、謝罪につながると考えたからである。しかし、何度も虚偽の証言を続けたり、頑固に罪を拒否する者には証拠事実を突きつけた。尉官以下級の罪行が固められると、それを動かしがたい証拠として、佐官、将官級の罪行を追及していった。

裁判において審問が開始されると、戦犯は供述書を書くように命じられた。供述書は事件の日時、場所、人名、民家焼却数、略奪物資、民衆殺害の方法と人数、強姦、誘拐人数など実に詳しい。この記述に関しては、すでに一〇年以上も前の出来事であり、自分の記憶だけでは正確さを欠くために、師団、部隊、憲兵、警察、司法などに所属した者がグループをつくり、当時を語り合って事実に近づこうとした。他の者の罪行を聞くうちに自分の罪行を思い出したり、些細なことだと考えていたことが重大だったとわかったり、また、隠していた罪行を仲間に指摘されるなどした。調査団によく思われようとして犯罪を大げさに記述した場合は露見して逆に批判され、自己批判するはめになった。(11)

本章では、これらの供述書の内容を中国側の史料、文献と照合して引用するので、さらに実証性が高くなっているといえよう。(12)

ちなみに、撫順戦犯管理所に収容された日本軍将兵は九六九人であり、五九師団に所属していた者が二五七人、第三九師団(北支那方面軍ではなく支那派遣軍に所属して湖北省に拠点をおいた)に所属していた者が二〇一人、山西省太原戦犯管理所に収容されていた将兵が一三〇人であった。(13)

治安戦被害者の記憶に関する史料は、中央檔案館・中国第二歴史檔案館・河北省社会科学院編の『日本侵略華北罪行檔案』全一〇巻の史料集を基本史料の一つとする。同史料集は、華北において北支那方面軍がおこなった治安戦、治安工作について、「①損失調査」「②戦犯供述」「③大屠殺」「④無人区」「⑤細菌戦」「⑥毒気戦」「⑦集中営」「⑧奴役労工」「⑨性暴力」「⑩文化侵略」という内容に分けて各巻を編集しており、本章の意図にかなった史料集である。また、中共河北省委党史研究室編『長城線上千里無人区』全五巻(中央編訳出版社、二〇〇五年)は、治安戦の一手段である無人区政策を解明するうえで申し分のない史料集である。

二〇〇五年は中国にとって抗日戦争勝利六〇周年であり、折から小泉純一郎首相の靖国神社公式参拝、「新しい歴史教科書をつくる会」の教科書の登場などで歴史認識問題をめぐって日本と中国の政府間に軋轢《あつれき》が生じていたこともあって、膨大な抗日戦争史関係の本や史料集が出版された。これらの史料集からも適宜引用する。さらに華北の各省における主要な虐殺・残虐事件を網羅した、李秉新・徐俊元・石玉新主編『侵華日軍暴行総録』からも引用する。

2 掃蕩作戦と「収買作戦」──山西省

山西省における掃蕩作戦

相楽圭二は山西省(巻末地図5参照)に駐屯して長期にわたり治安戦をおこなった独立混成第三旅団(独混三旅)の指揮官を歴任した。相楽は一九三八年に歩兵第一〇大隊第二中隊第三小隊長(少尉)に就いたのを皮切りに、一九四二年から四四年まで同大隊副官を勤め(一九四三年七—九月、同大隊長代理)、四五年には歩兵第九大隊長になって敗戦を迎え、「山西残留」となった。プロローグに記した歌人宮柊二は、一九三九年一二月から四三年九月まで、独混三旅歩兵第一〇大隊第二中隊に所属して作戦に参加したので、同一〇大隊副官であった相楽は宮の上官であった。大隊副官は大隊長の補佐官として各中隊への指令、連絡などをおこなう役割を担った。

相楽圭二は一九五五年に太原戦犯管理所から撫順戦犯管理所に移され、戦犯裁判の判決をうけるが、供述書は一九五四年一一月二二日付で太原戦犯管理所に提出されたものである。したがって、撫順戦犯管理所における「認罪」過程とは異なるが、[14] 相楽は相当詳細に自分のおこなった戦争犯罪行為について供述している。北支那方面軍のおこなった主要な治安作戦は表２（巻末）にまとめたとおりであるが、治安掃蕩作戦といわれる作戦の実態はどのようなものであったのか、その一例を相楽の供述書のなかから抜粋で紹介してみたい。

中原作戦　一九四一年四月、私は独立歩兵第十大隊の中尉、第四中隊長となり、同四月下旬寧武県城を出発し、独立混成第四旅団の桜井支隊に属して中原会戦に参加しました。五月上旬、山西省絳県郭家庄に於いて準備訓練中、命令して民家六棟を破壊し、又出陣祝酒宴を行うに際して牛一頭・豚五頭・糧穀約六百斤を下令掠奪させた外、同地出発に当たって、命令して住民二名を道案内として拉致させました（本人は三日後に釈放しました）。

　五月八日垣曲県龍王堂村と西岔《せいた》中間県境の抗日軍第一線陣地を突破戦闘に於いて、中隊主力を指揮してトーチカ陣地に拠った抗日軍兵員三名を射殺、二名を射傷し、同日午後三時頃垣曲県龍王堂村西南方約五粁に於いて捕虜とした抗日軍兵員二名を、私は部下に命令して射殺させ、死体をその場の荒れ地の自然土穴中に遺棄しました。翌五月九日垣曲県店頭村に於いて大隊命令により、下令して民家二十棟を破壊し、牛二頭を掠奪させました。

更に私は、五月十一日、大隊の尖兵中隊となって温峪村に向かい、抗日軍有力部隊を攻囲中、中家嶺東北山中で抗日軍兵員二十八名を捕虜としましたが、虜にする際自ら一名の中国婦人(三十歳位、私は当時抗日軍高級幹部の妻と判定していました)を拳銃で射殺し、外に部下に威嚇発射を命じて捕虜兵員の内二名を射傷させ放置しました。自分が捕らえた女を後送して他人に姦し楽しまれるのは癪だと思い……一発で頭に命中させ、その場に遺棄しました。

五月十三日退却行動中、敵の宿営地を焼き払えとの大隊命令により、垣曲県朱家庄村民家二十棟を下令放火、破壊した上、牛五頭を掠奪させました。更に私は垣曲県毛家湾に於いて、情報審問の為、帰村した四十歳位の住民一名を自ら軍刀峰打ちで殴打傷害し、又同村に於いて下令して民家六棟を破壊、牛三頭、糧穀三百斤を掠奪させました。六月中旬帰還中、聞喜県馮上村東方約一粁山上で住民一名を下令射傷し、同村に於いて下令して牛一頭・驢馬二頭・糧穀四百斤を掠奪させました。(15)

表2にも記された中原作戦(相楽圭二や宮柊二は中原会戦と記している)の実態である。この作戦での掃蕩作戦の対象は国民政府軍であった。この作戦には宮柊二も参加し、詠んだ短歌が歌集『山西省』に収録されている。以上の相楽の供述書から分かるように、日

本軍は「敵をして将来生存する能わざるに至らしむ」という治安戦の論理にたち、さらに「糧食は敵に求む」「糧秣は現地にて徴発、自活すべし」という現地調達(掠奪)主義にもとづいた作戦であると正当化していたが、現地の中国農民から見れば、日本軍は匪《ひ》賊《ぞく》と変わらない掠奪、破壊、殺人の強盗集団の軍隊であった。中国民衆は「皇軍」をもじって「蝗軍」と呼んだが、行軍の先々の村で穀物や家畜を食いあらし、掠奪し、さらには放火して去っていく日本軍は、蝗の襲来と同様な被害を農民に与えたのである(16)。

相楽の供述書において、日毎の行為が殺害人数や掠奪した家畜の頭数などあまりに細かく書かれているのは、逆に気になるところである。ただし、大隊副官は戦闘詳報の記録を職務としていたので、殺害人数や地名等詳細なことまで確認し、記録していたことも事実である。数字の問題は別にしても、中原作戦において、どのような部隊行動をとったかという実相を知ることはできる。

十八夏太行作戦　一九四三年七月、私は独立歩兵第十大隊の大尉大隊副官として、軍の十八夏太行作戦に参加しました。七月上旬山西省沁県から武郷県東村(段村の東隣り村)に兵力を集結して作戦準備中、私は同村公所に命令して住民十六名を徴発し、中隊に分配して地雷踏み道案内をさせましたが、外に同村宿営中に於いて、部下本部兵が婦人一名を強姦し、又部下が驢馬三頭を掠奪したのを共に容認しました。

同七月上旬行動開始後、武郷馬連庄に於いて、中隊に検索を命令した結果、住民二名を拉致して通訳に殴打審問させた上、地雷踏み道案内として奴役させ、七月十日前後頃武郷県大有鎮を根拠として三個中隊を以て同周辺各村の掃蕩を下令した結果、大有鎮村外及その北方某小村落に於いて合計民兵三名と住民五名を射殺し、民家二十棟と廟建物（四棟）を八路軍使用家屋として破壊させた上、糧穀五千斤・牛十五頭を掠奪させました。

同七月中旬大隊主力を武郷県洪水鎮西北方地区に配置して、中隊毎に部落掃蕩を命令した結果、第二中隊〔宮柊二の所属部隊〕及び特務工作隊は上黄岩・下黄岩村に於いて住民三名を射殺、石を用いて住民一名を撲り殺し、又銃を用いて住民七名を撲り殺した外、住民三名を傷害し、三角河に於いては第四中隊は逮捕した住民三名を射殺しました。

蟠龍鎮に進出した時は八路軍が既に撤退した為、本部を蟠龍鎮に位置し、隷下中隊を《ママ》同地周辺地区を掃蕩させましたが、その結果、第二中隊は李家坪・窰上溝村に於いて住民五名を射殺し、第四中隊は温庄村に於いて八路軍三名を射殺、住民三名を射撃傷害させ、住民の婦女五名を強姦した上、牛六頭・羊三十頭を掠奪して来ました。

七月下旬中約一週間に亘り本部を武郷県王庄溝に置き、中隊を大・小活庄、姚庄村、鴉児煙等に配備して徹底掃蕩を計画しましたが、この時私は八路軍は捕捉できなくて戦果も挙げられずにいるのに殆ど毎日行動の都度、到る所で民兵と地雷によって妨害を受けていた為、どうせ本地区は完全な八路軍の共産地区だから住民もろ共に報復して苦しめてやろう、徹底して反覆襲撃したら民兵も住民も懲りて反抗を止めるだろうと考え、隷下中隊に対し「払暁と薄暮時を利用し、村民が飯作りに帰村している時間をねらって反覆急襲し、民兵・住民を逮捕拷問して兵器・糧穀その他物資隠匿箇所を調査せよ、逃避する者は敵として殺害せよ、特に価値ある民兵・住民の外、中隊で処理せよ」と命令しました。

この結果、隷下兵力は大活庄・小活庄に於いて住民三十名を射殺して二名に射撃傷害を与え、王庄溝に於いては住民三名を刺殺した外住民一名を射殺し、住民五名を射傷させ、又姚庄村・井溝・鴉児煙村から逮捕送致して来た住民六名を下令射殺させた外、民兵三名を旅団司令部に送致しました。又同期間前記王庄溝を中心とする四周六粁範囲村落に於いて、民家四十棟を破壊・放火した外、廟建物二箇所（六棟）を大破し、牛二十頭・羊六十頭・糧穀約六千斤を掠奪して農具六十件余を破壊しました。

同七月下旬王庄溝から李庄に一部兵力を派遣した際、途中八路軍一個連と遭遇交戦を知り、私は一個中隊を背後に進出させ、その結果、武郷県上・下鉄近付近に於いて八路軍に対し、兵員三名射殺、五名射撃傷害の損害を与えました。同月下旬大隊を指揮して沁県に帰還途中、太平庄村に於いて保安隊兵力が牛六頭掠奪したのを私は容認しました。(17)

相楽の供述書に記された右の作戦行動は、山西省北西部の独混三旅の本拠地寧武を出発して山西省中東部の武郷・沁県へ遠征し、北支那方面軍発動の十八夏太行作戦に参加したときのものである(第四章扉写真参照)。掃蕩地域は八路軍の根拠地と民兵の活動する抗日ゲリラ地区であった。「敵をして将来生存する能わざるに至らしむ」という治安戦の論理に立って、「敵性地区」の人間は殲滅し、生産手段・生産力を掠奪・放火・破壊して燼滅させるための作戦行動の実態が浮かび上がってくる。「第一期晋中作戦復行実施要領」において、抗日根拠地および抗日ゲリラ地区の成年男子の殺戮、食糧・家畜の略奪、村落の焼却などの「燼滅目標及方法」が第一軍の軍命令として指示されたが、その命令の忠実な実行であった。その意味では「命令に従ってやっただけだ」「軍の命令によるもので自分には責任はない」と考える日本軍将兵には不法・非道な残虐行為をおこなったという自覚が生まれにくかったといえよう。

八路軍は日本軍との正面からの正規戦は回避する戦術を採用したので、相楽の供述のように名称は太行作戦であるが、本格的な戦闘は少なく、遊撃戦を展開する八路軍を追い求めながら抗日根拠地・ゲリラ地区の農民の殺害と農村の掠奪、放火、破壊することが主要な作戦行動になった。宮柊二の所属した第二中隊もこの作戦に参加したことを考えると、「出没する敵百姓」「生くる者残さじ」と詠んだ宮の心情がよく理解できるし、宮が短歌に詠もうとしなかった(詠めなかった)ことも多くあることがわかるのである。

　相楽はまた、一九四一年七月から翌四二年四月まで、独立歩兵第一〇大隊中尉第四中隊長として寧武県東寨鎮警備隊長となり、東寨鎮に中隊主力約百名、頭馬営村に下士官分遣隊約二〇人、寧化堡に将校分遣隊約三〇人を配置させていた。その時、「私は十月上旬中、東寨鎮に於いて、住民の婦人一名(二十五歳位)を生活の保証するから他には分からぬ様にせよと騙して将校宿舎に誘い、二回に亘って姦汚し、又同時期頃、部下強口五郎少尉が東寨鎮北端付近民家の少女一名を強姦したのを容認していました」と記している[18]。

　第五九師団第一一一大隊の下士官であった新井正代は「殺人の問題はなんとでも言い逃れできても、強姦については上司の命令は通用しない。日本軍隊の規律から言っても強姦は罰せられた。だからこそ誰にも言ったことはなかったし、強姦したことがバレないための口封じにその後は必ず殺害してきたのだ」と手記に書いている[19]。たしかに、強姦の場合、上官の命令でおこなったと弁明はできず、兵士の意志がはたらくので、部隊仲間内ではおおっぴらに自慢しあうことがあっても、軍隊社会から出た一般社会においては自分が強姦をおこなったとは言えないものである。事実、日本軍の侵略・虐殺行為について明らかにし、日本軍が強姦・輪姦をおこなったのを目撃したと他人の強姦行為について証言している元将兵でも、自分がおこなったと証言できる人は少ない。
そのような状況のなかで、相楽は自分がおこなった強姦についても前述のように供述していた。

収買作戦支援　一九四三年六月中旬頃、私は大隊長不在の為大尉副官兼任で寧武県警備隊長代理をしていましたが、糧穀及び木材収奪強化の目的で新たに寧武県細腰村に進駐させた第一中隊が西馬房付近から八路軍工作員容疑者として住民一名を本部に送致して来た際、私は情報主任塩路中尉に殴打審問させた上、共産党員ならば一寸位の拷問ではどうせ白状しないから、覚悟しているだけにいじめてやれと考え、自らも棒を用いて背中を三回強打し、その後寧武憲兵分隊に送致させました。
又六月中旬中、私は保安隊の糧穀収買支援と、山西産業株式会社・軍管理寧武鉄鉱採鉱山所の陣地構築(工場警備隊配備の為)掩護の目的で、大隊兵力約三百名(保安隊含みます)を自ら指揮して寧武県を出発し、翌日寧武県大石洞・丁家湾に於いて下令して牛八頭を掠奪し、又麻地溝村に於いて第四中隊に検索させた結果、住民二名を逮捕しましたが、私は本二名を通訳に命令して殴打審問させた上、寧武憲兵分遣隊

に送致しました。その後の処理に就いては分かっておりません。(20)

アジア・太平洋戦争の開戦と長期化にともない、華北が総兵站基地に位置づけられ、治安戦の目的が食糧・物資・資源の略奪になっていたことは前章で述べたとおりであるが、右はその現場における話である。

山西産業株式会社は、大倉財閥の大倉鉱業山西事業部長・太田文雄が軍と結んで一九四二年四月に設立した会社で、同年九月、病に倒れた太田に代わって河本大作(張作霖《ちょうさくりん》爆殺事件の首謀者)が第二代社長に就任した。同社の設立目的は、北支那方面軍の管理下に、山西省の重要産業を総合的に運営し、日本の軍需生産に資することであり、なかでも山西省内の製鉄業を統制、運営するために大倉鉱業と北支那開発が折半出資で設立した製鉄業関係事業所としての比重が大きかった。相楽の部隊がおこなったのは、寧武の鉄鉱山の採掘場を八路軍や抗日ゲリラの襲撃から守るために構築されたトーチカや陣地の警備であった。「木材収奪強化」とあったのは、大倉鉱業が寧武木廠(山林を有する木材工場)を営業しており、同木材工場が周辺の山林から略奪同然に木材を伐採してくる作業を警備したのである。(21)

「糧穀収買支援」というのは、「収買」の名による小麦、米などの穀物収奪作戦であった。前章で述べたように、アジア・太平洋戦争の拡大と長期化による日本の国内外の食糧危機に対応するために、日本軍は華北においてなりふりかまわず食糧収奪作戦を強行するようになっていた。

村上政則『黄土の残照――ある宣撫官の記録』（鉱脈社、一九八三年）は、民間から北支那方面軍の宣撫官（軍嘱託）になって一九三九年に中国へわたり、新民会日系職員、合作社顧問などを兼任しながら「武器なき戦士」として、敗戦まで山西省で宣撫工作に従事した著者の回想録である。同書のなかに、相楽が保安隊の「糧穀収買支援」したのと同様な「収買工作」に従事した体験が記されている。村上が一九四三年山西省南部の河南省に近い晋城県で新民会顧問となって指導をしていた時（前述のとおり一九四〇年に宣撫班と新民会が統合された）、収買工作をやらされた。収買工作は特務機関の任務で、管轄下の県政連絡員や新民会顧問を供出督励会議に呼びつけて収買実績や督励の方法について指示がなされた。各県ごとに小麦や雑穀類（粟、トウモロコシ、高粱）、棉花の収買工作の名目で収買割当額が命令された（実際には金が支給されなかったので収奪であった）。

村上も特務機関から連日のように「収買状況を報告せよ」「何をしているのだ、もっと努力せい」などと督促され、会議に出れば機関長や経済班長からどなりつけられて、やむをえず現地の日本軍一個小隊の支援をうけ、県の保安隊の主力と馬車数十台を率いて、村々をまわって穀類を供出させる活動に従事したのだった。

一九四三年秋、太原の南近くに位置する祁県合作社顧問に異動となった村上は、楡次特務機関で開催された供出督励会議において、祁県の収買割当額が過重であると報告したところ、特務機関長多田大佐は、烈火のごとく怒って村上の顔めがけてテーブル上の陶製の灰皿を投げつけ、「三十七万の県民を餓死させてでも……とは、貴様なんということを言うのだっ。餓死させて、それがどうしたというのだ。つい先日、アッツ、キスカの両島において、我に数十倍する敵艦隊の総攻撃を受け、皇軍二万の精鋭が玉砕したばかりだっ。たかが中国人の三十万人や五十万人、餓死させたからっといって、それがどうしたというのだ。貴様はわれわれに協力しない部落の家一軒でも焼いたことがあるのか、われわれの言うことを聞かない農民を一人でも殺したことがあるのかっ。貴様は中国人になめられてしまっているのだ」と軍刀を突き立てて怒鳴ったという(同書、一六九頁)。

その二日後、楡次特務機関からS経済班長以下数人の下士官と兵が〝督励班〟の腕章をつけ、県境のもっとも成績の悪い村に出動して、強制的に穀物を供出させた。その時S中尉は「村上顧問、見せしめに一軒火をつけようじゃないか。一人や二人殺したってかまわんよ、皆の前でなぶり殺しにすると、隠している食糧を全部持ち出してくるぞ。どうだやってみようじゃないか。割当量ぐらいすぐ集まるよ……」と言ったという。その日、農民たちは、ずしりと重い食糧の詰まった麻袋を重そうにつぎつぎ運びだしてきたので、大量に食糧が集まり、S中尉は勝ち誇ったように意気揚々と帰っていった。村上が後で分かったのは、S中尉は村長をはじめとする村の有力者四人を集めて、軍刀で耳を削ぎながら「食糧を出せ、もっと出さないか」と脅迫したのであった。村上は耳を切り落とされかかった村長らが血まみれのタオルをかぶって苦痛にのたうち回っているのを目にした。

村上は回想録のなかで「戦争は軍人を狂気にしてよいか」という章タイトルをつけて以上のことを記した(同書、一七四頁)。村上は、一九四五年の八月の日本軍の投降前夜、山西省は「三年続きの大干ばつと、収買工作のために、農民達の疲弊と困窮は極度に達していた」と記している(二四二頁)。日本軍の治安工作、治安戦が「統治の安定確保」とは正反対の結果をもたらし、未治安地区・准治安地区を治安地区に拡大するどころか、略奪、破壊、放火、殺戮など日本軍の蛮行によって生命・生活が極度の危険に追いこまれた中国農民が、共産党・八路軍の工作に応じて協力し、さらには抗日ゲリラ闘争に参加していったのは当然の趨勢といえよう。

「罪悪事実」の手段と総数

相楽圭二は供述書において、自分がおこなった戦争犯罪行為の全体数について、以下のような数字をあげているので、抜粋で紹介する。(22)

以上私の一九三七年四月から一九四五年九月三日迄に於ける日軍に参加して中国人民に対して犯した罪悪事実を統計しますと次ぎの通りであります。

殺人した総人数は八三一名で、殺人した対象内訳は住民(男)四二〇名、住民の婦女子一四名、民兵九八名、兵員の内八路軍兵員二五二名、抗日軍兵員三八名、外に捕虜兵員九名です。これら殺人の手段から類別しますと、住民(男)に対して射殺(砲撃に依る爆殺を含み)三五七名、銃剣刺殺三〇名、軍刀に依る斬り首斬殺五名、凶器使用撲殺一〇名、焼殺九名、墜死六名、餓死二名、獄死一名でありました。婦女子に対し殺害した手段は、射殺八名、銃剣刺殺一名、投身水死二名、撲殺一名、餓死一名、悶死一名です。民兵に対しては射殺九四名、銃剣刺殺三名、軍〔刀〕による首斬り斬殺一名でありました。兵員に対しての殺害手段は、射殺(砲爆撃を含み)が二七〇名、銃剣刺殺一五名、外に重傷者を戦場に放置して死に至らしめたのが五名有り、捕虜兵員九名に対する殺害は何れも射殺に依りました。

傷害した総人数は五一九名で、その対象と傷害手段は、住民に対し二一七名を傷害しましたが、その内訳は射傷二〇〇名、打撲傷(凶器、木棒等使用に依り)九名、軍刀に依る斬傷三名、地雷を踏ませて爆傷三名、刺傷二名、〔脱字〕一名です。

中国婦人を強姦した人数は合計三四名で、この内には自分が犯した強姦一名・一件と指揮下日軍兵六〇名が二人の婦人を強姦(輪姦)した件を含みます。その他三一名は部下の強姦を容認したものです。

放火・破壊の罪件は民家に対する放火・破壊合計一〇二八棟(放火六一六棟・破壊四一二棟)……略奪した物件の内主要な数目としては、牛九八五頭、羊六六〇頭、牛羊皮合計一五〇〇枚、糧穀三一万三四〇〇斤外に収買方法に依る収奪穀物九〇〇噸、驢馬二二頭、住民の衣服類五百件、夏軍服四五〇着、冬(綿衣)軍服二百着、白紙六梱、布類(荏布・土布含め)五五巻、木材五〇噸、銀貨一〇一六枚、塩二百キログラム外に家具・豚・食品等多数ありました。

又私は八路軍に対する戦場に於いて毒瓦斯使用(あか筒一二本)一回一件がありました。

その他、糧穀焼却一万斤、青麦刈り取り焼却二百畝、麦束焼却二件、土地取り上げ一件(二百ヘクタール)、農具破壊三百件、机・腰掛等破壊百個、井戸を破壊埋没二箇所──以上であります。

以上、相楽圭二の供述書から、相楽自身が部隊を指揮しておこなった治安戦は、その実態においては、中国側のいう三光作戦以外の何者でもなかったことが十分明らかになったといえよう。相楽圭二ならびに宮柊二と同じ北支那方面軍独混三旅に属して山西省における治安戦に従軍した菊地修一の供述書も『日本侵華戦犯筆供』第三冊に収録されている。菊地は第七大隊第一中隊長(中尉)として一九四一年から四四年まで、山西省北西部の神池、寧武、五寨などに駐屯して(相楽や宮の部隊の駐屯地と重なる)、治安戦を指揮、この間に、村落焼却、民衆殺戮、略奪、強姦、五台地区の抗日根拠地に無住地帯設置のための細菌の撒布、八路軍討伐への毒ガスの使用などの罪行を重ねた(23)。供述書には、罪悪の総計として、以下のような数字をあげている。

殺人三一二件一二六〇人、内、平時殺人は二六〇件八七二人、戦時殺人は五二件三八八人。平時殺人の手段別は、射殺一八二件四八九人、刺殺三六件一四八名、刺殺と射殺七件一一七名、刺突後射殺六件一〇名、殺害(手段不明)六件二一名、斬殺九件一五名、撲殺三件六名、生体解剖四件四名、焼殺一件二名、射殺後生体解剖一件一名、赤筒ガス一件四〇名、射殺後焼殺一件二名、墜死三件五名、拷打後死亡一件一名、生き埋め一件二名、ガス使用後射殺と刺殺一件一名、細菌二件三三名、毒殺二件三名、その他射殺してから斬首しさらし首にしたもの二件二名。対者別は、住民七四二名、八路軍四五名、抗日軍一一名、保安隊一八名、労働者四名、工警隊二八名、民兵七名、警務段(団)二名、小学生一六名、共産党員一名、和平救国団員六名、駅員一名、俘虜(所属不明)七名、解放軍九名、日本人三名。

傷害は六八名で平時傷害は四六名。手段別は射撃二六名、刺突三名、地雷爆傷八

名、殴打四名、井戸に落とす一名、皮膚縫合手術二名、負傷二名。対象別は住民四四名、保安隊一名、八路軍一名。

細菌撒布により罹病させたもの三件、住民の四八名。

放火件数は四九件、民家焼却一六七〇軒。強姦は六一件六四名で自己の強姦四三件四三名、そのうち一名に対しては二〇余回、一名に対しては三回、一名に対しては八回、一名に対しては三回、二名に対しては各二回、一名に対しては四回強姦し、輪姦一名。下命によるもの一件二名、黙認は一五件一七名、協力は一件一名、自己の強姦未遂は一件一名、その外に自己の女性侮辱三件三名(同書、八三〇―八三二頁)。

菊地修一の殺害手段や対象の詳述から、治安戦において日本軍が平時(非戦闘時)に非戦闘員(非武装民衆)にたいしてどのような残虐行為をはたらいたかが想像できる。殺人についても傷害についても、戦闘による殺傷よりも、平時における殺傷がはるかに多いことが治安戦の特徴であろう。

生体解剖については、湯浅謙著、笠原十九司解説『中国・山西省 日本軍生体解剖の記憶』(ケイ・アイ・メディア、二〇〇七年)を参照していただきたい。各部隊では、軍医や衛生兵が、負傷した日本兵を手術、治療する技術を習得するために、中国人を実験台にして平然と生体解剖をおこなっていたのである。

傷害の「地雷爆傷」というのは、相楽も供述しているが、八路軍やゲリラ、民兵が埋設した地雷の被害を防ぐため、拉致した住民を先行させたのである。

前述したように、八路軍は正面きっての戦闘は回避してもっぱら遊撃戦術をとったので、八路軍兵士の戦死は民間人より少なく、相楽の供述書にあるように、作戦地域の村落が襲われて住民が殺戮され、日本軍と遭遇した、あるいは捜索された住民が殺害されたケースが多かった。強姦について、多くの将兵の回想録に記された状況と較べて（回想録は自分の行為には触れず、目撃、伝聞として他人の強姦について記すのが普通である）、特に多いとはいえない。

本節で引用しなかったが、『日本侵華戦犯筆供』第四冊にはプロローグで紹介した田村泰次郎と同じ独立混成第四旅団（独混四旅）に所属した住岡義一の供述書が収録されている。住岡は山西省中東部の陽泉に司令部を置いた独混四旅の第一三大隊（後に第六二師団第五三旅団と改名）教育将校を歴任したが、治安戦において殺戮、略奪、放火、強姦などの罪行をおこなったことを供述している。独立混成第四旅団の元将兵たちは、戦後になって同旅団司令部参謀だった広瀬頼吾が中心になって戦友会「独旅会」を結成（一九六六年）、広瀬が発行人となって機関誌『独混』を発行した。筆者が見たのは第一号（一九六九年一月）から第一三号（一九七八年八月）までであるが、寄せられた多くの回想録、手記は山西省山地での難行軍や苦戦した八路軍との戦闘を回想する内容であり、日本軍の侵略・虐殺行為の事実を明確に記したものはない。したがって、これらの回想録の類からは、山西省における治安戦の実相を明らかにすることは困難である。そう考えると、中国当局が太原戦犯管理所や撫順戦犯管理所で書かせた戦犯たちの供述書の歴史史料的価値が改めて確認される。

被害民衆の記憶

日本軍の治安戦によって山西省の民衆がうけた被害は甚大であった。それは、山西省にもっとも早期に八路軍の抗日根拠地が建設され、河北省との省境を南北に縦断する太行山脈をはじめとして山岳地帯の多い地形を利用して各地に根拠地が構築され、抗日ゲリラ活動も活発に展開されたため、日本軍の治安掃蕩作戦も長期にわたり頻繁に実行され、そのつど農民、住民が犠牲にされたからである。中国側の文献には、一九四一年から四二年の間に、北支那方面軍が山西省各地で発動した千人以上の日本軍による掃蕩作戦は一七四回におよび、省内に設置された日本軍の拠点は五一三カ所、駐屯兵員は七万余人であったと記されている(24)。掃蕩作戦のつどに、相楽圭二の供述書に記されていたような村々で虐殺事件を引き起こしたのである。李秉新他主編『侵華日軍暴行総録』に各省別に記述されている虐殺・暴行事件数は、山西省におけるものが四三八件と中国全省のなかで最多である。そのうち、治安戦が本格的に開始された一九四〇年以降の事件が三三六件と四分の三を超えている。

　山西省においては日本兵による婦女凌辱事件も多発し、拙著『南京事件と三光作戦』にまとめた河北省、山西省、山東省、湖北省における日本兵の性犯罪事件の件数は山西省が最多であった。その理由は、拙著の「山西省盂県の事例」で検討したが、山西省内においては高度分散配置を実施して、上述のように五一三カ所ともいわれる日本軍拠点に総数七万人の日本兵が駐屯し、警備地域や遠征作戦地域で強姦、輪姦などの行為をくり返したからである。

　本書のプロローグで紹介した田村泰次郎の作品や近藤一の証言からも、山東省に駐屯した独混三旅や独混四旅には、性犯罪行為を公然とおこなってはばからない軍隊の体質があったことをうかがうことができる。本節で紹介した相楽圭二や菊地修一の供述書からも、部隊の指揮官が部下の強姦、輪姦などの性犯罪行為を黙認し、また自らもおこなっていたという日本軍の体質を知ることができる。

　山西省の治安戦における日本軍の性暴力の被害については、前掲拙著の第二章「三光作戦と日本軍の性犯罪」において詳述したこと、さらに現地を一八回も訪れて、被害者から聞き取り調査をおこなった証言をまとめた石田米子・内田知行編『黄土の村の性暴力――大娘《ダーニャン》たちの戦争は終わらない』(創土社、二〇〇四年)があり、性暴力被害者をたずねて戦後の生き方もふくめて聞き取りをおこなった班忠義『ガイサンシー(蓋山西)とその姉妹たち』(梨の木舎、二〇〇六年)、さらに、山西省盂県周辺の日本軍拠点に連行され、長期にわたり監禁されて性暴力の被害を受けつづけ、それゆえに患ったPTSD(Post Traumatic Stress Disorder 心的外傷後ストレス障害)にも苦しんできた女性たちが、日本政府に謝罪と賠償を求めて提訴した裁判を支援した「中国人「慰安婦」裁判を支援する会」のメンバーが、一九九四年以降二〇回近くも黄土高原の村々を訪れ、裁判で原告となった女性たちの被害とその後の生涯を聞き取って記録した大森典子『歴史の事実と向き合って――中国人「慰安婦」被害者とともに』(新日本出版社、二〇〇八年)なども出版されているので、それらを参照していただくことにして、本書ではまとめて論じることをしない。

日中戦争時期に日本軍が山西省で引き起こした侵略・残虐事件については、中共山西省委党史研究室編『侵華日軍山西的暴行』(山西人民出版社、一九八六年)をはじめとして、各県の中共委員会党史研究室などの記録や、中国人民政治協商会議山西省盂県委員会編『盂県文史資料』などの市や県単位の中国人民政治協商会議が編集発行している各地の『文史資料』も「日軍暴行録」などの特集を組んで詳細に記録している。前掲『侵華日軍暴行総録』に掲載された山西省の虐殺・暴行事件はそれらの各地方の中共委員会や政治協商会議などの調査記録を集約したものである。最近では、張成徳・孫麗萍主編『山西抗戦口述史』(全三冊、山西人民出版社、二〇〇五年)のように、日中戦争期の被害体験の聞き取りをおこなった史料も記録出版されるようになっている。

山西省における治安戦の被害者側の記憶のあり方として、岳謙厚『戦時日軍対山西社会生態之破壊』に「〝三光作戦〟下の民衆心理」と題した格好の論稿があるので、そこから必要なところを紹介したい(25)。

日本軍が掃蕩作戦において実行した野蛮な三光政策では、いたるところで婦女凌辱、略奪、焼殺、殺戮などがおこなわれた。少なからぬ郷村が廃村となり、町は廃墟と化し、社会経済は空前の大被害をうけ、広大な人民は安定した生産生活の環境を失った。いつどうなるか分からない不安は、民衆を不安定な精神状態に陥らせ苦しめた。

五台地区は南北一〇〇キロ、幅三〇キロにわたって無人区〔無住地帯。次節で詳述〕とされ、無人区の村内は人影がまったくなくなり、カラス以外に動物は見えず、庭は雑草で荒れ、井戸は埋められ、道と家屋も区別がつかず、全村が瓦礫のかたまりとなってしまった。

日本軍が三光作戦をおこなった地域では、民衆は帰る家がなく、着る物も食べる物もなく、四方に逃亡、避難したままで風雨にさらされ、難民生活のなかで栄養不足で弱体化した体を伝染病が襲い、多くの死亡者をもたらした。生活環境を奪われて難民となった民衆は、さらに日本軍に遭遇すれば残忍にも軍刀によって斬殺され、銃剣によって刺殺されたのである。

相楽圭二と菊地修一の供述書においても、中国住民に与えた傷害の件数は相当数にのぼっている。岳謙厚前掲書には、日中戦争期の八年間に、山西省東南部において三万三五二二人が負傷により障害者となり、山西省北西部においては、一万二四六二人、楡社では四九三人、楡次では九一二人、平定では八六七人が同じく身体障害者になったと記されている(二八七頁)。相楽や菊地の供述に、八路軍や民兵が埋設した地雷の被害を避けるため住民を拉致して先行させ、地雷爆発のため負傷させた事例があげられている。その場合はだいたいが脚を失ってしまうのである。

筆者自身も南京事件の被害者から聞き取りをおこなったさい、彼らの体に残っている傷跡を何人かから見せられた。彼らは日本軍によって体に刻まれた傷跡とともに生涯を生きてきたのである。忘れようとしても忘れられない体に刻まれた記憶である。さらに悲惨なのは、重度の傷害をうけて、通常の人のように働いたり、家事労働ができなくなったりした人たちの生涯であった。治安戦によって傷つけられ、身体障害者となってその後を生きざるをえなかった膨大な人々の存在を忘れてはならない。筆者はまた、南京において、愛する家族を失ったり、あるいは強姦されたり、あるいは逃避中に乳児が泣くのを恐れて扼殺《やくさつ》してしまった母親が、その後精神に異常をきたし、廃人同様になって生涯を閉じたという話を聞いた。山西省の治安戦においても、精神的ショックから疾病を患い、亡くなった人々が多かったことを岳謙厚は記している（二八七頁）。

山西省の民衆が目撃、体験した恐怖と悲しみ、怨恨は俗謡に唱われて伝唱され、記憶された。山西省の太行山脈では当時つぎのような俗謡が歌い継がれた。それぞれの一部を筆者の訳で紹介する。

避難の歌

家は武郷〔山西省中部やや南方の県〕にあった　四方は連山秀嶺
日本鬼が焼、殺、奪　家に住むこと不能となった

夜通し泣く

夜になるのが待ち遠しい　われわれの住いは敵の占領区となりまことに酷い
楽しかった日々は過ぎ　毎日が鬼子の殺人でほんとに怖い

焼き、殺し、奪い、捜索

鬼子が来れば人殺し！　傀儡軍来れば略奪だ！

漢奸来れば焼却だ！　　特務が来れば捜索だ！

当時の中国民衆は日本軍・日本兵士のことを「日本鬼子《リーベンクイズ》」「東洋鬼《トンヤンクイ》（東洋とは中国の東にある国という意味で日本のこと）」あるいは単に「鬼子《クイズ》」と呼んでいた。現在においても、筆者が中国農村を訪れ、日中戦争時代の聞き取り調査をおこなった際、農民たちは日本軍とはいわずに「鬼子」「日本鬼子」と言っていた。二〇〇〇年カンヌ国際映画祭でグランプリを獲得した姜文監督、姜文・香川照之主演の映画は、河北省の万里の長城近くの小さな村で起こった日本軍による虐殺事件をテーマにしたものであるが、タイトルは「鬼子来了！（鬼が来た！）」であった。その英語訳は Devils on the Doorstep である。鬼子とは Devil つまり悪魔、極悪非道な者の意味である。

山西省中部のやや南方にある沁源《しんげん》県で、抗日戦争当時さかんに歌い踊られた秧歌《ヤンガー》（秧は稲の苗の意味、労働歌で日本の田植え歌に相当）はつぎのような歌詞だった。

沁源人民の山中隠遁生活

夜明け前に朝飯を食べ　日が出る前に山に登り　山頂に登って仕事はできない
　毎日鬼子が来るのを眺めているだけ
太陽出てもなお寒い　火を燃やせば煙が出る　朝から晩まで動かない

柴木を拾って村に帰る
山中に隠れて一日中　お腹が飢えて絶叫するほど　妻と子どもを谷間に呼んで
早く飯をつくりたい
こちらの溝から鍋椀さがし　あちらの溝から米粉さがし
鍋をもって水汲みに行き　水汲んできて火をつける
一日たった二度の飯　昼飯はようやく晩に食う　部屋は真っ暗何も見えず
油と柴火で黒煙もうもう
顔にかかるは黒い煤　体中に油と煙が沁みる　人間の薫製たまらない
それでも飯と汁にトウモロコシ餅食べる
時はやがて夜明けとなる　一日の生活はこのとおり
山に登れば米と小麦粉が心配　鬼子の害はほんとにひどい

右の歌は、日本軍が治安作戦にくると、青壮年男子が殺害される恐れがあったので、山奥で避難生活を送らざるをえなかったことを、農民らしいしたたかさで揶揄したものである。彼らはこれを歌って踊り、抵抗の意志を高めようとした。日本軍の治安作戦が長期におよんだため、農耕生活は深刻な影響をうけることになった。プロローグの宮柊二の歌「耕《たがやし》に入らざる丘が相つづきか黝《ぐろ》に寂しき城壁負へり」(八頁)は、青壮年男子の農民が山奥や遠方へ避難した生活が長期化し、春になっても戻ることができず、畑に何も植えられていない荒涼とした情景を詠んだものである。春耕と穀物の種蒔き、苗植えができなければ、その年の収穫はできず、農村が飢餓に見舞われるのは目に見えていた。

嵐県に伝わる歌謡〔嵐県は山西省の北西部に位置する〕

日本鬼《リーベンクイ》は生きた鬼　日本人は悪党だ　中国人は苦しみを受けて災難にあう
河西村道路修理の石垣を　沙会から運ばにゃならぬ　往復するのに三〇里
腹はぺこぺこ　脚は痛む　牛驢馬飢えて動かない
日本鬼は生きた鬼　話すことが聞き取れない　手にもつ三尺五斤の柳棒
一殴打されて頭くらくら　目から火花　耳聞こえず
振りかえると「泣け」「苦力」と大声のしてもう一打

右の歌は、日本軍が治安地区とした地域の農民が、道路の修復に強制労働をさせられたことを歌ったものである。三〇里とあるのは中国の単位で、一五キロメートルである。これも相楽と菊地の供述にもあったように、労働作業中、農民たちはしばしば殴打され、傷を負わされ、時には撲殺されたのである。次節で詳述するように、抗日根拠地を経済封鎖する遮断壕を掘るために、周辺農村の農民は、農繁期であろうと関係なく駆り出されて、右の歌のように労働を強制され、酷使されたのである。

高平に伝わる民謡〔高平県は山西省の南部に位置する〕

飯を食べたら　ぼろを着て　日本が来たぞ早く逃げろ
銃剣で一刺し　狼が嚙みつく　手出しはできない　早く逃げろ
良民証は　腰に着けろ　日本刀は防げない
東山見たら西山も見て　日本軍が来たぞ早く早く逃げろ
髪の毛散切り　鍋墨顔に塗って　日本兵見たら　娘は変装
軍馬をひいて　狼が嚙みつく　もっとも怖いのは日本刀
雑穀喰って　野菜を採って　日本が来たら頭が落ちる
軍馬にまたがり　日本刀を腰に差して　日本が花姑娘《ホワクーニャン》を略奪にきた
日本刀でたたっ斬り　銃剣で突き　刺突訓練生きた人間が目標
日本は百姓を殺す　民衆は蝿と同じ
寝ても頭は冴え　耳そばだてる　革靴の音が聞こえれば
百姓たちは災難に遭う

右の歌には、軍馬にまたがって将校が日本刀をかざして花姑娘《ホワクーニャン》を強姦目的で拉致連行するために村にやってきた場面が歌われている。「ホワクーニャン」とは日本兵が町や農村に入って、強姦目的に若い女性を捜すときにつかった言葉で、中国戦場の体験のある人たちならばほとんどが知っている。中国の抗日戦争映画には必ずといっていいほど日本兵が「ホワクーニャン！　ホワクーニャン！」と叫びながら民家を探し回るシーンが登場する。花姑娘は中国語では妓女を意味した言葉であるが、日本兵は姑娘(娘、少女、若い女)に花をつけて「綺麗な娘」「若い娘」「生娘」というイメージをもたせたのであろう。「ホワクーニャン」は中国では日本兵が中国女性を捜すときにつかった言葉として記憶されている。

将校は一般の兵卒と違って、兵営に帰る厳密な時間の制限はなかったので、このように軍馬を駆って花姑娘《ホワクーニャン》探しに出かけることは可能であった。筆者は同じような場面を、独立混成第五旅団歩兵第二〇大隊第三中隊長(少尉)をつとめた猪瀬建造から自身の体験として聞いている。

さらに歌には、中国民衆の日本刀にたいする恐怖が吐露されている。拙著『「百人斬り競争」と南京事件――史実の解明から歴史対話へ』(大月書店、二〇〇八年)に記したように、当時の中国民衆は、霊魂は骨に宿るので、日本刀で頭を斬り落とされて体が二つに切断されれば、再び人間に生まれてこられないと信じていた。日本兵による斬首は、精霊の輪廻を断ち切る恐るべき残虐な行為だったのである(同書、二六頁)。

相楽と菊地の供述書に平時の民衆殺害の方法として日本刀による斬首をおこなったことが記されている。軍刀としての日本刀は、基本的には軍隊の指揮官クラス、すなわち将校ならびに将校相当官が帯刀できた。軍刀は身分・階級制の厳格な日本軍における特権クラスの権威を誇示する象徴でもあった。戦時中の部隊の集合記念写真を見ると、最前列の椅子に日本刀をもった将校クラスの軍人が、これも将校クラスのみに認められた皮の長靴を履いて得意然として座っている。日本刀は大和魂の象徴、武士道精神の象徴などと礼賛され、日本刀神話が喧伝《けんでん》された。日中戦争の拡大、長期化にともなって本来の「帯刀本分者」を超えて、下士官、上等兵クラスまで日本刀をもって中国戦場に赴くようになったが、中国民衆にとっては日本刀こそ、武器をもたない、無抵抗の市民を殺戮する残虐な日本軍を象徴する凶器だったのである。

三光作戦は当時の子どもたちにも、教科書をつうじて教えられ、記憶された。山西省の南端部に位置する陽城県で抗日教材としてつかわれていた小学校教科書にはつぎのような一節があった。

鬼子が村にやってきて、〝三光〟を実行しました。人を殺し、家を放火し、鶏や羊を略奪してもち去るのです。家々の門は固く閉ざして、家族はみな遠くへ避難していきます。妹や弟は恐怖に怯えて父や母を呼びます。母と子は離散し、家族は破壊され、人々も死亡してしまいました。

戦争中はもちろん、戦後の長い間、山西省だけでなく他省の農村においても、子どもが泣いたりした時、大人たちが「小日本来了《シャオリーベンライラ》」「日本鬼子来了」（ふたつとも「日本軍が来るよ」という意味）というと子どもたちは泣きやんだという。また悪戯する子どもを叱る場合も同じことをいって子どもを脅したという。「小日本」「小日本人」は現在でも中国人が日本人を軽蔑して罵《ののし》るときに使われている。

3　無住地帯（無人区）と経済封鎖――河北省

治安戦遂行者の証言と回想

第一一七師団長（中将）であった鈴木啓久は、一九四二年に北支那方面軍の直轄部隊であった第二七師団第二七歩兵団長の時代に、根拠地封鎖のために遮断壕構築と無住地帯（中国では無人区といった）を設定させたことについて供述書に記している。[26] 撫順戦犯裁判における日本人戦犯の供述書や訊問調書、さらに中国帰還者連絡会の元兵士たちが出版した三光作戦にかかわる証言記録については、「重罪判決を免れるための方便」「強制された自白」あるいは「洗脳された結果」「優遇されて中共贔屓《びいき》になった結果」等々、証言としての価値を否定する言説が出版メディアなどで流されてきた。しかし、防衛庁防衛研修所戦史室が『北支の治安戦』を編集するにあたって、原稿執筆を依頼したものとも思われるが、鈴木啓久には「在支回想録――第二七師団歩兵団長時代・独立歩兵第四旅団長時代・第百十七師団長時代」（一九六六年執筆）と「中北支における剿共戦の実態と教訓――中共軍と戦った五年間」（一九六七年執筆）の手稿がある。(27) これらの原稿と供述書を照合してみると、用語のニュアンスは異なるが語られている事実に齟齬はなく、かえって相互に補完しあっている。以下、供述書に加えて、「在支回想録」からの引用部分に〈　〉、「中北支における剿共戦の実態と教訓」からの引用部分には《　》を付して、多少長めになるが、治安戦の具体的様相と雰囲気がよく理解できるので引用する。なお、小見出しは筆者による。

〈根拠地封鎖のための遮断壕〉

〔一九四二年〕九月下旬頃より一二月頃迄に亘り、方面軍司令官岡村寧次の計画に基づき、師団長原田熊吉の命令により、八路軍の活動を阻止し、或いは殲滅する目的を以て上幅四、五米、深さ二、三米の遮断壕及び附属望楼を左記の如き地線に構築しました。其の壕の全長は約一〇九粁で之が為耕地の損害面積は約八七二陌《はく》に及ぶのであります。

〈方面軍司令官は、八路軍支配地区と現地政権支配地区とを徹底的に隔絶する様二七師団に指令し、其の隔絶線までも図上にて示した。此の線は驚く程現地の実情を無視したものであった。こうした事は下克上製造の一因か？　師団は此の指令により、主要道路両側の従来の壕を堅固に補修し、軍の図上指示の線に基づき、深さ二米以上幅四米以上の壕を連続掘開し、主要道路の交叉点には厳重な検問所を設け、其の他の地点にては絶対に交通せしめず、又此の越過を阻止するため小銃を以て相互協力して、制圧し得る範囲（二乃至三粁）毎に二階建ての堅固な望楼を構築し、主として県警備隊員二十名内外を以て警備せしめ、一般住民には自己の写真を貼付した「良民証」を携行せしめ、随時随所で点検し、八路軍関係者一切をして此の壕の内側に進入することを防いだ。此の壕を遮断壕と称した。此の遮断壕の全長は二百粁余に達し、望楼の数は万余に及んだ。〉

（日本軍の支配地区と八路軍の威力の及ぶ地区とを隔絶して治安の確立を図った。之がため両地区の境界線を定め、此の境界線上に壕を掘り、之を厳重に監視し、相互の自由交通を禁じた。即ち東西ベルリンの壁ならぬ壕が出来たのである。此の壕を「遮断壕」と称した。

此の遮断壕は上幅四米深さ二米以上とし、之を防護するため二階建の堅固な望楼を設け、相互に小銃射撃を以て其の通過を阻止し得る間隔をおいて構築し、各々県警備隊二〇数人を配備して守備せしめた。此の遮断壕の全長は二〇〇余粁であって万里の長城にあらず「万里の長壕」であった。此の外従来の鉄道及び主要道の両側に設けた壕の全長を加えるときは正に三〇〇粁以上となり、望楼の数は万余に及んだ。〉〉

「石門―玉田―豊潤―砂河鎮―遷安―建昌営間、遷安―灤《らん》県間、遵化―豊潤間、及び唐山南側地区」此の壕及び望楼を構築するに当たりましては、私は私の警備管内の中国人民を強制的に徴集して構築せしめたものでありまして、之が為各県に其の人員を割り当て、或は工事担任部隊をして自ら徴集し得る如く命じのち為に、極めて残酷なる方法を用い、強制徴集、例えば殴打拷問等を用いて徴集するが如きことが多いのであります。

此の工事の為に徴集酷使された中国人員は、主として中国人民の農民でありまして、其の総数は約十万人に達するのでありまして、此の酷使されて居る中国人民に対する給養は、宿営、衛生等は頗る劣悪で、日当をも与えず、極めて残酷なる使用をなしたもので、之が為に疾病に罹る者が多く、之が原因となり死亡したる人々が多数あるのでありますが、殆ど意に介することもなき為に、其の犠牲となりし実数をも全く承知居らぬと云う放漫さであります。

尚、強制徴集されて工事に酷使されて居る中国人民の使用する器具は悉《ことごと》く補充等に対する何等の保障もなく、中国人民自らのものを使用して居るのであります。

〈潘家戴庄虐殺事件〉

十一月、私は「某部落が八路軍と通牒して居る」との報告を受くるや直ちに「其の村落を徹底的に剔抉を行い粛正すべし」との命令を副官松原順一郎をして第一連隊長田浦竹治に伝達せしめたる結果、田浦は当時私の部署下にありました騎兵隊と結合して、灤県〔巻末地図4参照〕潘家載荘〔潘家戴《ばんかたい》庄の誤り〕の中国人民の農民一二八〇名を或いは銃殺し、或いは刺殺し、或いは斬殺し、または生埋めをなす等の野蛮なる方法を以て集団屠殺し、蓋し部落全戸八〇〇を焼却し尽くし、主食千斤、被服多数を又家畜約四〇、車約四〇輛を悉く略奪し尽くしたのであります。

此の惨事は当時第一連隊長田浦より「多数の中国人民を殺害せり」との報告を副官松原より受け、又騎兵隊よりは騎兵隊の壕掘開担任地の現場に於いて、同隊の中隊長鈴木某(大尉)より「騎兵隊は多数の中国平和人民を殺害せる為め、中国人民逃亡しありて、工事の為めの労工不足し、工事進捗しあらず」との報告を受けながら、私は通常あるものの如く考え、何等意に介せず其の儘に、放置してしまったのであります。

〈歩兵団長は、全般の指導特に騎兵連隊の援助……の下に担当地区内の県民を、連隊長以上は之を徴集して構築せしめた。望楼構築用の資材も亦同地区県民より供出せしめることとして構築した。県民の徴集延人員は六〇余万人となり、九月上旬より十二月中旬に全工事を完成し、第一一〇師団よりの配属大隊は十一月下旬原隊に復帰せしめた。県民は此の軍役のため、農耕を犠牲にした為め、秋の取り入れに少なからぬ損害を蒙ったのであった。

工事現場を見ると、徴集された農民は思い思いの工具を使用していて、其の能率は極めて低い。工員の居住は、現場付近に高粱《コーリャン》殻を以て簡易な三角小屋を作り、超満員で臭気プンプンたる極めて不潔なものであるが、衛生機関皆無で、為に各種疾病続発し、死亡したものも多いようであったが、其の数は明らかでない。此の軍役を拒否する青年は離村し、已むなく老人まで使用するに至った。

此の工事中、騎兵隊担任地区の潘家載〔戴〕荘村が八路軍の指嗾《しそう》により、青年の逃亡したもの多く工事が進捗しない、依って担当者中隊長鈴木某大尉は、同村に潜伏している八路軍逮捕に赴いたが、村民は之に応じなかったという理由を以て、村民全員を惨殺し、全村千余戸も焼き払った事件を惹起した。此の旨県顧問の報告に接し、現状を視察し、将来の治安に悪影響を及ぼすにより、中隊長を叱責し、師団長に処罰を要求したが遂に何等の処置もなかった。私の中国に於ける戦犯としての重罪の一つであった。

此の事件惹起の根本的原因は、当時の日本軍一般の風潮として、中国人蔑視と戦場の無責任感に根ざしているのではあるまいか。尚、此の騎兵隊は、年末には捜索隊として改編せられ、南方戦場に移駐する予定を知って居った為め、俗に言う「後は野となれ山となれ」的道義心の頽廃が手伝っているのではないかと思う。此処にも「皇軍」堕落の片鱗を思わしめる。〉

〈此の壕及望楼を構築するには、冀東地区全体の住民を使役した。そして其の使用器具は悉く各自の思い思いの器具であり、望楼等に要する材料及一切の経費は冀東地区の実施県の負担であって、結局県民自身の負担であった。此の工事は九月上旬より開始し、一一月下旬(遅い処は一二月上旬)まで要し、日々五—六万人の人員を使役した。延べ人員約六〇〇万人に上り、其の費用は不明だが、莫大なものであった。冀東地区の人口は約六〇万人であるので、此の工事に出場したのは、老幼男女を合して各人約一〇日間の労役に服したことに当たり、相当重い負担であり、難工事であった[28]。使用した材料には、各部落の空き屋或いは廃廟は勿論、目下彼等の信仰している廟の一部をも撤去使用し、又煉瓦の如きは各個人にまで供出を命じたものすらあった。

作業の現場を見ると、其処には粗末な高粱穀の低い三角小屋が幾十となく設けられてあり、其の中にすし詰めに押し込まれて鼻を突く悪臭が充満している。特に水の不便な地区では一層ヒドイ、中には病人が若干人横たわっている小屋もあるという有様であった。食事は殆ど高粱粥で副食物は殆どなく塩が代用だ。若干の者は焼餅を作って用いている者もあった。総てが県の給養である。欠員があれば連隊長が随時自己の管内から徴発できる。人員不足のため、六〇歳以上の老人や一四、五歳の少年まで働いている。衛生機関がないため、病気の加療やけがの手当は殆ど出来ない状態であった。

このような状態で能率が上がらず、漸く前記の期間で完了したのである。此の間此の地方の農耕及び収穫は総て老人及び婦女子に委せられ、為に収穫が遅れ、相当の減収が報ぜられた。この為め工事場と家庭でも過労と栄養不良及び病気のため相当多数人員が死亡したと後に至って知らされた。

こうして「遮断壕」ができ上がったが、此の工事中、八路軍の工作者は工事徴集人中に混入して「打倒日本帝国主義」の宣伝の場に利用され、民衆に直接且つ具体的に抗日思想を宣伝した。即ち「このような困難な作業をするのは唯日本侵略軍の為であって、一般民衆の為には只困難と不幸のみがあるだけではないか」と云う八路軍の宣伝と相俟って、抗日思想が高揚されていったのである。

爾後此の数ヶ月間に亘って苦心して構築した長壕と望楼とは如何なる作用をなし

たのだろうか。第一目的である日本軍支配地区と其の他の地域との交通遮断は果たされただろうか？　否であった。抑々此の壕によって分断された両地域は互いに外国ではなく、而も昨日まで親しみ合い物資の交流によって幸福を共にしあった人々である。そして武装して警備をしてはいるものの住民とは何等の怨恨もない同胞である。況や同郷のもの親戚知友が多い。此処にも「血は水より濃い」作用が現れ、隠密の中に交通が黙許され、或いは警備兵に対する贈賄に依っても行われていたようだ。従って抗日思想は益々広範に冀東地区の隅々まで行き亘ったようであった。）

〈万里の長城沿いの無人区〉

右の時期と略々《ほぼ》同時に、遷安県、遵化県〔巻末地図4参照〕等に於ける長城線より二粁以内の地域を方面軍司令官岡村寧次の命令を基礎とせる師団長原田熊吉の命令に依り、無住地帯となす為め、其の地区に居住する中国人民悉くを追い払う如く努力したのであります。

之が為、私は其の地区内の中国人民に対して二十日以内に一時平地方面の親戚等によるか、或いは平地方面適当の地を自ら探求して移転し、其の家屋、家財は自ら運搬し、家屋等にして搬送不可能なるものは、自ら焼却することを命じたのであります。因って、其の実施の監督は、其の地区の警備担任部隊に命じたのであります。

て此の部隊は所命の地区を巡視して、未だ実行せざるものは督促をなし、之に従わざるものは、部隊自ら其の家を焼いて中国人民を追い払い、尚も命に反する者は惨殺したのでありまして、此の全区域を焼却した家屋は一万戸余に上り、追い払われた中国人民は、数万に上り、また惨殺せられた中国人民は甚だ多数あるのでありま す。

十月石門―燕山間で第二連隊の一中隊長が、八路軍の反撃を受け中隊長以下約一〇名が戦死を致しましたので、之が復仇の為め、其の戦場に接近していた某部落は、八路軍と通謀して其の部落を利用せしめたものだとの籍口〔藉口《しゃこう》〕を以て、其の部落全部約五〇〇戸を第二連隊長松井真次は焼却しました。斯くの如き場合に於いて、通常起ることは、中国平和人民を殺害することは、他の各所の例で明らかでありまするが、此の部落に於いても、多数の中国人民が殺害せられたものと推断致して居ります。

〈冀東地区の長城線沿いの丘陵地帯特に遵化・遷安県内は比較的富裕な村落が点在していて、八路軍は冀察辺区当時より有力な根拠地の一つとして、物資は勿論人員補充までも行われ、又一つの安息所でもあった。之を消滅して同地区の八路軍に止めを刺し、治安の確立をしようと北支方面軍は企図し、此の地域を「無住地帯」とすることを師団に命じた。歩兵団長は方面軍の右の指示による上記両県の長城より四粁以内にある住民を悉く追い払い、爾後再び一切復帰を許さない「無住地帯」となせとの師団命令を受領した。私は九月中旬より該地区の全住民は運搬し得る限りのものを持参し、残存するものは家屋糧穀に至るまで一切を焼き払い、二十日以内に長城線より四粁以上離れた地(図上によって一線を画して示した)に移転し、爾後耕作に至るまで如何なる理由あるも再び復帰することを禁じ、幅四粁全長一〇〇粁余の地域を無住地帯と定め、第一連隊長をして遵化県内、第三連隊長をして遷安県の地域を、主として県警備隊、已むを得ざれば一部日本軍を使用して住民を追い出さしめた。此の命令に反抗して惨殺されたもの二百余名に及び、家屋約五万戸を焼き、住民約十万人を追い払った。之等の処置を中国人は「三光政策」と呼んだ。「光」とは悉く尽くすの意で「焼き尽くし、奪い尽くし、殺し尽くす」の三つを指すのである。〉

〈冀東の東北方地区は満州国との国境であって、附近一帯は大小の丘阜が森林に覆われて、其の中は点在する住民地帯をなしている。此の地区は数年前より八路軍が根拠地となし、彼等は糧秣、物資の貯蔵、補給の役をなしているだけでなく、人員を補充し且つ彼等の安息所にもなっていることは知られていた。これこそが治安を乱す根源地である。しかし我々には〔満州国との〕国境という一つの障害があるが、八路軍にはなく、自由に往来できるが、日本軍にはそれは国境によって隔てられているのである。此の地区の八路軍を冀東地区から攻撃すると彼等は満州国側に逃げ、満州国側から攻撃すると冀東地区に逃げると云う八路軍には、極めて好都合の地であるが、日本軍にとっては、実に厄介な地方であった。そこで満州国側と協同して、同時に此の地帯一帯を「無住地帯」となし、八路軍の逃避根拠地を覆滅することに決した。

冀東地区としては、国境（長城線）より幅四粁以内の住民を一人残らず追い払い、住民が立ち退きに当たり持ち得るだけのものを持ち、携行し得ないで残す物資は糧秣や家財はもとより、家屋等に至るまで一切を焼き払らわしめることとし、之を兵力を以て強制して急遽立ち退きを命じた。そして農耕と雖も又如何なる理由あるも再び帰還することを許さずと厳命し、且つ厳重に監視し、違反者を処分することと定め、其の上一般民の地区への交通をも厳禁した。之によって大小約五万戸の家を焼き尽くし、約一〇万人の住民を追い払った。中国人の所謂「三光政策」を実施したのである。

だが、一部の住民は頑強に消極的抵抗をし、約一週間の後には焼け跡に新しい小屋を建てた者も少なくない。彼等は今日東の方で焼き払われると、明日は西の方に新しい小屋を作り、西の方で追われると東の方に小屋を作るというふうに、一部の者は飽くまでも反抗を続けていた。》

〈破られた経済封鎖〉

私は塩、穀類等に対し経済封鎖を実施しました。穀類の封鎖は……各県の顧問を使用して実施したもので、塩は塩務局警察をして他に流出するを防止せしめ、之を監督したのであります。尚日本侵略軍としては、私は唐山及び其の西方約一〇粁の停車場に監視哨を設置し、又鉄道警護隊をして、各停車場に於ける出荷を監視せしめ、封鎖に違反せるものは之を没収するのであります。

〈此の全期間に於いて、八路軍支配地区に対し経済封鎖を行い、特に麺粉、塩、八路軍常用の雑貨等の八路軍支配地区に流入するを厳重防止し、交通の要衝に検査所を設け、奥地に運搬せられる貨物の点検を厳重にし、違反物資は之を没収した。某日早暁、汽車にて天津、唐山間を通過中、遠方に黒い線状のものが延々として動いているのを発見し、望遠鏡を以てよく見ると無限に続く独輪車(一輪者)の列であった。点検の結果、間道による塩の密送であった。之を没収し間道を封鎖したが、直ちに他の間道により天秤棒を以てする密送が発見される等で、経済封鎖も十分に効果を発揮することができなかった。

斯くの如く冀東地区に着任以来、剔抉の励行に保甲制度の強化、頻繁なる討伐、遮断壕の構築、無住地帯の設定及び経済封鎖等々、各種手段方法を以て一九四一年一二月より一九四三年七月まで、八路軍との闘争に寧日なかったが、其の結果李運昌、包森等匪首の名を聞かなくなり、(29) 大匪団の遊動も見えなくなった。しかし此の現象を以て治安が良好になったとなすことができない。寧ろ治安悪化が地下にはいって深刻化し、治安工作を困難ならしめるに至り、ゲリラ活動は逐次増加し、十月末には最も治安良好と信じて居った開灤《かいらん》炭坑の中心、歩兵団司令部の所在地唐山付近に於いて、炭鉱関係者が八路軍に依って襲撃されるに至ったのである。〉

《全期間を通じ、八路軍に対し常食の麺粉、塩、雑貨等を搬入せしめないように、各重要交通路の要点に検問所を設けて厳重に取り締まった所謂経済封鎖をした。或る早朝汽車旅行の途中遥か遠方に黒い影が延びたり縮まったりして無限に続いているのを発見した。よく見ると独輪車の連続である。直ちに調査したところ、奥地へ間道を通って塩を密送しているのだと判ったので、之等を没収し爾後厳禁した。処が数日後には別の間道によって天秤棒での密送が始まっている。又八路軍は非常に多く携帯電灯を使用する。彼等は夜間行動に欠くことのできない必需品である。其の電池が奥地に多く運ばれることを防ぐため、雑貨が奥地に運ばれる時は厳重に点検したり、天津、唐山等の大小の雑貨店の販売先を密偵等を以て密かに調査を行い、怪しいものを取り抑えたりして、極力八路軍の手に入ることを防いだが、八路軍は相変わらずふんだんに使用しているようである。又、塩は塩務局が統一管理し、その警戒には塩警と称する特別の警察が設けられ、盗搬を監視している。其の長には当時日本陸軍の予備役佐官が充当されていた。或る時塩警の警士が立哨している、真近の処の塩の山から幾台かの馬車が勝手に塩を積み出して行くのを警士は見ぬ風をして運び出すのに任せているのを発見した。塩警長は警士に対して厳重に警告を与え、今後は必ず禁止するようにと戒告した。ところが警士の曰く「あの人達はあのようにしなければ生計を立てることができないのだ。之を止めろと言うならば止められないこともないでしょうが、そうすると彼等及び其家族の幾千人が食えなくなるのです。ですから止めたならばあの人達の生活をあなたが保証して下さい」とのことで、其の盗搬のことはウヤムヤになったと語ったとの話がある。之は八路軍と直接の関係ありやなしやは知る由もなかったが、経済封鎖の実体の一面であるまいかと苦笑せざるを得ないのである。

以上のように、日本軍は冀東地区の治安保持のため取った処置は縷々述べたように、逐次に兵力を増加し、保甲制度を実施し、情報提供を義務づけ、生活必需品等を一部の地区に特配して懐柔を試み、或いは反共教育を実施する等の政策を行い、或いは厖大な遮断壕及び望楼を構築し、其の間、絶え間ない討伐を実施し、遂には一部地域に無住地帯を設定する等間断なく各方面から瞬時も休むことなく攻撃を加えた。之がため八路軍の大集団が遊動したり反撃を加えることがなくなり、幾分治安が安定したやに見えたが、其の反面、日本軍が著しく劣勢と見れば、いづくよりともなく雲集し来たって反撃に出たり、或いは少数のゲリラ攻撃をするもの稍多くなり、従来最も治安が良好とせられていた歩兵団司令部の所在地であり、開灤炭鉱の中心地である唐山付近に於いて、白昼軍用トラックが襲撃を受けたり、開灤炭鉱の職員(日本人及び英国人)が襲撃される等の事件が生ずるに至ったのである。」

以上、鈴木啓久の供述書と二つの回想録から相当長く引用してきたのは、手稿が公刊されていないことも一つの理由であるが、何よりも筆者の解説が不要なほど治安工作、治安戦の具体的様相が手に取るように理解できるからである。鈴木の回想録が貴重であるのは、第二七歩兵団長という上級指揮官の立場、それも師団長とは違って作戦現場、工作現場で直接指揮する立場にあったことである。下級指揮官や兵卒の回想録や証言には、軍隊組織の特色から彼らは部隊の作戦について全体を知る立場になかったという限界がある。戦場体験記として貴重であるが、彼らは鈴木啓久のように作戦の目的や展開過程、結果について的確に知ることができる立場にはなかったのである。さらに、三つの史料を重複を問わずに並列して引用したのは、それぞれの史料に反映された記憶のあり方も検討できたからである。第一には、供述書がメディアなどで多少悪意をこめて批判されてきたのとは異なって行為事実を告白したものであることである。第二には、撫順裁判において、調査団の調査資料や被害者農民の告訴、さらに同師団、同部隊の将兵たちの罪行についての集団討論をおこない、記憶を想起して供述書を書いたことによって、すでに事件から十数年経っていたが、それでも忘却する前に記憶を記録しておいたので、帰国後落ち着いてから回想録を書くにあたって、基本史料となったことである。第三には、鈴木啓久は撫順戦犯裁判所で「認罪運動」の一環として自分の戦争体験記を書く運動に加わり、「無住地帯」という手記を書いている(中国帰還者連絡会・新読書社編『侵略──中国における日本戦犯の告白』に収録)。これは無住地帯設置の体験について実名を出して物語にまとめたものである。この作品を書くために鈴木は可能な限り証言を集め、記録で事実を確認したと思われる。さらに自分を主人公にして物語風に書いたことにより、自分たちの作戦行動を客観的に分析する訓練ができたのではないだろうか。第四には、おそらく防衛庁防衛研修所戦史室の求めに応じてまず「在支回想録」の原稿を書き上げ(一九六六年)、それを基にして一年後に「中北支における剿共戦の実態と教訓」を書いたので、叙述はより具体的で豊富になっている。特に最後の手稿は、日本軍の治安戦・治安工作の結果が、共産党・八路軍の工作のもと、多くの農村青年そして農民を抗日闘争に追いやったことが体験を踏まえて分析されている。

ついでながら、上記三つの史料において、同じ事柄の数字が異なっているところがあるのも、数字が不確かであるのが記憶の特徴であること、しかし数字の記憶が違うからといって事実を疑う必要がないことを明らかにしてくれている。

虐殺事件の記憶と記録

無住地帯に関連した被害者側の記憶は中国ではしっかりと記録され、書物として公刊されているが、鈴木啓久の名前で知られているのは、表1(巻末)にも記されている河北省の遵化県魯家峪《ろかよく》と灤県潘家戴庄における二つの虐殺事件である。前者について、鈴木啓久は供述書において、一九四二年四月、第二七師団第二七歩兵団長鈴木啓久の命令指示によって「魯家峪に於いての洞窟攻撃に際し毒瓦斯を使用して八路軍の幹部以下百名を惨殺し、又戦火内に引き入れられることを恐れ魯家峪部落付近の山地に避難せる中国人民の農民二三五名を、中にも妊婦の腹を割く等の野蛮なる方法を用いて惨殺し、魯家峪部落約八〇〇戸を焼き尽くし、尚俘虜は玉田に送り、其の中約五名を殺害したのでありまして、尚且つ婦女の強姦百名にも達したのであります」と記している[30]。

『北支の治安戦(2)』には、表2(巻末)にある一九四二年の「冀東作戦」において、鈴木啓久少将麾下の松井討伐隊(支那駐屯歩兵第二連隊長松井真二大佐の指揮する歩兵二大隊基幹、別に中国治安軍第二、第四集団のち第七集団をも指揮)が「四月一七日、剔抉地区を北部山地部に推進し、徹底的検索を実施したが、日野原大隊(長、日野原松市大尉—少候一二期)は四月二十二日及び五月四日、魯家峪付近の洞窟を剔抉し、多量の軍需品を鹵獲した」と記している(一八三頁)。

『侵華日軍暴行総録』には「遵化県魯家峪惨案」のタイトルで三頁にわたり虐殺事件の経過と被害者、損害の状況が詳述されている。そのなかで「一九四二年四月一六日から五月一日、日本軍二七歩兵旅団長鈴木啓久は、唐山、豊潤、玉田、遵化などの日本軍と傀儡軍四〇〇〇余人を動員して、魯家峪にたいして再び大規模な〝掃蕩〟をおこなった」と記している。そして、魯家峪の村にある鶏冠山という石灰岩の山中にできた洞窟に、八路軍部隊が隠れていたのを日本軍が発見し、洞窟に毒ガスを投げ込み、出てきた八路軍兵士を殺害、さらに付近一帯の山を捜索して隠れていた農民を捕捉、連行して拷問を加えて八路軍の所在を訊問、応答しない農民を刺殺、銃殺し、白昼下で一二歳の少女を輪姦したり、妊娠している女性を輪姦したあと腹を割いて胎児を銃剣で取り出すなど、日本軍がおこなった残虐行為が詳述されている。最後に「一九四一年から一九四二年、日本軍の魯家峪にたいする前後五回にわたる大規模な〝掃蕩〟により、二二五人が残酷に殺害され(其の中に他村からの避難民三四人と八路軍の軍政幹部六一人が含まれる)、焼却家屋三九〇〇余間(中国では焼失家屋は軒数ではなく、部屋数、家の広さで数える)、損失財産計算不能」と記されている(二五二―二五四頁)。鶏冠山の山腹には、犠牲になった八路軍幹部を追悼する「革命烈士永遠不朽」の記念碑が建てられている。(31)

もう一つの潘家戴庄事件は、日中戦争期に日本軍が引き起こした三光作戦(三光政策)

の典型として、中国で発行されている日本軍による暴行・虐殺事件をまとめた本に記述されている頻度が高い。『中国抗日戦争大辞典』には「潘家戴庄大惨案」という項目でつぎのように書かれている。[32]

日本軍が冀東においておこなった第二次大虐殺である。[33] 一九四二年一二月、敵は冀東北寧路南側に封鎖壕を構築する計画がしばしば破壊されたので、ついに〝三光政策〟を実行、狂暴に抗日根拠地の人民を弾圧した。五日、冀東駐屯日本軍の司令官、第二七歩兵旅団旅団長鈴木啓久〔旅団長は誤り〕は、灤県張各庄駐屯の騎兵隊長鈴木信に二五〇人を指揮して潘家戴庄へ赴かせ、無辜の民衆の大虐殺をおこなわせた。この虐殺において、日本軍は日本刀での斬殺、放火、生き埋めによって男女老幼一一一〇人を殺害した。そのなかで三〇名の嬰児が投げ殺され、六〇名の妊婦が腹を割かれ、全村で二七戸が全員殺害により家系が絶え、焼却された家は一〇三〇間(およそ三〇〇戸)におよんだ。

さらに最近では、劉景山主編『侵華日軍大屠殺暴行』(人民日報出版社、二〇〇五年)は、日中戦争期間に全中国で発生した有名な虐殺・暴行事件を二〇三件取り上げて解説しているが、その一つに「潘家戴庄大惨案」が記述され、「幸存者(運良く虐殺現場から生きのびることができた人)」二人の証言も掲載して、他の事件と比較して長く詳しい記述になっている(三五六―三六三頁)。

『華北歴次大惨案』には、「潘家戴庄惨案」というタイトルの節があり、撫順戦犯裁判へ提出された証拠書類が掲載されている。[34] 冒頭に「河北省人民警察署関於潘家戴庄惨案的調査報告」(一九五二年)が掲載され、河北省人民警察署が、撫順戦犯裁判の調査団の依頼によって現地調査をおこない、虐殺事件の経緯と内容を確認した結果を報告している。それによれば、一九四二年一二月五日朝、前日に潘家戴庄村を包囲した日本軍が全村民一二〇〇余名を村の東南の角の畑に集め、八路軍の情報を聞き出そうとしたが村民が応答しなかったので、五〇余名の農民を殺害、嬰児と妊婦六三人を刺殺させた。つづいて青壮年男子五〇余名を選び出して、巨大な穴を掘らせ、最後には穴を掘った青壮年もふくめて全員生き埋めにし、その上に柴草を積み上げて燃やし焼殺した。その後、家畜と食糧と綿布を略奪した後に村に放火、三四五戸の村は全焼し、火は三日間燃え続けた。報告は、「鈴木啓久の直接の指揮のもとにおこなわれた残酷な潘家戴庄虐殺事件」と結論づけている。

同書はつづいて「灤県人民政府対鈴木啓久罪行的鑑定書」(一九五四年一一月二八日)を掲載し、そこには鈴木啓久の部隊が潘家戴庄でおこなった虐殺、放火、略奪などの罪行にたいして三四〇余名からの告訴書を受け取ったと記され、連名あるいは単名の告訴状が掲載されている。さらに、撫順戦犯法廷における周樹恩の証言(一九五六年六月一〇日)が掲載され、被害村民が直接法廷に立ち、鈴木啓久に向かって罪行を告発したことが記されている。

これらの史料によって、これまで紹介してきた鈴木啓久の「認罪」と供述書は、多くの告訴状や法廷での告発証言などを受けた結果を経て執筆されたものであることがわかる。ただし、前述の鈴木啓久「在支回想録」によれば、潘家戴庄虐殺事件は彼の意に反して騎兵中隊長の鈴木某(信)大尉が惹起したものであり、彼は中隊長を叱責し、師団長に処分を要求したのであるが、中国においては、鈴木啓久の重罪の一つとして記憶されてしまったのである。

同書の最後に「潘家戴庄案紀念碑文」(唐山市各界人民・唐山専区各界人民、一九五二年七月一七日建立)が掲載されているので、潘家戴庄虐殺事件は唐山地域の集団記憶として定着されるようになったことがうかがえる。中国では一般に、こうした記念碑が愛国主義教育基地に指定されて、学校教育において児童、生徒が訪れて、その事件の歴史を学習する場になっているからである。碑文はかなり長文なので、抜粋で紹介する。

千人が埋められた穴の血の海の深い仇を永遠に忘れてはならない。我々は後の世世代代の子女たちに永遠にしっかりと記憶させようではないか。抗日戦争の時代、日本の侵略者どもは我々の美しい郷土において、驚愕する千人墓の大虐殺を引き起こした。みなさんに本村の東南角のあの巨大な穴を見てほしい。一九四二年十月二十八日〔旧暦による日付。新暦では一二月五日〕、我々の愛する千二百名の祖父母両親兄弟姉妹たちが日本の侵略者どもによって狂暴残酷に焼殺、刺殺、生き埋めにされたのだ。目を閉じて、虐殺のその時、燃えさかる炎のなかで、血の海のなかで、敵が集中射撃を加えたもとで、我々の愛する人たちが悲壮な死をとげていった惨状を思い浮かべ、想像してみよう。帝国主義者の野蛮な真性が想起されるであろう。恨みと怒りの炎を燃え上がらせ、仇討ちできる力量を不断に高めようではないか。この十年来、共産党は我々を導いて凶悪な敵に勝利し、幸福な生活を獲得させてくれた。自分たちの土地の上に勇壮な巨人のように意志堅固に立ち上がろう。我々は無限の力をもっている。

中華人民共和国において、日本帝国主義者の野蛮、残酷な侵略戦争に正面から抵抗し、民衆を組織して抗日戦争を指導し、日本軍の攻撃を撃退し、中国民衆を解放したのは毛沢東の指導した中国共産党であり、八路軍・新四軍であったという抗日戦争史が正史として教えられており、それが共産党一党体制正当化の歴史的根拠とされている。これにたいして、蔣介石国民党軍は日本軍と結託して共産党軍の撲滅をはかり、投降的態度に終始して正面きった抗日作戦と戦闘を回避したという側面が強調されてきた(既述のように最近は変化し、共産党軍、国民党軍と区別せず、中国軍と呼称するようになってきている)。

上記の記念碑は、日本軍の虐殺事件を若い世代に記憶させ、家族愛、郷土愛、そして共産党愛へと導く、愛国主義教育の原型をなすものといえよう。

無人区と集団部落

無住地帯そのものの記憶については、当該の省、市、県などの共産党委員会の「党史研究室」が調査、公刊したものが多数ある。その代表的なものが、中共河北省委党史研究室編『長城線上千里無人区』全五巻(中央編訳出版社、二〇〇五年)の刊行である。筆者が中国の地方における日本軍の侵略行為の歴史を調べる際にまず訪問するのが、行政単位ごとにある共産党委員会の「党史研究室」である。党史研究室は、共産党が一党体制正当化のために、各地の日本軍の侵略・残虐行為の歴史を調査・発掘して記録し、『〇〇党史資料』『中共〇〇地方史』『〇〇県革命史』などの形で定期的に公刊している。事件の歴史現場を愛国主義教育基地として保存して、学校教育、社会教育の材料に活用する体制も整っている。したがって、党史研究室の担当者に会って話を聞き、関係出版物を譲ってもらうのがもっとも効率的なのである。

鈴木啓久が麾下の部隊に命じて無住地帯(無人区)の設定を強行した遵化県については、

中共遵化市委党史研究室『遵化県革命史』に「遵化山区的〝無人区〟」が掲載され、遷安県については、中共遷安県委党史資料征集弁公室編『烽火漫天』に「遷安県境内的〝無人区〟」が掲載されている(35)。

無住地帯の設定手段については、既述のように鈴木啓久自身が三光政策であったと記しているとおりである。抗日根拠地・抗日ゲリラ地区、すなわち日本軍が「敵性地区」とみなした山村、農村の住民を強制的に追い出し、抵抗する者、不審な者は容赦なく殺害し、家財道具、財産もほとんど運べない状態で住民を追い出した後、家具、農具、家畜、穀物は日本軍や治安軍が略奪したうえで村の全家屋を放火、焼却したのである。日本軍のいう「燼滅掃蕩作戦」つまり「燃えかすも残らないほど滅ぼし尽くす作戦」の文字通りの冷酷な実行であった。まさに焼き尽くし、殺し尽くし、奪い尽くす三光作戦そのものであった。住民を強制的に追い出した農地や山林は「無住禁作地帯」として、農民が入りこんで耕作することも厳禁し、農業、林業の生産手段まで破壊したのであった。

上記「遵化山区的〝無人区〟」には、村を放火、破壊されて追い出された農民がその後どうなったかが記されている。遵化県では、全県面積の一九%、合計六六八〇戸、三万一〇〇〇余の農民が無住地帯に指定された地域から追い出された。この過程で立ち退きに応じなかった家や不審とみなされた住民一二〇〇人以上が殺害された。村を追い出された村民の生活は悲惨であった。土地も家屋も家畜も失い、穀物も野菜もなく、風雨にさらされながら難民同様の生活を送らなければならなかった。日本軍と治安軍は、抗日根拠地と目された地域の農村の農民を一カ所に集めて「集家併村(集団部落)」に強制居住させた。遵化県では、計九五〇戸、四六〇〇人が集団部落に入れさせられた。

民衆は「集家併村」のことを、怒りをこめて「人圏(人囲い)」と呼んだ。人間を豚や羊などの家畜と同様に柵内に囲いこんだという意味である。その名のとおり、集団部落の周囲は鉄条網をつけた高い塀で囲まれ、四隅と大門には望楼が立てられて監視され、門は一つか二つしかなく、刑務所か強制収容所と同じであった。門を出入りする時には警備兵に写真付きの「良民証」を見せなければならなかった。遵化県の西部につくられた「新立村」には自然村九カ村と分散居住民五三〇戸、二四〇〇人が集住させられた。

集団部落内には汚水があふれ、糞尿が垂れ流され、蠅や蚊がいたるところで発生し、病院も薬もなかったので、各種の伝染病が蔓延した。一九四三年の五—八月、「新立村」にコレラと赤痢が流行し、五三〇人が病死した[36]。

遷安県では、長城線南の抗日根拠地・抗日ゲリラ地区とみなされた七二カ村が無住地帯に指定され、周辺農村の農民を強制動員してその周囲に遮断壕を掘らせ、望楼を立てさせた。そして無住地帯指定区域内の村々が焼き払われ、数千人の農民が集団部落に強制入村させられた。掃蕩を兼ねた追い出し作戦の過程で抗日幹部と民衆四〇〇余人が殺害された。集団部落に入村することを拒否して山中の洞窟などに住みこんだ家族も多かったが、夏の高温多湿、冬の寒さで病気になる者が続出した。平和だったある小村では、人口八〇〇人のうち村を追い出された後に三〇〇人が亡くなった。

集団部落に「囲いこまれた」村民たちには新たな農地は与えられず、しかも広大な無住地帯の畑は「無住禁作地帯」とされ、耕作に入ることは厳禁された。食糧不足から多くの農民が飢餓に苦しみ、餓死者もでたが、日本軍の治安戦の目的はもともと敵性地区(抗日根拠地)の住民もふくめて燼滅することであったから、抗日的民衆が死滅してしまうことはむしろ目的にかなうことであった。

集団部落内では一般の家は夜間でも戸締まりすることは禁止されていたので、日本軍や治安軍の特務が勝手に家宅捜査の口実で侵入し、多くの女性を強姦した。集団部落内では共産党・八路軍の工作を防ぐために、厳密な保甲制度が実施され、各村内に「反共自衛団」「反共学校」を組織させ、諜報、密告、検挙活動をおこなわせた。そのため、個人的な怨恨もふくめて八路軍に通じているあるいは抗日的であると日本軍に密告された者が検挙され、刺殺された。八路軍や抗日ゲリラ部隊は無住地帯内にも残留して活動をつづけたり、周辺の山村、農村に根拠地を移動したが、日本軍は「反共自衛団」や「反共学校」のメンバーが提供した情報にもとづいて、周囲の村々の掃蕩作戦を何度もおこない、幹部や村民を殺害し、村々を焼き払った。一九四二年九月一〇日(旧暦)、密告情報をもとに、大場官営において三〇〇余名の幹部と民衆が集団虐殺される事件も発生した[37]。

以上、鈴木啓久が第二七師団第二七歩兵団長として実行した無住地帯の設定と治安戦に関する被害者側の記録と記憶のありかたを紹介してきたが、これは巻末の表１と表２で一覧にして紹介した虐殺事件や治安作戦のわずか一、二例にすぎない。表１と表２に掲載された他の事件や作戦においても、ほぼ同様な三光作戦といわれる侵略・加害行為がおこなわれたことは、本節でもいくつか紹介した、中国で出版された歴史書や文献を参照してもらえれば、理解していただけよう。

中国農村では比較的確かな記憶を農民から聞き取り、記録することが容易なのは、筆者自身、農村訪問調査で体験している。これまでの中国農村では、農村戸籍制度に規定されて農民が移動することはほとんどなかったので、日中戦争を体験した古老たちは当時と同じ村に住んでおり、自分の村で発生した事件なので、現場に立って記憶を甦らせながら語ることができたからである。また虐殺事件などは村や地方の共通の記憶になっているので、その村を訪ねて、体験者や「幸存者」を探すことも容易である[38]。日本人は知らないだけであるが、三光作戦がおこなわれた中国のほとんどの村々や郷、県において、その記憶がしっかりと受け継がれ、共有されているのである。

4 細菌戦 ── 山東省

魯西作戦(一九四三年秋)におけるコレラ菌作戦

第五九師団歩兵第五四旅団長(大佐)であった長島勤は、供述書において、こう記している。[39]

一九四三年九月、十月、観城、花県、陽穀〔谷〕、東昌、曹城各県地域にて、十二軍計画の魯西作戦に私の一一一大隊を十二軍に、一〇九、一一〇、四五各大隊を五三旅団長に配属し、参加せしめました。作戦の目的は一一一大隊は伝染病(コレラ)調査で、その他は八路軍の掃蕩及び糧食掠奪であります。結果、殺害抗日軍人七〇余名、掠奪糧食六〇〇余噸。

長島旅団長は、一九四三年秋におこなわれた山東省西部における作戦において、麾下の第一一一大隊をコレラ菌の撒布作戦効果を調査させるために第一二軍に配属させ、参加させたことを明らかにした。同件について、第五九師団の高級副官であった広瀬三郎中佐は、撫順戦犯裁判における訊問において、「一九四三年八月発動した〝コレラ〟作戦は、参謀が作戦計画を起草し、私も研究に参加し、関係する派遣部隊に作戦期日についての具体的意見を提出しました。この作戦は山東西部の地区において、細菌兵器の効力を実験し、同時に日本軍がコレラ伝染地域で作戦をおこなう上での防疫力と耐久力を実験することも目的としていました」と陳述している(40)。

『細菌戦与毒気戦』(前掲)に「山東〝コレラ作戦〟」として撫順戦犯裁判における関係部隊の将兵の供述書、訊問書類がまとまって掲載されている。同裁判の調査団(前述)が、山東コレラ作戦に注目して、証拠類を集め、関係部隊の将兵に訊問していたことがわかる。同裁判においては、尉官以下級の兵士から証拠を固め、上級将校の罪行を追及していく方法がとられたと前述したが、同書掲載の「林茂美検挙長島勤材料」がそれである。第五九師団防疫給水班の検査助手と書記であった林茂美衛生曹長が長島勤旅団長を告発するために書いた詳細な証言であり、これを読むとコレラ作戦の経緯がほぼわかる。他の将兵の訊問書、供述書もふくめて、同作戦の概容を記すと以下のようになる(41)。

コレラ作戦は一九四三年一月、第一二軍軍医部長川島清軍医大佐から第五九師団防疫給水班にたいして、同年八月以降に実施できるよう研究、準備するよう指示がなされた。以後山東省泰安の第五九師団防疫給水班は、コレラ菌をはじめとする細菌の種類、培養法、症状の認識法、消毒予防法などの学習、訓練をほどこされ、八月初旬、作戦予定地域に事前調査に入り、村民三〇〇人に検便調査をおこない、コレラ患者はいないことを確認した。

一九四三年九月上旬、コレラ作戦実施予定地域の山東省西部では十数日も大雨がつづき、天津に通じる衛河(大運河)が増水して堤防ぎりぎりに達した。第五九師団長細川忠康中将の命令下、歩兵第四四大隊長広瀬利善中佐は部隊員に臨清附近の衛河の堤防の決壊を命じた。実行したのは後に撫順戦犯裁判で口頭証言をおこなった小島隆男少尉ら五〇名の兵員であった。北西方向に流れてきた河が南東方向に大きく曲がる箇所を決壊させたので決壊口はたちまち一五〇メートルに広がり、棉畑、トウモロコシ畑の広がる平原地帯を洪水が襲い、臨清、館陶そして河北省の邱県(巻末地図3参照)まで九〇キロ遠方におよび、日本軍が解放区とみなした広大な耕作地と農村が大水害に見舞われた。収穫期をむかえようとしていた畑作物は全滅となり、泥土に埋まった村々を深刻な飢饉が襲った。これより前に、七三一部隊として知られる関東軍防疫給水部(部長軍医中将石井四郎)を頂点とする細菌戦部隊の済南支部隊(一八七五部隊)が北支那方面軍防疫給水部(一八五五部隊。本部北京、部長軍医少将西村英二)の指導下に山東省の範県、朝城県、陽谷県(巻末地図3参照)を中心とする魯西平野に広がる解放区一帯にコレラ菌を撒布した。コレラ菌の入った缶詰を飛行機からばらまいたといわれている。栄養失調と飢餓に苦しんでいた解放区の村々にたちまち伝染病が広がり、コレラ患者が蔓延するようになった。

九月から一〇月にかけて第五九師団が実施した魯西作戦では、同師団の衛生機関(防疫給水班と野戦病院）は総動員でコレラ菌の伝染状況を調査するために、掃蕩後の農村へ入り、部隊兵士に命じて残留村民を集めさせ、下半身を裸にして肛門に長さ四〇センチのガラス棒を挿入して強制的に検便を実施した。矢崎賢三（歩兵第四四大隊歩兵砲中隊連隊砲小隊長、見習士官）の供述書には、作戦出動にあたって、大隊長広瀬利善をとおして、軍医柿添忍から、飲料は濾過器をとおした水筒の水か百度以上煮沸したもの、食事は加熱、料理したもののみとし、絶対に生ものを食べないこと、便所は分隊長が責任をもって掘らせ、出発時は埋めること、コレラ患者が発生したらすぐに軍医か衛生下士官に報告し、患者に接触しないこと等々、事細かに指示があったと記している。日本軍部隊をコレラ伝染地域に入らせて、防疫訓練と実験を試みたことが明らかである。第四四大隊の兵員には事前に予防接種をさせ、さらに消毒などの防疫訓練をして村落掃蕩に入らせ、コレラ患者を発見したらすぐに報告させた。討伐から帰営した全員に検便を実施した。九月一七日に真性コレラ患者が発生して以後、南館陶、館陶、臨清など解放区の周辺で作戦に従事した兵員からも二〇〇人のコレラ患者が発生し、五九師団野戦病院で治療を受けたが、三名ほどが死亡した。亡くなった日本兵は日本軍の細菌戦によって殺されたことになる。

第一二軍の指揮下に直接おかれた第一一一大隊は、解放区のコレラ伝染地域に、農民の罹病《りびょう》、死亡状況の調査のために入り、事前の予防注射や前後の消毒などの防疫措置によって、日本軍兵士の感染がどこまで防げるかどうかを実験されたのである。同作戦は、日本兵もふくめて細菌戦のモルモットにしたのである。その目的は、前年の浙贛作戦における細菌攻撃において味方の日本兵に多量のコレラ菌罹病者と死者を出して(前述)、参謀本部の信用を失った七三一部隊の石井四郎部隊長以下が、汚名挽回をはかるために、細菌兵器の効果を誇示し、攻撃部隊の防疫方法確立をめざして実験をおこなったことにあったと考えれば、納得がいく。

衛河の決壊作業をおこなった小島隆男少尉は、一一年後、撫順戦犯裁判において、解放区の記者が撮影したという洪水の現場写真や、被害村の村民が提出した分厚い束となった水害についての告訴状を見せられ、自分らが与えた被害の深刻さを認識するにいたるが、口頭訊問において「約百五〇メートルの堤防決壊から流れだした大水は、衛河流域の臨清、館陶、邱県、武城県(巻末地図3参照)などに深刻な災害をもたらし、約一一万戸、六七万余人が水害の被害をうけ、耕地約九万六千町歩を破壊し、水害と飢餓とコレラの蔓延で、住民約三万余人が死亡した」と述べている。[42]

記憶されなかった被害者の悲劇

つぎに、山東コレラ作戦の被害者の中国民衆の記憶について考えてみたい。『山東重要歴史事件――抗日戦争時期』に「日軍実施魯西北細菌戦」というタイトルで比較的詳

しい叙述がある。そこには、つぎのように記されている。(43)

一九四三年秋、晋冀魯豫辺区と冀南抗日根拠地に所属した二三県に、感染力が極めて強くて死亡率の高い流行性コレラが突然発生し、八月下旬から一〇月下旬にかけて、山東省西北の一八県だけで二〇万人以上の住民が死亡した。しかし、当時の抗日根拠地の軍民は、聊城《りょうじょう》、堂邑《どうゆう》、冠《かん》県、莘《しん》県（巻末地図４参照）を「無人区」にした急性伝染病が、日本侵略軍が衛河流域で実施した「コレラ作戦」による「人禍」であるということを知らなかった。それは、生物兵器を使用することは、国際法と人道主義に違反するので、日本軍は細菌戦を完全な秘密裏に実行し、作戦終了後も箝口《かんこう》令をしいて洩らさなかったからである。凄惨な事件の真相が世間に知られるようになったのは、中華人民共和国成立後の一九五〇年代になって、細菌戦の日本人戦犯が中国ならびにソ連政府の長期的教育と政策の結果、自ら罪行を明らかにしたためであった。これにより、人々は初めて魯西北のコレラは、日本の細菌戦部隊がしくんだ大惨劇事件であったことを知ったのである。

同書においては、撫順戦犯裁判の日本戦犯の供述書を中心にしてコレラ作戦の経緯を記しているだけで、被害者である中国民衆の証言は紹介されていない。なお、冒頭の被害者総数の記述は、撫順戦犯裁判における矢崎賢三の「中国人民の中に撒布したコレラ菌は魯西一帯〔一八の県名が記されているが省略〕に蔓延、一九四三年八月下旬から一〇月下旬の間に、二〇万以上の中国人民と無辜の農民をコレラ病菌で殺害いたしました。私は直接部下を指揮してこの殺人陰謀を実行しました」という供述書(前述)からの引用で、[44]山東省の関係当局が新しく調査したものではない。

前掲『細菌戦与毒気戦』に収録されている、農民が小島隆男少尉らに提出した告訴状には、堤防決壊行為への怒りと被害のみが記されているだけである。同じく、同書に掲載されている抗日根拠地の責任者から上級に送られた電報(一九四三年一〇月一二日付)には、「衛河堤防の決壊によって館陶以西は耕地の五分の二が水没し、秋の収穫は絶望であり、麦の種まきも不可能である」と記されているだけである。[45]

一九九五年に出版された『華北歴次大惨案』には、「破壊衛河堤事件」という項目で、撫順戦犯裁判における「山東〝コレラ作戦〟」の戦犯の衛河堤防決壊にかんする供述書が掲載されているが、コレラ菌作戦については、まったく言及されていない。[46]同書に、高検調査組孫学礼・魚建民、山東省人民警察署陳成富「孫学礼等関於日軍破壊衛河堤罪行的調査報告」(一九五四年八月一日)や、衛河の堤防を決壊された当地の臨清人民政府の罪行鑑定書が掲載されている。撫順戦犯法廷の調査団の指示をうけて、山東省の現地当局が第五九師団関係の犯罪行為を調査した時点では、衛河決壊による大洪水被害のみを問題にし、一九四三年秋に流行したコレラ病が、日本軍の細菌戦によるものだという認識がなかったことがわかる。ちなみに、一九九五年に発行された『侵華日軍暴行総録』にも、「日軍在山東省的暴行」とし日中戦争時期の山東省における日本軍の残虐・虐殺事件一一二件が記述されているが、魯西コレラ菌作戦の項目はない。

おそらく前年の浙贛作戦における細菌戦の失策を教訓に、第一二軍軍医部長川島清ら七三一部隊関係者が周到に準備して極秘裏に細菌戦を実施したことや、さらに衛河決壊によって大規模な洪水罹災地をつくり、そこにコレラ菌を撒布したため、水害後に通常発生する伝染病の流行と思われ、中国側には日本軍の細菌撒布によるものと認識できなかったことなどから、当時は被害者の側には、日本軍による残虐非道な細菌攻撃戦であったとは記憶されなかったのである。

『山東重要歴史事件』に記されているように、一九四三年秋魯西作戦におけるコレラ菌作戦の事実が知られるきっかけになったのは、一九四九年一二月二五日から三〇日にかけて開廷され、日本軍の細菌戦を裁いたハバロフスク極東軍事裁判である。ソ連が捕虜にしていた日本軍人のなかに紛れこんでいた元七三一部隊員ら一二人が裁かれ、被告の一人に川島清(軍医少将、七三一部隊第四部長)がいたのである。(47) 川島清は、前述のように第一二軍軍医部長としてコレラ作戦を指示、指導した人物であった。一九五〇年に中ソ友好同盟相互援助条約が結ばれ、日本人戦犯九六九人がソ連から中国に引き渡され、撫順戦犯管理所に移されたとき、調査団が日本軍の細菌戦・毒ガス戦についてもある程度のデータをもって注目し、第五九師団関係者の訊問において、魯西コレラ作戦についても証明しようとしたのである。

しかし、撫順戦犯裁判の記録が公開出版されるのは、「動乱の一〇年」といわれた文化大革命の混乱が終わり、中国政府が改革・開放政策にふみきった一九九〇年代以降である。この間、現地の山東省の西北部の農民たちは、一九四三年秋に流行したコレラによって凄惨な死をとげた家族や村民が日本軍の細菌戦による犠牲者だという記憶をもたなかったのである。筆者もコレラ菌作戦被害地の隣県である山東省平原県に一九九三年と九四年の二度にわたり農村調査をおこなった際、付近一帯における日本軍の侵略・残虐事件についても意識的に聞き取りをおこなったが、現地の古老や地方史研究者からそのような話は聞かなかった(48)。同地域の共有の記憶になっていなかったからであろう。

細菌戦被害の悲惨さ、残酷さについては、湖南省の常徳を中心に一九四一年一一月、七三一部隊と一六四四部隊の共同作戦によって、飛行機からペストに感染したノミを撒布した細菌戦の実態と被害を聞き取り調査によってまとめた聶莉莉《ニエリリ》『中国民衆の戦争記憶 —— 日本軍の細菌戦による傷跡』(明石書店、二〇〇六年)が明らかにしたとおりである。常徳細菌戦については、一九九七年に提訴された日本軍七三一部隊の細菌戦被害にかんする国家賠償訴訟を契機に、常徳七三一部隊細菌戦被害調査委員会が現地で結成され、文化人類学者の聶莉莉も参加して一九九八年から七年間にわたって現地に聞き取り調査に入り、被害者の惨状を記録した。聶莉莉らが細菌戦の調査に入るまで、被害者の家族・親戚やその周囲の人々も、ペストによって死亡したのは日本軍の細菌戦が原因とは分からず、罹病者とその家族がペスト流行の元凶として悪魔であるかのように差別され、迫害されつづけてきたのである。

おそらく、山東省西北に流行したコレラの死亡者の家族、親戚も同じような差別と迫害に苦しんだであろうことは想像に難くない。聶莉莉の調査は、細菌戦がいかに非道、残酷なものであるか、とくに罹病後の苦しみとさらなる伝染による被害拡大の実態を解明し記録したことにおいて貴重なものである。

魯西作戦において、日本軍がおこなった衛河堤防決壊がもたらした大水害による解放区農村の生産の破壊と、それに追い打ちをかけたコレラ菌撒布による人命の抹殺は、「徹底的に敵根拠地を燼滅掃蕩し、敵をして将来生存する能わざるに至らしむ」（前述田中隆吉の指示）という日本軍の治安戦の論理をそのとおりに実行した典型例といえよう。

最近の中国の文献において、どのように調査した結果かはわからないが、「一九四三年八月から一〇月までの魯西細菌戦は、冀魯豫三省辺区五〇余県にコレラを大流行させ、四〇余万人の感染死亡者を出した、史上空前の野蛮で残虐な反人類的罪行である」と記している。(49)

5　三光作戦の被害概数

戦後補償要求裁判

北支那方面軍の治安作戦、中国側のいう三光作戦について、本章ではまず全体像を概観し、ついで実相については、具体的イメージを理解できるように事例を大きく三つに絞って詳述してきた。治安戦の諸相というのであれば、毒ガス戦の事例や「労工狩り」といわれた抗日根拠地・抗日ゲリラ地区農民の集団的拉致と連行、強制労働の事例や日本軍の性暴力と日本軍「慰安婦」問題の事例など、加害者の論理と被害者の記憶を解明する立場から取り上げて詳述すべき問題対象はまだ残されている(50)。

これらの残された問題対象については、一九九〇年代後半から、弁護士団体を先頭に歴史研究者なども協力して市民の支援団体による中国人戦後補償要求裁判が日本各地で展開された結果、個別事例の歴史事実の解明が飛躍的に進展した。中国人「慰安婦」訴訟や細菌戦、遺棄毒ガス兵器被害者訴訟、中国人強制連行・強制労働訴訟など、訴訟ごとに原告弁護団や研究者・市民が中国現地を訪れて調査をおこない、また原告となった中国人被害者が来日して法廷で証言した。

一連の訴訟にたいして日本の最高裁判所は、国家は民間個人の戦争被害については賠償、補償する法的責任はないという「国家無答責論」、あるいは日本の民法では損害賠償請求権の有効期間は最長でも二〇年であり、この期間をこえたものは無条件で権利が消滅するという「除斥論」、さらには一九七二年の日中国交回復時の中国政府の対日戦争賠償請求権放棄声明によって解決済みという論拠に立って、中国人被害者の賠償・補償要求を退けてきたが、被害が歴史事実であることは認定してきている。

山西省における日本軍性暴力被害の実態や湖南省常徳の細菌戦被害については、研究者や弁護士、市民などによるさまざまな調査報告書がまとめられ、出版されてきているので、それらを参照していただければと思う[51]。

被害総数

本章の冒頭に華北における治安戦の全体的な様相を述べたので、本章の最後に、中国の文献に記述された治安戦の被害総数を紹介しておきたい。中央檔案館・中国第二歴史檔案館・河北省社会科学院編『日本侵略華北罪行檔案2 戦犯供述』の「概述」に北支那方面軍の華北侵略による被害状況の数字がかなり詳細に記述されている。そのなかから以下に総数部分を紹介してみたい。ただし、これらの数字が厳密で正確なものであるという意味ではなく、被害者側の中国において、こういう数字が示されていることを参照していただくためである。

中国と日本では統計数字の観念が違う。中国の文献には「初歩的な統計によれば」「不完全な統計によれば」「ある統計によれば」ときには「不確かな統計によれば」とまで断ったうえで細かい統計数字が記されている。中国の学会や集会、会議などでの報告をきいていると、中国人は数字を形容詞としてつかっているのだと筆者は思う。事件や事柄の規模や程度をイメージさせるのに統計数字がつかわれるのであって、そうわりきって聞けばなるほど効果的な表現方法である。統計というと調査方法や厳密性、信頼性を問う日本人とは感覚が異なっている。

ただし、本章で紹介してきた村単位の虐殺事件の被害者数は、各村の人口規模がわかっているから、桁外れに誇張された数字ではないと思ってよい。本章で述べてきたように、日本において教科書問題や靖国神社問題など侵略・加害の歴史を否定・歪曲する政治風潮の高まりに対抗するためと、共産党が一党体制の正当性の歴史的根拠を抗日戦争の指導と勝利に求める政策をとっていることとがあって、党の行政指導により、日本軍による戦争被害の調査と記録は村単位まで徹底しておこなわれてきた。以下に紹介する総数は、そのようにして調査、記録、公刊された被害・犠牲者数を集計して出した数字であろう。したがって全く根拠のない数字とはいえないのである。おおよその数字のような規模の虐殺事件や侵略被害があったと理解していただければと思う。

一九四一年から四三年まで日本軍が華北の抗日根拠地にたいしておこなった大規模な燼滅掃蕩作戦で実行した三光政策により、大量虐殺がおこなわれて無人区がうまれ、占領地域からすべての物資と労働力が略奪された。一九四一年と四二年に華北において軍事工事に強制徴用された人夫は延べ四五〇〇万人に、一九四一年から四三年までの、河北、河南、山東などで捕捉され、満州などへ連行され、苦難の強制労働をさせられた青壮年は、二八九万人以上に達する。

日本軍が日中戦争期に華北で引き起こした虐殺事件は一五四〇件におよび、そのなかで一〇〇人から六四〇〇人にいたる規模の民間人虐殺事件は三七七件である。

日本軍が長城線沿いに設定した無人区は二〇県におよび、面積は五万平方キロメートルに達し、うち、無住禁作地帯は八五〇〇平方キロメートルにおよんだ。長城線沿いの無人区を設定するにあたり、熱河省だけで一〇万余人の民衆が虐殺され、一五万人が捕捉され、二二万四一七九戸の一〇七万八九五人が集合部落に強制移住させられ、一二万三七一八戸六一万八五九〇人が逃亡して他所へ移っていった。

晋綏、晋察冀、冀熱遼(河北・熱河・遼寧省にまたがった根拠地)、晋冀魯豫、山東の五つの抗日根拠地を合わせて、もとの人口は九三六三万三〇六人であったが、日中戦争の八年間に、一般民衆で直接・間接に殺害された者が二八七万七三〇六人、傷害者が三一九万四七六六人、日本軍に拉致連行された者が二五二万六三五〇人、女性で強姦され性病をうつされた者が六二万三八八人(山東省の根拠地を含めない)、慢性的病気を患った者四八二万五五九人、これらの死傷者・疾病者・障害者の合計は一四〇三万八八六九人に達し、華北抗日根拠地の総人口の七分の一近くであった。さらに日本軍の作戦がもたらした災害をうけた民衆は一九八八万一九〇五人に上った。

日本軍は一九三七年七月から四五年八月までの間に、華北各省の市と二三九の県において合計一〇〇〇回毒ガスを使用した。そのなかで、使用された毒ガスが判明している八〇回において、催涙性・くしゃみ性ガスが一万四一四三筒、窒息性ガスが二六五筒、糜爛《びらん》性毒ガス弾が一〇〇六発であった。

日本軍が華北で使用した生物兵器は華北の人民に深刻な犠牲をもたらした。「不完全な統計」によれば、日中戦争の八年間に日本軍は華北で七〇回以上の細菌兵器を使用し、そのうち具体的な死亡者数がわかる二五件においては、華北の軍民四七万以上が細菌戦によって死亡した。鄭愛芝の山西省盂県における調査では、一九四二年から四五年の間に日本軍が発射した糜爛性毒ガス弾とチフス細菌兵器により、全県一六万の人口で九五%以上が感染し、三万人ちかくが感染により死亡した。

強制連行・強制労働では、日本は華北の各地二〇カ所に監獄式の集中営すなわち収容所を設置して、規模の大きなところには四、五万人、比較的規模の小さい所には一、二千人を押しこんだ。一九三四年から四五年の間、日本侵略者により華北から華北以外の地へ送られた労工は一〇〇〇万人に達した(内訳は満州国へ七八〇余万人、蒙疆地区へ三二万余人、華中へ約六万人、日本本土が三万五七七八人、朝鮮へ一八一五人)。一九三七年から四五年の間、華北で奴隷労働をさせられた労工は約二〇〇〇万人以上であった。日本へ強制連行された約四万の労工のうち六八三〇人が死亡した。

日本軍が華北で女性にたいしておこなった大規模な強姦と性奴隷化は、組織的な反人道的な犯罪行為であった。中国解放区救済総会の一九四六年四月の統計では、晋綏、晋察冀、冀熱遼、晋冀魯豫の四つの解放区で、日本軍により強姦と性奴隷の被害をうけ、あるいは性病にかかった女性は六二万三八八人におよんだ。華北の抗日根拠地において、平均して五〇人に一人以上の割合で日本軍に強姦され、そして性病をうつされたのである。もっともひどかった冀熱遼抗日根拠地では、一八人に一人以上の割合で女性が被害にあった。

華北の抗日根拠地の経済破壊と食糧・農産物・資源の略奪の総額は天文学的数字になるが、同じく中国解放区救済総会の一九四六年の統計によれば、晋綏、晋察冀、冀熱遼（河北・熱河・遼寧省にまたがった根拠地）、晋冀魯豫、山東、中原、蘇皖（江蘇省と安徽省）の七つの解放区が被った公私財産の損害は約三〇五・六億米ドル、家屋財産と食糧の損害は約一〇七・八億米ドル、農林牧畜および農家副業の損害は約四五・二億米ドル、棉花およびその他の農産物減産の損害は約一二・四億米ドル、工鉱業の損害は約一二・四億米ドルであった。

以上、膨大な数字になるが、経済関係の統計については本書で紹介してきた研究書もあり、関連史料も多く所蔵されていると思われるが、人的な被害については、個別事例は別としても、中国側の提示する数字を参照する以外に方法はないように思われる。

エピローグ
対日協力者＝漢奸たちの運命はどうなったか

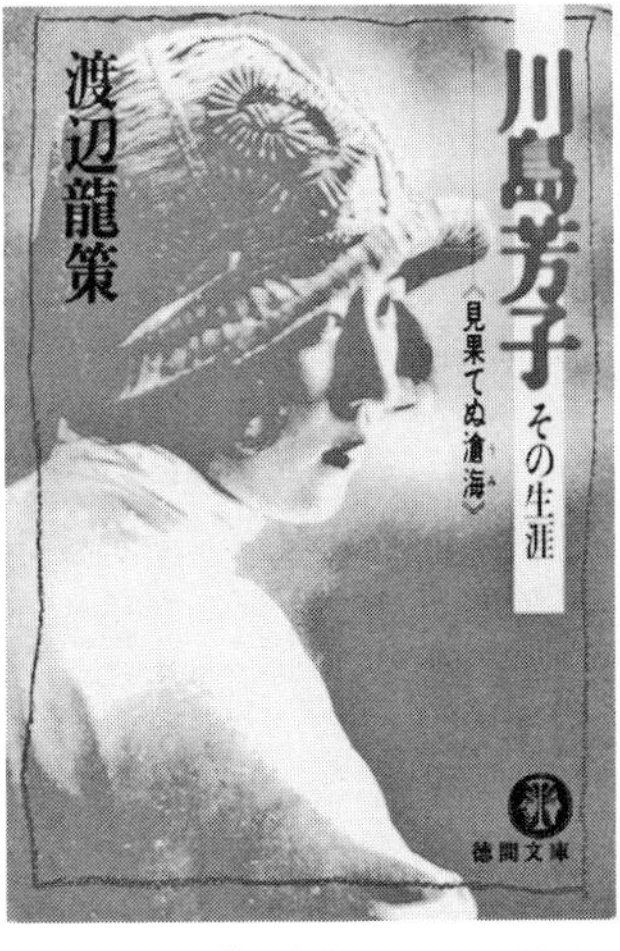

渡辺龍策『川島芳子　その生涯――《見果てぬ滄海《うみ》》』(徳間文庫, 1985 年)

対日協力者たちの戦後

日本軍の治安工作・治安戦の実相をまとめながら、筆者の心にひっかかっていたのは、華北政務委員会の行政機関の仕事に従事した膨大な官吏や職員、汪精衛政権や華北政務委員会の軍隊、警備隊員、警察として日本の占領地支配の警備を補完し、治安作戦では日本軍と共同して同じ中国人の八路軍や抗日ゲリラ軍と銃火を交えた中国治安軍、保安隊などの将兵たち、華北政務委員会の組織である新民会において日系職員の顧問から指導をうけるかたちで仕事をした中国人職員等々、これらの膨大な対日協力者の中国人が、日本軍が投降して中国大陸から引き揚げてきたあと、どのような運命に見舞われたのかということである。一九四一年段階で、華北には北支那方面軍が一一個師団、一二個混成旅団、一個騎兵団、一個航空部隊の約三二万五〇〇〇人が駐屯していたのにたいして、中国では「偽軍」といわれる汪精衛政権軍、保安隊などが約三〇余万人存在したといわれる。(1) 鈴木啓久らの供述書にも「偽軍」「偽県警備隊」「偽政府職員」を指揮、命令して作戦、工作をおこなわせたことが記されている。

第二章で詳述したように、北支那方面軍の華北の治安粛正計画が、「第二の満州国化」

をめざし、中華民国臨時政府、その後の華北政務委員会政権の行政組織を華北全体に拡充しようとしたものであったから、県政府、警察、新民会、合作社など県単位に組織された機関や団体に膨大な数の中国人が動員され、勤務したのである。

中国には正史すなわち正統の歴史という伝統的な歴史観が強固にあり、現在の中華人民共和国においても共産党が指導した新民主主義革命史として機能している。中国の国家指導者たちは「以史為鑑（歴史を鏡とする）」という言葉を好んでつかう。国家権力者にとって、歴史とは執権政府の正統性を映して証明する鏡でなければならないから、権力側の過失や失政は鏡に映らせないようにする。「前事不忘、后事之師（歴史を鏡として将来の教訓にする）」というやはり中国の有識者が好んで使う言葉も同じ意味がある。

歴史を鏡として見ようとすると、鏡は平面的であり、また立体的な実像ではなく虚像であるから、単純に黒か白か、「好人（良い人）」か「壊人（悪い人）」か、という見方になり、社会的・歴史的評価をつけて、「革命か反革命か」「愛国か売国か」という見方になってしまう。

このような歴史観にもとづいて、日中戦争（抗日戦争）を生きた時代の人々を見ようとすると、民族主義的立場に立って「愛国か売国か」「救国か国賊か」「抗日か傀儡か」「救国か国辱か」「抵抗か投降か」「反日か親日か」など単純な二者択一論あるいは二項対立論に立って評価することになってしまう。中国革命史においても、革命的階級論に立って「革命か反革命か」「紅五類(労働者・農民・兵士・革命幹部・革命烈士の五種類の革命的先進分子)か黒五類(地主・富農・反革命分子・悪質分子・右派分子の五種類の階層で、批判粛清の対象にされた)か」が評価され、各個人の運命を左右することが実際におこなわれてきた。

抗日戦争に勝利した中国では、国民党政府の立場からも共産党政府の立場からも、対日協力者は「漢奸」「売国賊」というレッテルを貼られ、軍や政府機関にはすべて「偽」「傀儡」という「定冠詞」がつけられる。「漢奸」とは、中国人でありながら中国を裏切って敵と通じた者の意味である。そして抗日戦勝利後、国民政府側においても、中華人民共和国側においても厳しい漢奸裁判がおこなわれ、日本軍人や日本人よりはるかに多くの中国人が処刑された。国民政府司法行政部の報告によると、各地でおこなわれた漢奸裁判の結果、三万一四〇八人が起訴され、有罪が一万四九三二人(うち死刑三六九人)、無罪五八二二人、その他一万六六五四人となっている。これにたいして、日本の法務省の調査資料によれば、中国国民政府によって裁かれた日本人BC級戦犯裁判において、八八三人が起訴され、有罪が五〇四人(うち死刑一四九人)、無罪三五〇人、その他二九人となっている。(2) 中華人民共和国政府がおこなった撫順戦犯裁判と太原戦犯裁判においては、死刑判決は一人もなく、四五人が戦犯として起訴され、有罪判決を受けた以外は全員が起訴免除となり、一九五六年に帰国を許された。最高刑の禁固二〇年を受けた者も、一九六四年を最後に全員が満期前に帰国をゆるされた。これらの数字からも、漢奸裁判が日本人戦犯裁判よりもはるかに厳しくおこなわれたことがうかがえよう。

共産党・八路軍の指導する抗日根拠地では抗日戦争勝利後、そのまま解放区に民主政権が樹立され、革命意識の高揚するなかで多くの対日協力者が人民裁判にかけられて処刑された。おそらく全体的な数字の統計をとることは困難なのではなかろうか。

筆者も、中国人が、あのような残酷・残虐な侵略戦争をおこなって中国に甚大な被害と災難を与えた日本に同調し協力的であった親日派を「民族的な裏切り者」であると糾弾することは理解できる。また日本の侵略政策の手先となった対日協力者たちを、「漢奸」「傀儡」「売国奴」と非難、糾弾したくなる民族感情も理解できる。同じく政府や機関、組織にはすべて「偽」をつけて正史における正統な位置づけから除外したくなる歴史的感情も理解できる。

筆者が気になるのは、日本人が中国人と同じような意識で対日協力者とその機関を、「日本の傀儡」「傀儡組織」「傀儡政権」「傀儡軍」というレッテルを貼りつけて、切り捨ててはいないかということである。漢奸裁判で処刑され、漢奸人民裁判でさらし者にされて断罪され、反漢奸闘争で糾弾された対日協力者の運命と悲劇の歴史に無頓着、無関心でいないか、ということである。

筆者は、日本の中国侵略戦争と支配を批判、反省する立場にたっているから、対日協力者の役割を肯定、評価するものではない、しかし、彼らが負わされた悲劇については、最小限その事実を知ろうとする姿勢と関心はもつべきだと思うのである。彼らも日本の軍部・政府さらには日本人の中国侵略戦争と占領支配の道具とさせられたことにおいて犠牲者であったという視点にたって、傀儡軍といわれた膨大な兵士の実態と役割、運命もふくめて、まずは歴史事実を見ていくことが必要なのではなかろうか。端的にいえば、もしも日本が中国を侵略して軍事的に支配することがなければ、さらに北支那方面軍が華北を「第二の満州国化」することを目論んで治安工作、治安作戦を実施することがなければ、彼らは対日協力者の役割を担わされて漢奸になることはなかったのである。

本書で言及した人物について見ると、「敵をして将来生存する能わざるに至らしむ」と燼滅掃蕩を命じた田中隆吉と組んで謀略工作をおこなった川島芳子(愛新覚羅顕玗《あいしんかくらけんし》。金《きん》璧輝《へきき》ともいう。エピローグ扉写真参照)は一九四五年一一月北京の自宅で国民政府軍に漢奸として逮捕され、一九四八年に銃殺刑に処せられた。田中隆吉は前述のように戦後を生き、一九七二年に七八歳で大往生をとげた。

新民会の副会長で中央指導部長であった繆斌《みょうひん》は、新民会の成立と活動の中国人最高指導者であった。汪精衛政権成立後は立法院副院長に就任、重慶政府とも連絡を取り始め、一九四五年三月には重慶政府の命令もあったといわれるが、小磯国昭内閣の要請をうけて訪日、和平交渉をおこなった(繆斌工作といわれる)。日本側の対応が不統一で結局は失敗した。一九四六年四月蔣介石国民政府に逮捕された繆斌は、翌五月には漢奸第一号として銃殺刑に処せられた。前掲『新民会外史 黄土に挺身した人達の歴史 前編』は「繆斌」の章を設けて、「その人となりと経歴」について知日派の秀才であったと記している(同書、三九頁)。

村上政則『黄土の残照』(前掲)に、筆者の脳裏に焼きついてはなれない場面がある。宣撫官の村上が山西省中部やや西に位置する孝義県の新民会・合作社の指導員をしていた一九四一年の夏のことである。第一軍参謀長の田中隆吉少将らが閻錫山と取引をして、孝義県を閻錫山の山西軍の支配に明け渡すことを決め、県公署、新民会、保安隊、警察などの諸機関や施設および中国人職員は、全部現状のまま山西軍に引き継ぐことになったので、村上らが軍用トラックに乗って荷物一切を積んで引き上げようとした時である。

この情報が伝わると、城内はたちまちパニック状態に陥った。私達に最もよく協力した者ほど漢奸として殺される度合いが高くなるのだから、無理もない。「ここにいたら私達は殺されるのだ。是非一緒に連れて逃げてくれ」と、どんなに頼まれても軍用トラックに便乗することは許されなかった。合作社の楊専務や多くの部下達は、愛する妻子を捨て、身一つで逃げようとして、必死に私達にすがりついた。額を地面にこすりつけ、涙と鼻水で顔中をグシャグシャにして泣き叫ぶ姿を見て、なんとかしてやりたいと思ったが、山西軍との約束だ……、といわれてみればどうしようもなかった。すまぬ、すまぬ、と心に叫びながら、慰める言葉も尽き果ててしまった。肉親にも及ばぬほど私達を信頼し、協力してくれた人々を見捨て、いや見殺しにして立ち去る無念さ、口惜しさ、その断腸の思いは、とても筆舌に尽くすことはできない。（中略）

及川中尉の号令一下、車は一斉に前進を始めた。その瞬間だった。今まで「助けてくれっ！」「乗せてってくれっ！」と泣き叫びながらすがりついていた群衆は、アッという間もなく猛然と走り出した車に飛び乗ろうとし始めた。車上にいた兵隊は、すかさず軍靴で顔面を蹴飛ばし、しがみつく両手を無残に踏みつけ、銃の台尻で力一ぱい殴りつける。次第にスピードを増したトラックに、しばし引きずられていた者も、やがて力尽きてごろごろと路上に投げ出された。顔を血まみれにし、よろよろとなおも追いかけようとする者、座ったまま満身の怒りをこめて車上をにらむ者、死体のように地に伏して動かなくなった者、到底正視することの出来ない地獄図絵であった。「日本人にだまされた！　この仇はきっと討つぞっ」その絶叫は鋭い刃のように、私の魂をずたずたに突き刺した（同書、六六頁）。

日本軍が撤退し、引き揚げていくときの対日協力者の絶望と恐怖、怒りを象徴するような情景である。敗戦により一九四五年八月一五日以降の華北において、実際にこのような局面に立たされた対日協力者が膨大に存在したと思われる。その後の彼らを襲ったのは漢奸裁判と反漢奸闘争の修羅場であった。

奥村哲が指摘するように、抗日戦勝利後の国民党軍との内戦時代に、共産党は党の支配地域において反漢奸闘争を大規模に展開した。たとえば、一村ないし数カ村を単位に村人を集め、その真ん前で「漢奸」をつるし上げ、糾弾し、「内なる敵」を摘発し闘争する方法を実行した。帝国主義日本につうじた「内なる敵」と闘争することによって、素朴なナショナルな感情を媒介として農民が村に組織され、共産党をとおして国民に組織されることになった。共産党の革命政権そのものが抗日戦争のなかで形成発展をとげてきたという歴史的経緯から、中国の社会主義体制は日本の侵略戦争の産物であったという性格を色濃くもっていた。したがって反漢奸闘争は、毛沢東・共産党が農民の素朴なナショナリズムを過激な階級闘争へ組織し、抗日戦争をモデルに人民戦争戦略にもとづいた社会主義革命を推進するために不可欠であったのである(3)。

事実、毛沢東路線にもとづく中国社会主義革命期には、一九五七年から展開された反右派闘争も反漢奸闘争の側面をもっていたし、一九六六年から発動された文化大革命運動では、日中戦争時代日本人と関係があっただけでも「過去が悪い」とレッテルを貼られて差別され、対日協力者であったとみなされた場合は糾弾、迫害されることになった。

さらに悲劇的であったのは、強制的に日本軍の「慰安婦」にされた女性やさらには日本軍の性暴力をうけた被害者までもが、日本軍と関係をもったという理由で糾弾された事例さえあったことである。

たとえば、山西省盂県の南頭村で日本軍の分遣隊長に拉致連行され、トーチカ構内の日本軍占拠家屋に軟禁されて、一年六カ月にわたり強姦されつづけた南二僕は、妊娠させられ、男児を出産した(まもなくして病死)。分遣隊長が異動になったのを機にようやく実家に逃げ帰った彼女は、今度は古参兵に連れ戻されてトーチカ近くの家に軟禁され、二カ月にわたって複数の日本兵に輪姦された。

その彼女が、中華人民共和国になって以後、一九五〇年代前半に展開された「三反五反運動」(官僚の汚職腐敗と資本家の不法行為を批判・摘発する政治運動)の時に「かつて日本兵とあまりに長く一緒にいた。おまけに日本兵のために子どもまで産んでやった」という理由で、「歴史的反革命」という罪に問われ、三年間牢獄に送られるという処分まで受けた。いったん押された烙印は消えることなく、文化大革命のときは「歴史的反革命」と書いた大きな札を首から下げて村人の前に立たされ、「村の恥」として非難され迫害されたのである。文化大革命がもっとも激しかった一九六七年、彼女は首を吊って自死するという悲惨な最期をとげた(石田・内田編『黄土の村の性暴力』、四九―五四頁)。

日中戦争の実相へ

日中戦争時代の対日協力者たちとその家族、一族は、抗日戦争勝利後の国民党、共産党の二つの政権による漢奸裁判の恐怖を体験し、それらをくぐり抜けた後も大衆的な反漢奸闘争の修羅場に立たされ、社会主義建設期に展開された大衆動員の革命運動のなかで、漢奸として告発、摘発されて糾弾、迫害されることを怖れながら、自分たちの過去を隠して語らず、記憶を封印して不安と恐怖の時代を生きたのである。

筆者が一九九四年に北京郊外の順義県(現在は北京市区に属し、北京国際空港に隣接)を訪れ、聞き取りをおこなった何権さんもそのような一人だった。何権さんは日中戦争時代の華北政務委員会の政権下に沙井村小学校の教員をつとめていて、日本人と交流があり、日本語も勉強していた。解放後も教員をつとめたが、一九五九年に神経病になって停職、以後復職できないまま不遇の半生を送った。前年の反右派闘争の恐怖と日本人と交流していた過去を追及されることへの不安が、何権さんの神経病の原因になったことは容易に想像できた。

何権さんの同僚に、教員を辞めて順義県新民会の役員になった劉月勤さんがいた。何権さんは「劉月勤は極めて誠実な男で、字も私よりずっと上手だったし、私よりも頭が良かった」「彼の思想は私と違って新しい思想に共鳴してそれを取り入れた」と語っていた。そこで筆者が「ということは新民会の思想は革新的であったということか」と尋ねると、何権さんは「そうだ、それで彼は教師を辞めて行った」と語った。(4)劉月勤さんは国民党政府の農村政策に批判を抱いていたので、新民会の主張する日中提携による農村建設、教育文化の振興、農民生活の向上などのスローガンに共鳴して教員を辞めて、同会の職員となって活動に専念しようとしたのであろう。劉月勤さんのような人物も、中国人から見れば対日協力者の漢奸ということになる。劉月勤さんが戦後どう生きたのか、何権さんはあまり多くを語ろうとしなかったが、不遇の生涯を終わったようであった。劉月勤さんは青年教師としての理想をもって新民会に飛びこんでいったが、やがて欺かれたことを思い知らされたのではあるまいか。

二〇〇一年五月に筆者は南京を訪れ、拙著『体験者二七人が語る南京事件』にまとめた聞き取り調査をおこなった。その一人の李伯潜さんは、日本軍に母親を殺害されたが、家が倒産して貧しかったため、弟や父の世話をするため南京に留まらざるをえなかった。李伯潜さんは中学校卒業の学歴があったので、汪精衛政権下の鎮江封鎖管理所につとめ、財政管理の仕事をしていた。聞き取りをしたときに八四歳だった李伯潜さんに「汪精衛政権をどう評価するか」と質問すると「汪精衛が役人や軍隊を連れて南京にもどってきてくれたので南京の市民は喜んだ」と率直に語った。その時である、私のインタビューを助けてくれていた段月萍さんが、「何を言っているのだ。おまえは自分が売国奴であることを知っているのか」と大声で李老人を怒鳴ったのである。段月萍さんの一家は辛酸をなめながら日本軍の占領地を避けて転々と移動した難民生活を送ったので、段さんからみれば許せない発言だったのである。中国では、現在においても、傀儡政権下で働いていた中国人をどう見ているのかを思い知らされた瞬間だった。

汪精衛政権のナンバー2であった周仏海の日記[5]の後半を読むと、たとえば「李思浩と会い、中日関係の前途について話す。日本のやり方が拙劣なことに互いに嘆息した。私は日本の友人にたいして口を酸っぱくして説くのだが、誰も理解せず、実行者にはまったく自覚がない。どうしたものか?」(一九四二年五月一八日付)など、彼が日本当局に欺かれたことを思い知らされながらも、もはや引き返すこともできずに傀儡の道を歩まざるをえなかった苦悩が吐露され、厳しい日本当局批判が随所に見られるようになる。

中国人には、対日協力者に「偽」「傀儡」というレッテルを貼って記憶を封印、抹殺してしまいたい論理がはたらくことは理解できるとしても、日本人には、対日協力者たちは日本の中国侵略がもたらした被害者であるという視点にたって、彼らを記憶から抹殺することなく、日本当局と日本人に利用され、欺かれた彼らの悲惨で無惨な歴史を記憶することが求められているように思う。それが日中戦争の実相をさらに明らかにすることになる。

注

プロローグ

（1）　独立混成第四旅団司令部の参謀であった広瀬頼吾が中心になって一九六六年に同旅団の戦友会「独旅会」を組織し、一九六九年に『独混』と題する機関誌を創刊した。同誌の第二号（一九七〇年一月一日）に「独混四旅の編成職員表（昭和一六年三月六日）」が掲載されていて、独立歩兵第一三大隊第一中隊長は中尉・山本好江と記されている。山本は四二年三月大尉に昇格。

（2）　戦後、撫順と太原の戦犯管理所に収容されていた元日本兵が帰国後、中国帰還者連絡会（中帰連）を組織し、三光作戦についての証言をまとめたものに、神吉晴夫編『三光――日本人の中国における戦争犯罪の告白』（光文社カッパブックス、一九五七年）、中国帰還者連絡会・新読書社編『侵略――中国における日本戦犯の告白』（新読書社出版部、一九五八年）、中国帰還者連絡会編『新編・三光　第一集――中国で、日本人は何をしたか』（光文社カッパブックス、一九八二年）、同『完全版・三光』（晩聲社、一九八四年）、日本中国友好協会・中国帰還者連絡会編『侵略――従軍兵士の証言』（日中出版、一九七五年）、中国帰還者連絡会編『天皇の軍隊〈中国侵略〉――日本人戦犯の手記から　第一集』（日本機関紙出版センター、一九八八年）、同『侵略、虐殺を忘れない――天皇の軍隊〈日本人戦犯の手記〉第二集』（日本機関紙出版センター、一九八九年）などがある。また、撫順と太原の戦犯管理所に収容されていた師団長クラスの戦犯が三光作戦に言及した自筆供述書をまとめたものに、新井利男・藤原彰編『侵略の証言——中国における日本人戦犯自筆供述書』（岩波書店、一九九九年）があり、山東省に駐留して三光作戦をおこなった第五九師団の従軍関係者の証言によってまとめたルポルタージュに、本多勝一・長沼節夫『天皇の軍隊』（朝日文庫、一九九一年）がある。万里の長城沿いに設定された、治安戦の一手段である「無人区」あるいは「無住地帯」についてまとめた歴史書に、姫田光義『「三光作戦」とは何だったのか』（岩波ブックレット、一九九五年）、姫田光義・陳平著、丸田孝志訳『もうひとつの三光作戦』（青木書店、一九八九年）と仁木ふみ子『無人区 長城のホロコースト——興隆の悲劇』（青木書店、一九八九年）がある。姫田光義「第二章 日本軍による「三光政策・三光作戦」をめぐって」（中央大学人文科学研究所編『日中戦争——日本・中国・アメリカ』中央大学出版部、一九九三年）は「無人区化」政策を中心に論じたものである。

また、中帰連の元兵士から三光作戦に関する聞き書きをまとめたものに、朝日新聞山形支局『聞き書き ある憲兵の記録』（朝日新聞社、一九八五年）、野田正彰『戦争と罪責』（岩波書店、一九九八年）、星徹『私たちが中国でしたこと——中国帰還者連絡会の人びと』（緑風出版、二〇〇二年）、熊谷伸一郎『金子さんの戦争——中国戦線の現実』（リトルモア、二〇〇五年）、坂倉清・高柳美知子『あなたは「三光作戦」を知っていますか』（新日本出版社、二〇〇七年）などがある。歴史研究として本格的な分析を加えた嚆矢《こうし》が、藤原彰「「三光作戦」と北支那方面軍」（一）（二）（『季刊戦争責任研究』第二〇号、二一号、一九九八年）である。拙著『南京事件と三光作戦——未来に生かす戦争の記憶』（大月書店、一九九九年）は、三光作戦における日本軍の性犯罪の全体像を整理したものであり、拙稿「治安戦の思想と技術」(『岩波講座アジア・太平洋戦争5　戦場の諸相』(岩波書店、二〇〇六年)は、日中戦争における三光作戦の思想と戦略の実態を日本近代の侵略戦争史に位置づけて整理したものである。山本昌弘「第七章　華北の対ゲリラ戦、一九三九―一九四五――失敗の解析」(波多野澄雄・戸部良一編『日中戦争の国際共同研究2　日中戦争の軍事的展開』慶應義塾大学出版会、二〇〇六年)は、華北における治安戦を日本軍の論理を中心に分析、「「三光作戦」は総力戦時代における敵側の抗戦能力剝奪を目的とした戦闘形態の一つであり」ナチスのホロコーストと比肩するのは妥当ではないと結論づけているのは筆者と見解が異なる。

(3)　全国歴史教育研究協議会編『日本史B用語集』(山川出版社、二〇〇九年)によれば、三光作戦について記述している「日本史B教科書」が一一社中六社、「日本史A教科書」が七社中五社、同『世界史B用語集』(同前、二〇〇八年)によれば、同じく「世界史B教科書」の全一一社中三社となっている。

(4)　『朝日新聞』一九九八年一一月二九日。

(5)　一九四七年に中国国民政府は抗戦八年間における中国国民の死者は最低にみつもって一〇〇〇万人と発表、一九四九年に建国された中華人民共和国政府も一九六〇年に、八年間にわたる日本の中国侵略戦争で中国軍民の死者一〇〇〇余万人という数字を公表した。その後、中国は一九九五年に全国規模の調査・研究を総合して、抗日戦争八年間に中国軍民の死傷者は三五〇〇万人に達したという数字をあげるようになった。

第一章　日中戦争のなかの治安戦

（1）　中国において、比較的早くに国民党軍の正面戦場を本格的に取り上げた歴史書に、張憲文編『抗日戦争的正面戦場』（河南人民出版社、一九八七年）があり、史料集として、中国第二歴史档案館編『抗日戦争正面戦場』上・下（江蘇古籍出版社、一九八七年）がある。劉大年・白介夫編『中国復興枢紐――抗日戦争的八年』（北京出版社、一九九七年）は、曾田三郎・谷渕茂樹・松重充浩・丸田孝志・水羽信男訳『中国抗日戦争史――中国復興への路』（桜井書店、二〇〇二年）として出版されているが、正面戦場と後方戦場の戦闘をバランスよく叙述している。

（2）　日中戦争（抗日戦争）における正面戦場と後方戦場の関係については、拙稿「日本軍は日中戦争で勝っていたのか」（歴史教育者協議会編『一〇〇問一〇〇答　世界の歴史』河出書房新社、一九九〇年）を参照。

（3）　防衛庁防衛研修所戦史室編『支那事変陸軍作戦⑴　昭和十三年一月まで』（朝雲新聞社、一九七五年）（以下、著者と出版社は省略する）、『支那事変陸軍作戦⑵　昭和十四年九月まで』（一九七六年）、『支那事変陸軍作戦⑶　昭和十六年十二月まで』（一九七五年）、『昭和十七、八年の支那派遣軍』（一九七二年）、『昭和二十年の支那派遣軍⑴　三月まで』（一九七一年）、『昭和二十年の支那派遣軍⑵　終戦まで』（一九七三年）、『中国方面海軍作戦⑴　昭和十三年三月まで』（一九七四年）、『中国方面海軍作戦⑵　昭和十三年四月以降』（一九七五年）、『陸海軍年表』（一九八〇年）、さらに、一九三九年に支那派遣軍参謀を務めたほか参謀本部員を歴任した井本熊男による『支那事変作戦日誌』（芙蓉書房出版、一九九八年）も参照する。

（4）　外務省編纂『日本外交年表竝主要文書（下）』日本国際連合協会、一九五五年、三六六頁。

(5)　拙著『日中全面戦争と海軍』で「大山事件が発生したのは、さながら拡大派の「謀略のシナリオ」を見るようなタイミングの良さである」(六四頁)と書いたが、最近それを証明するような証言を得た。武藤徹さん(一九二五年生まれ)は東京帝国大学理学部数学科の一年生であった一九四五年五月から八月一五日まで、同学年の学生と長野県の茅野に疎開し、参謀本部の暗号解読の作業に動員されていた。六月頃、上諏訪温泉の逓信省の保養用の寮で開かれた陸軍数学研究会に陸軍参謀本部第一一課暗号班(自国暗号開発)および陸軍中央特殊情報部付(他国暗号解読)の釜賀一夫少佐が講義に訪れ、昼休みの学生との雑談の中で「大山勇夫中尉は上官から、家族のことは面倒を見るから死んでくれと言われ、武装せずに出かけ、中国軍の防衛線の第一線を越え、第二線を突破し、第三線まで進んで射殺されたのだ」と語ったのを武藤さんは聞いた。日本側の史料でも、大山中尉が拳銃を携帯せずに中国軍の虹橋飛行場を視察に出かけていること、八月九日付で大尉に昇格したこと、中国側の史料は、大山中尉の車が中国側の警戒線を強行突破したと記されていることなど、武藤さんの聞いた釜賀少佐の話と符合する。陸軍暗号班の釜賀少佐がどこからその情報を得たかなど、解明すべき問題が残っているが、拙著は大山事件が現地海軍(第三艦隊)の謀略である可能性の傍証となっている。
(6)　堀場一雄『支那事変戦争指導史』時事通信社、一九六二年、一〇〇頁。
(7)　同前、一三六―一四〇頁。
(8)　同前、一三五頁。中華民国臨時政府の成立経緯とその施政、一九四〇年三月の汪精衛南京政府の成立以後、名称を変更しながらそれを継承した華北政務委員会の施政については、郭貴儒・張同楽・封漢章『華北偽政権史稿――従〝臨時政府〟到〝華北政務委員会〟』(社会科学出版社、二〇〇七年）参照。

（9）成田貢（陸軍航空兵中佐）「中華民国新民会の活動と其の実績」（『偕行社記事』第七八八号、昭和一五年五月）七三頁。著者は、北支那方面軍特務機関長（一九三七年一二月当時）として、小沢開作らとともに新民会設立に係わった人物である。新民会創設の経緯と、新民会の諸工作についてその実績もふくめて詳細に記している。防衛庁防衛研修所戦史室編『北支の治安戦(1)』朝雲新聞社、一九六八年、七六、二二六頁。

（10）岡田春生編『新民会外史　黄土に挺身した人達の歴史　前編』五稜出版社、一九八六年、三七頁。

（11）前掲『北支の治安戦(1)』、一〇二頁。

（12）堀場前掲書、一八五頁。

（13）ティモシー・ブルック「第一〇章　揚子江流域における占領国家の建設、一九三八―三九年」（姫田光義・山田辰雄編『日中戦争の国際共同研究1　中国の地域政権と日本の統治』慶應義塾大学出版会、二〇〇六年）は、中華民国維新政府を「占領国家」と位置づけてその統治実態を明らかにしようとした論文である。中国では傀儡政権を「偽」と接頭詞をつけて否定的に扱うが、「〝ニセ〟であるからといって無視されてよいわけでない……歴史家にとっては、何が実際に行われたかという点で正当性問題をとらえるべきである」（二三〇頁）という指摘は重要である。

（14）中澤善司『知られざる県政連絡員――日中戦争での日々』（文芸社、二〇〇三年）に、県政連絡員であった著者自身の体験が記されている。

(15) 八木沼丈夫・北支宣撫班長「北支宣撫班の活躍」（『偕行社記事』第七七八号、昭和一四年七月）九一頁。岡田編前掲書、前編、三三七頁。

(16) （満鉄）上海事務所長報（昭和一三年三月一六日）「中支那占領地区に於ける宣撫工作概要」（井上久士編・解説『華中宣撫工作資料（十五年戦争極秘資料集第十三集）』不二出版、一九八九年、四八頁）。

(17) 八木沼前掲論文、九一頁。同論文には、八木沼が指導した宣撫班工作の実際が詳述されている。

(18) 前掲『北支の治安戦(1)』、七八頁。

(19) 村上政則『黄土の残照——ある宣撫官の記録』（鉱脈社、一九八三年）は、山西省の日本軍特務機関に配属されて宣撫工作に従事した著者の回想録である。また、佐藤正導『日中戦争・ある若き従軍僧の手記』（日本アルミット株式会社、一九九二年）は、僧侶の身で日本軍特務機関の宣撫工作員となって山西省で経済産業工作にあたった著者の回想録である。

(20) 秦郁彦編『日本陸海軍総合事典』（東京大学出版会、一九九一年）より。

(21) 本庄比佐子他編『興亜院と戦時中国調査』岩波書店、二〇〇二年、一一頁。

(22) 前掲『北支の治安戦(1)』、七五頁。

(23) 北支那開発株式会社の設立と運営の実態については、中村隆英『戦時日本の華北経済支配』（山川出版社、一九八三年）の「第二章　占領地支配機構の成立」に詳しい。中村は、北支那開発株式会社が創設され、そのもとに主要事業を独占し、「統制」する子会社のプランが完成したのは、天津軍（支那駐屯軍）、関東軍、満鉄が描いてきた、華北の防共親日政権を樹立して経済的支配権を確立しようとした構想が「国策」の形をとって現実化したものとみることができると述べている(一八八頁)。

(24) 笠原十九司「「天皇制集団無責任体制」――日中戦争拡大の構造」(田原総一朗責任編集『日本はなぜ負ける戦争をしたのか』アスキー、二〇〇一年)。

(25) 日本軍の現地軍独断専行、下克上容認の特質について、本章との関連では、河本大作の事例があげられる。関東軍参謀であった河本大作大佐は、一九二八年六月四日張作霖爆殺事件を引き起こした首謀者であるが、陸軍特務機関の音頭取りで一九四二年四月設立された山西産業株式会社の社長に就任した。同社は、炭鉱・電業をのぞく山西省内の日本軍管理工場を運営する国策会社であった。もう一つは柳川平助の事例である。柳川は荒木貞夫陸軍大臣のもとで陸軍次官(中将)をつとめ、恣意的な人事で皇道派の青年将校を近衛師団、第一師団に集めて二・二六事件の原因の一つをつくった。事件後の粛軍人事で予備役に編入されたが、杭州湾上陸作戦をおこなった第一〇軍司令官として応召、陸軍参謀本部の統制を無視した独断専行で南京攻略戦を開始し、日中戦争長期化の一因をつくった。ただし、二・二六事件粛軍の余韻が残っていたので、南京占領の入城式や戦勝祝賀行事の写真やニュース映画に公然と登場することは許されず「覆面の将軍」といわれた。後述する興亜院の初代総務長官に就任、一九四〇年一〇月に結成された大政翼賛会の副総裁をつとめ、同年一二月第二次近衛内閣の司法大臣をつとめた。

(26) 前掲『支那事変陸軍作戦(2)』、三五一頁。

(27) 同前、三五〇―三六一頁。

(28) 同前、三六二―三八七頁。

(29) 重慶国民政府と四川省の経済と産業が抗日戦争を堅持するために果たした役割については、今井駿『四川省と近代中国』(汲古書院、二〇〇七年)および石島紀之・久保亨編『重慶国民政府史の研究』(東京大学出版会、二〇〇四年)に詳しい。いっぽう、笹川裕史・奥村哲『銃後の中国社会——日中戦争下の総動員と農村』(岩波書店、二〇〇七年)が明らかにしたように、四川省の農民は食糧の苛酷な戦時徴発を強制され、戦争遂行に必要な開発事業や防衛施設の建設労役を課され、さらに膨大な若者が兵士に徴兵され、多大な犠牲を強いられた事実もある。

(30) 戦争と空爆問題研究会編『重慶爆撃とは何だったのか——もうひとつの日中戦争』(高文研、二〇〇九年)による。なお、重慶爆撃については、防衛庁防衛研修所戦史室『中国方面陸軍航空作戦』(朝雲新聞社、一九七四年)および前田哲男『新訂版　戦略爆撃の思想——ゲルニカ・重慶・広島』(凱風社、二〇〇六年)参照。

(31) 土田哲夫「第六章　中国抗日戦略と対米「国民外交工作」」(前掲『重慶国民政府史の研究』所収)参照。

(32) 前掲『日本外交年表竝主要文書(下)』、四〇一頁。

(33) 同前、四〇一—四〇四頁。

(34) 同前、四〇五頁。

(35) 同前、四〇七頁。

(36) 前掲『支那事変陸軍作戦(3)』、四三頁。蔡徳金編注『周仏海日記(上)』中国社会科学出版、一九八六年、二三二頁。

(37) 桐工作の経緯については、前掲『支那事変陸軍作戦(3)』、一六〇、二四四、三〇一頁。

(38)　同前、三〇四頁。
(39)　前掲『日本外交年表竝主要文書(下)』、四六六頁。江口圭一『新版　十五年戦争小史』青木書店、一九九一年、一五三頁。なお、同書は本章全体において参照した。日本の汪精衛工作については、小林英夫『日中戦争と汪兆銘』吉川弘文館、二〇〇三年、参照。
(40)　海南島攻略戦については、前掲『中国方面海軍作戦(2)』、九〇―九七頁、一六三頁。前掲『支那事変陸軍作戦(2)』、三三七―三四一頁。
(41)　前掲『中国方面海軍作戦(2)』、九八頁。前掲『支那事変陸軍作戦(2)』、三四一頁。
(42)　前掲『中国方面海軍作戦(2)』、九九頁。前掲『支那事変陸軍作戦(2)』、三四三頁。
(43)　前掲『支那事変陸軍作戦(3)』、四四―五一頁。前掲『中国方面海軍作戦(2)』、一〇〇―一〇二頁。
(44)　前掲『支那事変陸軍作戦(3)』、八八頁。
(45)　同前、二六四―二六六頁。福川秀樹編著『日本陸軍将官辞典』(芙蓉書房出版、二〇〇一年)は富永恭次について「関東軍参謀長の時代から東条英機参謀長の腰巾着的存在で、ハルピン特務機関長・樋口季一郎少将に退職勧告をするなど目にあまるものがあった。参謀本部第一部長時代に仏印進駐問題があり、西村兵団への出張の際に参謀次長(沢田茂中将)に無断で越権行為をおこなったがウヤムヤになり、のちに人事局長になった際、報復人事として沢田茂中将を予備役に編入するなど、東条英機陸軍大臣の陰に隠れて恣意的に人事を振り回した」と記し、「人間として(精神的に)問題があったようだ」とまで書いている。富永は一九四三年三月、人事局長兼任で陸軍省次官となり、佐藤賢了とともに、東条英機首相の腹心の部下として、東条首相（陸相兼任）が陸軍参謀長をも兼任して軍政両面で独裁体制を築くために奔走した。フィリピン防衛の第四航空軍司令官のとき、第一四方面軍司令官から持久戦を厳命されていたのに、一九四五年一月二七日、幕僚を連れて「航空軍を再建して台湾から掩護する」という理由で、軍人にあるまじき敵前逃亡をして台湾に逃れた。大本営もこの非を問い、予備役に編入したことも記されている。敵前逃亡は一般の将兵ならば死刑に処せられたが、日本軍では最上級幹部はなれ合い的に予備役編入で済んだのである。ノモンハン事件を主導した辻政信もそうであるが、日本軍の最上級クラスでは特異な性格を備えたエリート軍人が大言壮語的な言動で出世し、独善、野心から強引な作戦を発動して日本軍に大きな損害をもたらすことがまかりとおった。しかも特権クラスの間ではなれ合いと保身、相互扶助から、軍法会議で厳罰に処せられることなく、特権的な職位に居つづけられた。

(46) 防衛庁防衛研修所戦史室編『関東軍⑴』朝雲新聞社、一九六九年、四二四頁。

(47) 「写真が語る戦争　ノモンハン事件」（『朝日新聞』二〇〇八年五月一一日）、ならびに田中克彦『ノモンハン戦争――モンゴルと満洲国』（岩波新書、二〇〇九年）参照。田中は、辻政信は「敵弾雨あられと降る中で抜刀し、直立して絶叫していても、かれにだけは弾があたらなかったというような伝説がひろめられるほど、特異な、豪胆さをそなえた人物だったらしい」「並でない功名心と自己陶酔的な冒険心を満足させるために、せいいっぱい軍隊を利用した。そうして戦争が終わって軍隊がなくなると、日本を利用し、日本を食いものにして生きてきた」と指摘し、「私たちが、占領軍としてではなく、日本人として裁かなければならないのは、このような人物である」と記して同書を結んでいる。同感である。

(48)　藤原彰『餓死した英霊たち』(青木書店、二〇〇一年)は、アジア・太平洋戦争開戦もふくめて、大本営の作戦を動かしたのが、統帥部の中堅幕僚層であったと指摘、その幕僚層のなかで、満州事変を指導した関東軍参謀の板垣征四郎や石原莞爾が賞賛されたこともあって「下克上」という言葉が流行し、彼らの独断専行が許され、独善と横暴が目立ったと指摘している。なかでも参謀本部の作戦部作戦課の「作戦屋」といわれた作戦参謀が決定的な力をもっていたが、作戦本部長に田中新一、作戦課長に服部卓四郎、作戦課戦力班長に辻政信という強硬論トリオが参謀本部を開戦論でまとめ、ためらう陸軍省を引きずり、海軍内の主戦論者と呼応して、無謀な対米英戦争に突入したと述べている。辻と服部はノモンハン事件の責任を問われることなく作戦参謀に就任、対ソ開戦積極論者から対米強硬論に転じた辻を上司の服部が擁護したので、辻はその強烈な個性と迫力で陸軍の意志決定に影響力を及ぼした。同書は「辻や服部が衆目の一致するノモンハン敗戦の責任者でありながら、たちまち中央の作戦担当者に復活して対米英戦を主導し、ガタルカナルの敗北を招いていったん退きながらまた返り咲くなど、作戦の中枢にあった人物たちの人事には不可解な点が多い……いずれにせよこの人びとの強硬論が作戦を誤らせ、大量餓死の結果を招いたのである」(一七〇頁)と述べたうえで、彼らは大量の餓死者を出した無謀な作戦の最高責任者でありながら、その責任を追及されることなく戦後の日本社会で活躍をつづけ、辻は選挙で高得票を得て衆議院、参議院の国会議員になり、服部はGHQの歴史課につとめ、自ら史実研究所を主宰して戦史研究をつづけ、『大東亜戦争全史』(全四巻、鱒書房、一九五三年、原書房より一九六五年に復刻)を刊行したりしていることを述べ、戦後日本の戦争責任追及のあり方も問うている。

(49) 前掲『支那事変陸軍作戦(2)』、二五七頁。
(50) 防衛庁防衛研究所戦史室編『大本営陸軍部(1)』朝雲新聞社、一九六七年、五七八頁。
(51) 前掲『北支の治安戦(1)』、一一四頁。
(52) 前掲『支那事変陸軍作戦(2)』、三九〇―三九七頁。

第二章　華北の治安工作と「第二の満州国化」

(1) 「参謀長会同席上ニ於ケル方面軍参謀長口演要旨　昭和十四年一月二十日北支那方面軍司令部」(「昭和一四年度治安粛正計画関係資料綴　北支那方面軍司令部」所収)(偕行文庫所蔵)。引用した同治安粛正方針は、前掲『北支の治安戦(1)』、一一六頁による。
(2) 武藤章は攻勢主導を主張し、日中戦争をリードした積極論者、強硬論者であった。一九三六年に関東軍参謀部の第二(情報)課長として華北分離工作をすすめ、関東軍が内蒙古軍を綏遠省へ侵攻させて引き起こした綏遠事件(一九三六年一一月)にも関わった。拙著『南京事件』(岩波新書、一九九七年)に「下克上の陸軍――石原莞爾と武藤章の衝突」と題して書いたように、盧溝橋事件がおこったとき参謀本部作戦課長であった武藤大佐は、不拡大をはかる上司の参謀本部作戦部長石原莞爾少将に反して、陸軍省軍事局軍事課長だった田中新一大佐とともに拡大派の急先鋒となり、石原を関東軍参謀副長に転出させたのである。まさに下克上の典型であった。武藤は自分の主張する「南京を取ったら蔣介石は手を挙げる」という「中国一撃論」を実戦するために進んで中支那方面軍参謀副長に出向、参謀本部の抑止を無視して現地独断専行で南京攻略戦を強行し、南京事件を引き起こす主因をつくった。同事件の不祥事の責任を問われた松井石根大将は中支那方面軍司令官を解任されたが、武藤は責任を問われることなく新編制の中支那派遣軍参謀副長に留任、一九三八年七月に北支那方面軍参謀副長となった。その後少将に昇格して一九三九年九月に陸軍省軍務局長に就任、四二年四月まで同職にあった。こうして、一九四一年七月当時、田中新一少将が作戦部長、作戦課長が服部卓四郎中佐、作戦班長が辻政信中佐と、現地独断専行、下克上をおこなってきた名うての積極論者、強硬論者が陸軍の作戦決定の中枢に集まり、対米英強硬論を唱えて南部仏印進駐を決定し、対米英戦争への道を開いた。ただし、武藤だけは対米開戦に反対であったといわれるが、フィリピン戦の時に第一四方面軍司令官となっていた山下奉文大将に請われてその参謀長となったため、戦後A級戦犯に問われて刑死した。

（3）前掲拙稿「治安戦の思想と技術」の「二　満州事変・「満州国」と治安戦」参照。

（4）上法快男編『軍務局長武藤章回想録』芙蓉書房、一九八一年、八六頁。

（5）岡田編前掲書、後編、三頁。同書には、宣撫班と新民会が統合されて軍主導の組織に機構改革された結果、新民会創設の理念は失われ、新民会運動が挫折したことへの無念の思いを綴った回想記が多く収録されている。小沢開作は音楽指揮者の小沢征爾の実父で、満州事変を起こし、満州国建国を主導した関東軍参謀の板垣征四郎と石原莞爾に心酔して息子に「征爾」と名付けたことはよく知られる。満州や華北において「民族協和」「滅共思想戦」を唱え、現地民間の立場から日本の植民地・占領地統治を支える運動を展開した。

（6）島崎久彌『円の侵略史――円為替本位制度の形成過程』日本経済評論社、一九八九年、一六九頁。

（7）中村前掲書、一九五、二〇九頁。同書は、関東軍・天津軍（支那駐屯軍）の華北分離工作からアジア・太平洋戦争にかけての日本の軍部・政府・財界による華北経済侵略の歴史を経済史の立場から実証的に整理、検討した労作であり、本節の論旨を経済史学的に補完してくれている。

（8）華北分離工作からアジア・太平洋戦争までの日本の軍部・政府・財界による華北経済侵略の歴史をまとめた中国側の研究に、居之芬・張利民主編『日本在華北経済統制掠奪史』（天津古籍出版社、一九九七年）があり、中国文、日本文（翻訳）の檔案資料を収録した膨大な資料集である中国抗日戦争史学会・中国人民抗日戦争紀念館編『日本対華北経済的掠奪和統制』（北京出版社、一九九五年）がある。

（9）全国憲友会連合会編纂委員会編『日本憲兵外史』研文書院、一九八三年、七〇〇頁。

（10）『独混』第一号、発行人広瀬頼吾、一九六五年一月、二頁。

（11）前掲『日本陸海軍総合事典』、七〇四頁。原剛・安岡昭男編『日本陸海軍事典』（新人物往来社、一九九七年）には、師団の平時編制（昭和一一年五月）の人員は一万一八五八人、師団の戦時編制（昭和一二年八月）の人員は二万五二五四人と記されている（四九九、五〇〇頁）。

（12）前掲『日本憲兵外史』、六九九頁。

（13）華北交通外史刊行会編『華北交通外史』（華北交通外史刊行会発行、一九六八年）は、同社の関係者の体験記、回想録などをまとめたものである。

（14）前掲『興亜院と戦時中国調査』の「はじめに」参照。

（15）柴田善雅「第一章 中国占領地行政機構としての興亜院」（前掲『興亜院と戦時中国調査』

所収）、三五頁。久保亨「第一二章 興亜院とその中国調査」（前掲『日中戦争の国際共同研究1 中国の地域政権と日本の統治』所収）参照。

(16) 同前柴田論文、二七頁。

(17) 外務省百年史編纂委員会編『外務省の百年（下）』（原書房、一九六九年）の第四編第三章「支那事変」の「三 興亜院設置問題」参照。

(18) 上法前掲書、八六頁。

(19) 八木沼前掲論文、九一頁。

(20) 前掲『北支の治安戦(1)』、一三一頁。

(21) 前掲『日本憲兵外史』、七〇一頁。

(22) 前掲『北支の治安戦(1)』、一五四—一六二頁。堀場前掲書、二三七、三〇七頁。魯西作戦の期間について、前者は七月三日—七月九日、後者は六月二六日—七月二七日としているが作戦地図上に日付のある前者を採った。

第三章　百団大戦と治安戦の本格化

(1) 前掲『北支の治安戦(1)』、二四七頁。

(2) 防衛庁防衛研修所戦史室編『大本営陸軍部(2) 昭和十六年十二月まで』朝雲新聞社、一九六八年、五五五頁。

(3) 同前、五五八頁。

(4) 井本熊男『支那事変作戦日誌』芙蓉書房出版、一九九八年、四六〇頁。

(5) 堀場前掲書、四五八頁。
(6) 井本前掲書、四七三頁。
(7) 前掲『支那事変陸軍作戦(3)』、二五五、二五六頁。
(8) 前掲『北支の治安戦(1)』、三三八頁。
(9) 前掲『独旅』第三号、一九八一年一二月、七頁。百団大戦、ならびに本節については、石島紀之『中国抗日戦争史』(青木書店、一九八四年)を参照した。
(10) 前掲『北支の治安戦(1)』、三五一、三五五頁。
(11) 同前、三五四、三五五頁。
(12) 前掲『支那事変陸軍作戦(3)』、二五六頁。
(13) 何理『抗日戦争史』上海人民出版社、一九八五年、一九八頁、二〇一頁。張憲文主編『中国抗日戦争史(一九三一―一九四五)』(南京大学出版社、二〇〇一年)にも同じ数字が掲載され、出所は、第一八集団軍総司令部野戦政治部「百団大戦総結戦績」(一九四〇年一二月一〇日)であると記されている(七四九、七五〇頁)。この数字が中国では公的数字とされている。第一八集団軍は国民政府が八路軍を一九三七年九月一二日に、国民革命軍第一八集団軍と改称したものであるが、共産党はひきつづき八路軍の名称を使用した。斉武『晋冀魯豫辺区史』(当代中国出版社、一九九五年、一一二頁)には、日本軍の死傷者二万六三六人、鉄道破壊四七四キロメートル、道路破壊二六〇〇キロメートル、占領除去した拠点は二九三カ所、これにたいして八路軍の死傷者は一万七五九〇人(戦死者五八九〇余人)、毒ガスの傷害をうけた者、二万一一八二人という数字を挙げている(一一二頁)。何理と張憲文の書には、占領拠点二二三九とあったが、明らかに誤植と思われるので、斉武書により、二九三カ所と改めておいた。
(14) 謝忠厚・肖銀成主編『晋察冀抗日根拠地史』改革出版社、一九九二年、五二―五六頁。
(15) 魏宏運・左志遠主編『華北抗日根拠地史』(檔案出版社、一九九〇年)、中共山東省委党史資料征集研究委員会編『山東抗日根拠地』(中共党史資料出版社、一九八九年)、斉武前掲書、参照。
(16) 日本国際問題研究所中国部会編『中国共産党史資料集』第一〇巻、勁草書房、一九七四年、二六一―二六八頁。
(17) チャルマーズ・ジョンソン、田中文蔵訳『中国革命の源流――中国農民の成長と共産政権』弘文堂新社、一九六七年、六三、二五五頁。
(18) たとえば、日中文化交流史を専門にしている王暁秋北京大学教授と個人的に親しく話していた時に、私の質問に応えて、第二次上海事変の時の日本海軍機の爆撃によってお兄さんを殺されたことを初めて話してくれたことがある。王教授のように聞かれれば話すが、先に中国人から批判、糾弾してくることは多くない。日本人に話すことで悲しみが新たになり、心の傷が深まるので話したくないという人も多いのである。
(19) 江口圭一『日中アヘン戦争』岩波新書、一九八八年、二〇五頁。なお、日本が日中戦争時に蒙疆地域でアヘンを生産、専売した問題については、朴橿著、許東粲訳『日本の中国侵略とアヘン』(第一書房、一九九四年)に詳述されている。
(20) 張憲文主編前掲書、七三二頁。
(21) 前掲『中国共産党史資料集』第一〇巻、二四八―二五四頁。

(22)　同前、二九一―二九三頁。
(23)　同前、三〇〇―三〇五頁。
(24)　独立混成第四旅団「第一期晋中作戦戦闘詳報　戦闘詳報第十二号、自昭一五・九・一―九・一八」(防衛省防衛研究所図書館所蔵史料)。第一軍参謀長として二次にわたる百団大戦への報復、反撃作戦を指揮した田中隆吉は、戦後彼の言動に不満をもつ人たちから「狂人が軍服を着て、剣をつり拳銃をもって武装し、背後の権力を利用した病的虚言の主《ぬし》」ともいわれた軍人である(渡辺龍策『川島芳子　その生涯――《見果てぬ滄海《うみ》》』(徳間文庫、一九八五年、一〇〇頁)。一九三二年一月二八日の第一次上海事変は、当時上海駐在公使館付陸軍武官補佐官であった田中少佐が、関東軍参謀板垣征四郎の依頼をうけて、「男装の麗人・東洋のマタハリ」といわれた川島芳子(清朝末期の王族粛親王の第一四王女、愛新覚羅顕玗。金璧輝)と組んで、中国人に日本人僧侶を襲撃させた謀略事件が引き金になった。内蒙古の綏遠事件(一九三六年一一月)も関東軍参謀であった田中中佐が起こした謀略であった。田中は一九四〇年一二月、第一軍参謀長から憲兵の元締である陸軍省兵務局長に昇進する。戦後の極東国際軍事裁判(東京裁判)において、検察側に免責要請をしながら、かつての上官や同僚たちの戦争責任者の告発や各種の情報提供など、国際検察局の検察活動に全面協力した。国際検察局による三一回にもおよんだ極秘の訊問調書の内容は、粟屋憲太郎・安達宏昭・小林元裕編、岡田良之助訳『東京裁判資料・田中隆吉訊問調書』(大月書店、一九九四年)に収録されている。田中隆吉・田中稔『田中隆吉著作集』(私家版、一九七九年)もある。
(25)　前掲、独立混成第四旅団「第一期晋中作戦戦闘詳報」。

(26)「第一軍作戦経過ノ概要 晋中作戦 1A参謀部 昭和一五・八・二〇―一五・一二・三」(防衛省防衛研究所図書館所蔵史料)。
(27) 前掲、独立混成第四旅団「第一期晋中作戦戦闘詳報」。
(28) 注(26)に同じ。
(29) 例えば、前掲の何理『抗日戦争史』は「百団大戦第三段階は、敵の根拠地にたいする掃蕩であり、戦闘・戦術上新しい特徴が出現した」として「敵は抗日根拠地において野蛮な〝三光政策〟を計画的に実行した」と記している(一九七頁)。前掲張憲文主編『中国抗日戦争史』は、百団大戦第三段階作戦の際、山西省の西北の反〝掃蕩〟作戦において、「敵は空前の残酷な手段を用いて我が根拠地民衆に、焼き尽くし、殺し尽くし、奪い尽くす〝三光〟政策を実行し、多くの村落が焦土となり、家族全員殺害され、女性が凌辱された」と記している(七四八頁)。
(30) 前掲『北支の治安戦(1)』、三七一頁。
(31)「総軍情報会議提出書類(昭和十六年七月十六日　北支那方面軍司令部)」(『現代史資料(9) 日中戦争(二)』みすず書房、一九六四年)、四九六頁。
(32) 前掲『北支の治安戦(1)』、五二八―五三六頁。
(33) 三谷孝編『中国農村変革と家族・村落・国家――華北農村調査の記録』(汲古書院、一九九九年)には、筆者が河北省の石家荘東南にある欒城県寺北柴村に一九九四年と九五年に農村調査に入り、抗日根拠地を封鎖するための遮断壕掘りに動員された農民の負担と反発について聞き書きをした記録が収録されている。なお、寺北柴村の他にも北京、天津、山東省の村四村(いずれも日中戦争当時は治安地区、准治安地区であった)に農村調査に入り、本書で述べてきた北支那方面軍の治安工作に組み込まれた華北農村の実態について、筆者の聞き取り史料をもとに拙稿「戦時下の村」（三谷孝他『村から中国を読む——華北農村五十年史』青木書店、二〇〇〇年）にまとめたので、参照されたい。

第四章　アジア・太平洋戦争と治安戦の強化

（1）堀場前掲書、四八一、六〇六頁。
（2）同前、六〇六頁。
（3）同前、六一七頁。
（4）井本前掲書、五一四頁。
（5）防衛庁防衛研修所戦史室編『大本営陸軍部⑵　昭和十六年十二月まで』朝雲新聞社、一九六八年、三〇九頁。
（6）防衛庁防衛研修所戦史室編『関東軍⑵　関特演・終戦時の対ソ戦』（朝雲新聞社、一九七四年）の「第一章「関特演」」参照。
（7）吉見義明『従軍慰安婦』岩波新書、一九九五年、三三頁。
（8）前掲『大本営陸軍部⑵』、三二一頁。
（9）佐藤賢了は軍務局軍務課国内班長（中佐）時の一九三八年三月三日、衆議院国家総動員法案委員会で説明員として出席中、質問に立った議員に「黙れ！」と一喝して政治問題化した人物。南支那方面軍参謀副長として富永参謀本部作戦部長とともに、一九四〇年九月の北部仏印武力進駐を下克上的に強行した責任を問われることなく、一九四一年三月に軍務課長に昇格、一九四二年四月には軍務局長に出世したのである。佐藤は陸大卒業後、一九二九年から三年間ワシントンの日本大使館で武官補をつとめた経験があり、「アメリカ人には愛国心がない。兵士はガムをかんで、ダンスをしている国だ。陸軍の訓練をみても、雑然として統一がとれていない。国を挙げての戦争などできる国ではない」といった皮相なアメリカ観であったが、その当時、陸軍の要職にはアメリカで武官生活を体験した者はなく、佐藤のこの意見が主流であったという。東条陸相は佐藤に目を掛けて側近の一人とし、佐藤のアメリカ観を自らのものにしていったという(保阪正康『昭和陸軍の研究(上)』朝日新聞社、一九九九年、二五八頁)。

(10)　藤原前掲書、一六六頁。

(11)　堀場前掲書、六三一頁。

(12)　当時、陸軍省軍務課の高級課員として、武藤章軍務局長の下にあって「情勢の推移に伴う帝国国策要綱」の原案を書いた石井秋穂は、保阪正康のインタビューに応えて「昭和十六年(一九四一年)七月二十八日に、日本軍は南部仏印に進駐したが、即座にアメリカからあれだけの報復を受けるとは思わなかった。このことを予想した者は当時の陸軍内部に誰もいなかった。……いくら何でもアメリカが戦争を覚悟することはないだろうと、陸軍だけでなく、海軍も判断していた。結局、その点についてわれわれは見通しを誤っていたことになる。その責任は重いといわざるを得ない。私自身、国策を担う立場にいただけに、その責任から免れようとは思っていません」「ドイツがヨーロッパを制圧し大西洋を押さえても、アメリカはイギリスを支援していない。たぶん太平洋でもアメリカは直接に動かないだろうと考えていたわけです。陸軍省軍務局のアメリカ観は、この国は個人主義、自由主義の国であり、短期的に国力を戦力化するには不向きという考えにとらわれていたことを正直に告白しなければなりません」と話している（保阪前掲書（上）、二五四頁）。

(13) 高山信武『二人の参謀 服部卓四郎と辻政信』芙蓉書房出版、一九九九年、有末精三の「序」より。

(14) 藤原前掲書、一六七頁。

本書ではこれまで、注記において、盧溝橋事件を日中戦争に拡大し、華北の「第二の満州国化」を推進し、さらにはノモンハン事件を引き起こしたり、仏印進駐を強行するなどして、日中戦争からアジア・太平洋戦争へと日本を引きずりこんだ作戦を主導した陸軍中枢の指導者たちについて詳述してきた。武藤章、辻政信、富永恭次、田中隆吉、佐藤賢了らがそうである。彼らは共通して、独善的、専断的な攻勢主義者であり、強硬な拡大論を唱えて不拡大論者を圧倒し、独断専行的に作戦を強行することを躊躇《ためら》わなかったエリート軍人たちである。そのような人物が下克上的に作戦指導力をアピールするかたちで、軍中央の統帥部に抜擢され、「大東亜戦争」開戦の国策決定と開戦以後の重要な作戦決定に関与するようになったのは偶然ではなく、日本軍の特質がなせるわざであった。なぜ、彼らのような軍人が陸軍中央の統帥部の要職を占めるにいたったのか、その重要な要因は、日本の軍隊が官僚組織と同じ構造をもっていたことに求められよう。日本で一校だけの陸軍士官学校（海軍は海軍兵学校、以下陸軍を事例に述べるが海軍も同じ）の卒業生のみが日本軍の高級・上級指揮官を独占し、さらに陸軍大学校を卒業した者のみが陸軍中央の要職になれる仕組みになっていた。第○○期といわれた卒業年と卒業成績と指揮官としての軍功によって尉官、佐官、将官（それぞれがさらに少、中、大に分かれていた）の位階を順次昇格していくことが職業軍人の生涯となった。まさに軍校学歴の上に軍功を積み重ねて出世階段を昇っていくことをめざした官僚的軍人制度である。堀場一雄はこうした官僚的軍人制度ゆえに「大器、偉材」が育たず、また活躍もできなかったことを反省して以下のように述べている。

人事の登用は事務末節の便宜に堕し、推挽は屢々私事に亘り、大器偉材の自適すること難し。出世三原則（明言せず、論争せず、多数決に随伴す）の輩徒らに上位に昇り、要路は先見叡智を欠きて一時を糊塗す。事変の処理多くは三無原則（無定見、無責任、無反省）の範囲を出でず。是太平の久しき老齢日本の症状ならんか。加うるに頻繁なる恒例的人事更迭は此等の傾向を増長せしむるあり（堀場前掲書、七四〇頁）。

堀場は官僚的軍人制度という言い方はしていないが、日本の軍人制度の欠陥を的確に指摘している。その最たるものが、定期的ともいえる人事異動と昇格である。上述の軍人たちも頻繁に人事異動をくり返しながら出世コースを登りつめていったのである。あのように頻繁に現場と部局を異動させたのでは、現場に習熟して長期的な作戦指導をすることなど不可能である。日本軍が各戦場の現場状況や作戦や要務の緊急性や必要性などに関係なく、官僚的特権軍人の昇格のために人事異動を定期的に実施し、出世コースの階段を昇らせたのであった。そうした軍人官僚制度のなかで、上述した野心的な軍人が下克上をものともせず、現地軍を独断専行的に指揮して軍功をあげることによって、軍中央に認められ、軍中央の人脈に入りこみ、軍中央の中堅幕僚に抜擢されていったのである。

本書で個別に名前をあげてきた軍人が軍中央の統帥部の幕僚に抜擢され、頭角を現していったのには、堀場が指摘する大多数の官僚的軍人が「出世三原則」を守って堅実な昇格の道を歩もうとしている組織にあっては、彼らのような独善、専断、能弁で押しと灰汁《あく》の強い人物に対抗しようとする者はなく、逆に一目置かれて、彼らが大言壮語的に拡大論、攻勢論を主張するのに任せる風潮にあったことは容易に想像できよう。この官僚的軍人制度のさらに大きな欠陥は、堀場が指摘する「三無原則」が「天皇制集団無責任体制」によって補完されていることである。ノモンハン事件が典型であり、第二次上海事変や南京攻略戦もその事例に入るが、現地最高指揮官の下克上的な無謀な作戦の強行によって、多数の不必要な戦死者を出しながらも、その責任を問われることなく、それどころか軍中央に栄転して、高級参謀へと出世していき、アジア・太平洋戦争ではガタルカナル戦などもっと大きな作戦を指導して、さらに膨大な犠牲者を出していったのである。平和時の社会であれば「過失致死罪」に問われるべき誤った作戦指導が、軍人官僚制度的な「天皇制集団無責任体制」下においては放任どころかむしろ容認されていたのである。

日本軍の最高統帥者は天皇であり、天皇の補佐官である統帥部の長として参謀総長、軍令部総長、行政部の長として陸相、海相がおり、各段階の軍司令官がいて、何か不祥事や衝突が発生した場合、天皇以外はそれぞれの長が責任をとるかたちになっていたが、藤原彰が指摘するように、実際は、作戦担当のいわゆる中堅幕僚層が、すべておぜん立てをして、作戦を動かしていたのであった。戦争をするかしないかという最高国策の決定までが、幕僚層のリードによって決まっていたのである。各長は「良きにはからえ」と悠然とかまえて部下に任せるのが名将だとされ、幕僚層の独断専行、横暴が許される傾向が強かった。日本の戦争国策の決定過程においてさえも、もっとも重要な役割を演じたのは、軍の中堅幕僚層であった（藤原前掲書、一六四頁）。この事実は、前述したアジア・太平洋戦争開戦の国策決定過程で明らかにしたとおりである。前述したように、このとき軍中央の中堅幕僚に特異的性格の軍人が集まったのである。こうした作戦参謀の独善横暴がまかりとおり、しかも作戦決定、指導の誤りの責任を問われなかったのである。せめて、歴史学においては、彼らのはたした役割を冷静に分析してその責任を問い、彼らのような軍人が統帥部の中枢に昇りつめて国策決定にかかわった、日本の官僚的軍人制度ならびに「天皇制集団無責任体制」の特質を究明することが求められているように思える。

保阪前掲書（下）の「参謀本部の参謀たちの体質とその欠陥」と題する章で、陸軍大学校をいい点数で卒業した者が特権的軍人官僚となって参謀部に入り、兵士を人間とみなさず、主観的・精神主義的な作戦計画を作成、強行させて日本を破滅に引き入れていった要因が分析されているので参照されたい。

(15) 前掲『大本営陸軍部(2)』、四二五頁。
(16) 同前、五七〇、五八〇、五八七頁。
(17) 張秀章編著『蔣介石日記掲秘（下）』団結出版社、二〇〇六年、六五八頁。
(18) 前掲『支那事変陸軍作戦(3)』、四〇三—四一〇頁。井本前掲書、五二一—五二六頁。
(19) 前掲『蔣介石日記掲秘（下）』、六五六頁。
(20) 同前、六五四頁。
(21) 拙稿「第五章　国民政府軍の構造と作戦——上海・南京戦を事例に」（中央大学人文科学研

究所編『民国後期中国国民党政権の研究』中央大学出版部、二〇〇五年）。
(22) 前掲『北支の治安戦(2)』、一一六―一一七頁。
(23) 前掲『北支の治安戦(2)』、一二七―一二九頁。
(24) 中村前掲書、「第四章　兵站基地化とその崩壊」。
(25) ガダルカナル戦に際して地形もアメリカ軍の作戦も知らずに無謀な作戦指導をしたのが、参謀本部作戦部長の田中新一と作戦課長の服部卓四郎、作戦課の辻政信らの既述のトリオであった。一九四二年八月末から四三年二月初旬までの戦闘で、陸軍約二万八〇〇〇人、海軍約三八〇〇人が戦死したが、半数が補給物資を無視した強行な作戦のための餓死、病死の犠牲者であった(藤原前掲書、二二一、二六九頁。保阪前掲書(上)、三七四―三八三頁)。
(26) 松本俊郎『侵略と開発――日本資本主義と中国植民地化』御茶の水書房、一九八八年、一四五、一四九、一六三頁。
(27) 前掲『昭和十七、八年の支那派遣軍』、三〇三頁。
(28) 前掲『北支の治安戦(2)』、五三四頁。
(29) たとえば、一九四二年秋から四三年末にいたる間、五個師団を基幹とする部隊が南方に転用され、一個師団が満州に移駐された(堀場前掲書、六七〇頁)。
(30) 皖は安徽省の別称。華中一帯での新四軍の拡大を警戒した蔣介石が一九四〇年一二月に新四軍を黄河以北へ移動するように命じた。共産党はこれを拒否したが、統一戦線を維持するため、長江以北へ移動することで応じ、安徽省南部の新四軍を集結させて移動中、蔣介石の命令で国民党軍が襲撃、副軍長の項英が戦死したのをはじめ約八〇〇〇人の新四軍兵士が犠牲となった。蒋介石は新四軍の解散を命じたが、新四軍の残存部隊は江蘇省北部へ移動、集結し、政治委員の劉少奇《りゅうしょうき》と代理軍長陳毅《ちんき》の指導のもと塩城に司令部をおいて再建、長江以北の江蘇省を中心に遊撃隊による抗日ゲリラ闘争を展開した。

(31) 汪精衛政権の清郷政策については、古厩忠夫「日本軍占領地域の「清郷」工作と抗戦」（古厩忠夫『日中戦争と上海、そして私——古厩忠夫中国近現代史論集』研文出版、二〇〇四年）、小林英夫・林道生『日中戦争史論——汪精衛政権と中国占領地』御茶の水書房、二〇〇五年などがある。史料集として中央檔案館・中国第二歴史檔案館・吉林省社会科学院合編『日本帝国主義侵華檔案資料選編13　日汪的清郷』（中華書局、一九九五年）がある。

(32) たとえば一九四一年七月に開始した清郷のための掃蕩戦の部隊は、日本軍一〇個大隊（約七〇〇〇人）、汪精衛政権軍約一万四〇〇〇人、同模範警察隊約二〇〇〇人であった（前掲『北支の治安戦(2)』、六〇六頁）。

(33) 蔡徳金前掲書（下）。

(34) 前掲『北支の治安戦(2)』収録の「付録第三　清郷工作」、『支那陸軍作戦(3)』の「第十三軍地域における清郷工作」（四一四—四二一頁）参照。

(35) 藤原彰「海南島における日本海軍の「三光作戦」」（『季刊戦争責任研究』第二四号、一九九九年六月）。なお海南島における日本軍の性暴力については、金子美晴「中国海南島における戦時性暴力被害と裁判及びその支援について」（『季刊戦争責任研究』第六四号、二〇〇九年六月）を参照されたい。

(36) 前掲『中国方面海軍作戦(2)』、二八二、三七三、三九五、四四〇、四六四頁。中国共産党

の抗日根拠地については、章紹嗣・田子渝・陳金安主編『中国抗日戦争大辞典』(武漢出版社、一九九五年)の「瓊崖革命根拠地」によった。

(37) 松村高夫・矢野久編著『裁判と歴史学――七三一細菌戦部隊を法廷からみる』(現代書館、二〇〇七年)の「浙贛作戦における細菌攻撃」(二四八―二五二頁)、常石敬一『消えた細菌戦部隊――関東軍第七三一部隊』(海鳴社、一九八一年、二二一―二二二頁)、常石敬一「細菌兵器と日本軍七三一部隊」(秦郁彦・佐瀬昌盛・常石敬一監修『世界戦争犯罪事典』文藝春秋、二〇〇二年)参照。

(38) 藤原彰『中国戦線従軍記』大月書店、二〇〇二年、一一二頁。

(39) 同前、一一七―一一八頁。

(40) 高山前掲書、二七四、二七九頁。

(41) 保阪前掲書(下)によれば、陸軍大学校卒業者五〇人のうち、成績優秀者(上位の一割、ふつう五人から六人)がとくに軍刀組として参謀本部作戦部に配属され、エリート軍官僚として、昭和陸軍の指導的な地位につく保証が与えられていた。彼らは作戦部員以外誰も入室できない参謀本部二階の一室で、壁に貼られた大きな地図を見ながら、現地報告を聞き、それをもとに新たな命令を出していた。また、国策の骨子となる戦争方針を定め、それを海軍の軍令部と調整し、ときに政府に大本営の意向として伝えた。この参謀本部作戦部から現地軍に発せられる命令は、統帥権を担う天皇の命令そのものであったから、どのような命令にも現地派遣軍は背くことができなかった。作戦部の参謀たちは、情報部も含め他の部門の参謀に強い優越意識をもっていて、情報を客観的に分析することなく、情報部が収集したさまざまなデータもほとんど考慮せず、ひたすら自分たちの考える知識で作戦命令を下していた(四三九頁)。

(42) 藤原前掲書、一二七―一二八頁。

(43) 前掲『昭和二十年の支那派遣軍(1)』、一八三頁。堀場前掲書、七〇五頁。

第五章　治安戦の諸相

(1) 菊池一隆『中国抗日軍事史――一九三七―一九四五』(有志舎、二〇〇九年)は、従来の中国抗日戦争史の歴史書が、中国共産党や八路軍・新四軍の遊撃戦に焦点を当てて記述されてきたことに対し、正面戦場における国民党軍の戦闘、国民党軍の遊撃戦の役割も歴史事実に照らして評価しようとしたものである。

(2) 前掲『北支の治安戦(2)』、五七〇頁。

(3) 前掲『北支の治安戦(2)』、一一四頁。

(4) 中国人民大学歴史系中共党史教研室・胡華主編『中国革命史講義』新華書店、一九六二年、四一八、四一九頁。

(5) 本書では、中国共産党の指導する抗日根拠地・抗日ゲリラ闘争の発展過程については、詳述しない。中国においては、以前は、共産党主導の抗日戦争史を叙述し、国民政府軍(国民党軍)の役割は否定的に記述するのが主流であったが、最近は、正面戦場における国民党軍の戦闘、敵後方戦場における共産党軍の戦闘の両者を並列して記述するようになってきた。最近の抗日戦争史として、劉大年・白介夫前掲書、張憲文主編前掲書などがある。

(6) 前掲『北支の治安戦(2)』、四〇一頁。

(7)　同前、五七〇頁。
(8)　同前、五六八、五七一頁。
(9)　公安部檔案館編『火刑――日本戦犯供述檔案掲秘』（中国人民公安大学出版社、二〇〇三年）、公安部檔案館編『史証――日本戦犯侵華罪行懺悔実録』（中国人民公安大学出版社、二〇〇五年）、中央檔案館・中国第二歴史檔案館・河北省社会科学院編『日本侵略華北罪行檔案2戦犯供述』（河北人民出版社、二〇〇五年）。
(10)　一九四五年八月の日本の敗戦時、山西省には北支那方面軍の第一軍約五万九〇〇〇人が駐留していた。第一軍司令官澄田《すみた》睞四郎《らいしろう》中将と参謀長山岡道武少将が山西軍の実力者の国民政府軍第二戦区司令長官閻錫山と密約を結び、共産党軍と内戦を戦うために、二六〇〇人の部隊を残留させ、国民政府軍独立第一〇総隊を編成させた。山西残留日本軍は四年間共産党軍と戦い、五五〇人の犠牲者を出したが、共産党の勝利が明らかになり、太原陥落が予測された二カ月前、澄田と山岡は閻錫山から多額の金をもらって飛行機で太原を脱出、部下を見捨てて帰国してしまったのである。残された山西残留日本軍将兵は共産党軍に降伏して捕虜となり、中華人民共和国が成立すると戦犯として太原戦犯管理所に収容された。いっぽう、部下を見捨てて帰国した澄田と山岡は、もはや東京裁判で戦犯として追及される怖れもなくなっていた。一九五六年一二月三日の衆議院「海外同胞引き揚げ及び遺族援護に関する特別調査委員会」において澄田と山岡の二人が「残留は自願によるものであり、彼らは現地除隊の手続きもとり軍籍はなかった。なかには逃亡者も混じっていた」と証言したために、一九五六年以後帰国しはじめた「山西残留部隊」の兵員には、軍人恩給、傷痍軍人手当、亡くなった兵士の遺族年金も支給されなかった。詳細は、永富博道『白狼の爪跡――山西残留秘史』（新風書房、一九九六年）、奥村和一・酒井誠『私は「蟻の兵隊」だった――中国に残された日本兵』（岩波ジュニア新書、二〇〇六年）、池谷薫『蟻の兵隊――日本兵二六〇〇人山西省残留の真相』（新潮社、二〇〇七年）参照。

(11)　新井利夫「供述書はこうして書かれた」（新井利男・藤原彰前掲書、二七二、二七四頁。

(12)　一九五〇年から撫順戦犯管理所に収容されていた日本人戦犯たちが一九五六年の撫順戦犯法廷で判決をうける前に記した供述書が史料的に価値のあるものであることは、藤原彰「日中戦争史と供述書の位置」（前掲『侵略の証言』）に記されているとおりである。なお、同所に収容された日本人戦犯たちが学習活動をとおして自分が犯した戦争犯罪行為を自覚し、告白し、反省していく経緯については、中国帰還者連絡会編集委員会編『私たちは中国でなにをしたか――元日本人戦犯の記録』（新風書房、一九九五年）に詳しい。なお、撫順戦犯管理所に収容されていた日本人戦犯たちの供述書から明らかにされた日本の侵略戦争の歴史については、岡部牧夫・荻野富士夫・吉田裕編『中国侵略の証言者たち――「認罪」の記録を読む』（岩波新書、二〇一〇年）に詳述されている。野田正彰『戦争と罪責』（岩波書店、一九九八年）は、上記の日本人戦犯のなかの数人について、侵略戦争であったと認識し、贖罪の意識をもつにいたる経緯とその人間的な意味について、詳細に分析している。

(13)　中国帰還者連絡会編『帰ってきた戦犯たちの後半生――中国帰還者連絡会の四〇年』新風書房、一九九六年、一五頁。撫順戦犯管理所に収容されていた日本人戦犯たちは、一九五六年から釈放されて帰国を開始、一九六四年までに受刑者四五人全員が帰国、元戦犯たちは中国帰還者連絡会を組織して、団体として、また個人としても積極的に侵略・加害行為を証言、公刊する活動をおこなってきた。三光作戦にかかわる本も何冊か出版している。

(14)　太原戦犯管理所における「認罪」の過程については、岡部・荻野・吉田編前掲書所収の豊田雅幸・張広波執筆「第一章「認罪」への道」を参照されたい。

(15)　中央檔案館整理『日本侵華戦犯筆供』第三冊、中国檔案出版社、二〇〇五年、四〇三―四〇六頁。以下同シリーズからの引用は書名と巻数のみ記す。

(16)　拙稿「「蝗軍」と紅軍――侵略軍と革命軍と」（『週刊朝日百科　世界の歴史124　兵士と銃後』一九九一年四月二一日）参照。

(17)　前掲『日本侵華戦犯筆供』第三冊、四四二―四四六頁。

(18)　同前、四一〇頁。

(19)　前掲『私たちは中国でなにをしたか――元日本人戦犯の記録』、一〇七頁。

(20)　同前、四四一頁。

(21)　内田知行『黄土の大地一九三七―一九四五――山西省占領地の社会経済史』創土社、二〇〇五年、一九一―一九五頁。同書は、日中戦争期の日本軍の占領下における山西省の経済支配と収奪の実態を解明した労作であり、ぜひ参照されたい。なお、岳謙厚『戦時日軍対山西社会生態之破壊』（社会科学文献出版、二〇〇八年）は、日中戦争期における日本軍の山西省における鉱工業、交通運輸、農業資源、人口資源さらには文化教育の略奪、破壊について実証的にまとめている。

(22)　前掲『日本侵華戦犯筆供』第三冊、四七〇―四七三頁。

(23)　粟屋憲太郎編『中国山西省における日本軍の毒ガス戦』（大月書店、二〇〇二年）は、日本軍が山西省の抗日根拠地の掃蕩作戦において、毒ガスを多用した事実を、二度の現地調査をふまえてまとめたものである。毒ガスを用いた事例は三〇一件におよぶ。

(24) 岳謙厚前掲書、二七八頁。

(25) 岳謙厚前掲書、「第六章　日軍対山西民衆心身環境的侵害」の「第一節〝三光作戦〟下的民衆心理」、二七七―二八八頁。

(26) 前掲『日本侵華戦犯筆供』第一冊、五〇―五四頁。

(27) 前掲『北支の治安戦(2)』の数カ所に『在支回想録』の原稿の一部が掲載されている。二冊ともコピーが偕行文庫に所蔵されている。

(28) 筆者は、一九九四年一二月、石家荘市の南東にある欒城県寺北柴村に農村調査に入ったことがある。その時、七九歳の赫老艶から、遮断壕掘りに動員された話を聞き取りすることができた。村から五〇〇メートル離れたところに壕が掘られ、赫老艶もふくめて村民約三〇〇人が動員され、二〇日余にわたり労働させられた。壕掘り作業は村ごとに割り当てられ、請負になっていた。農民には食事も賃金も支給されなかったので、村民は自分の家で飯を食べ、作業場が遠くなった時は村から鍋を持っていって飯をつくった。日本軍は遮断壕を「恵民壕」と言ったが、農民たちは同じ漢字音を当てて「毀民壕（民を損なう壕）」と呼んでいた（三谷孝編『中国農村変革と家族・村落・国家――華北農村調査の記録』汲古書院、一九九九年、一〇四頁）。

(29) 李運昌としているのは、一九四〇年春に成立した晋察冀辺区冀東軍区司令の李雲昌のこと、同副司令が包森、その勢力は約二〇〇〇人といわれた（前掲『北支の治安戦(1)』、四八一頁）。

(30) 前掲『日本侵華戦犯筆供』第一冊、四九頁。

(31) 姫田光義・陳平前掲書には、著者らが魯家峪を調査に訪れたことが記されている。同書は長城線の無住地帯（無人区）の実態を調べてきた現地の地方史研究者の陳平の調査報告が中心になっている。なお、万里長城以北の熱河省の興隆県における無人区政策の実態については、現地を何回も訪れ、被害体験者から聞き取り調査をおこなった結果をまとめた仁木前掲書がある。

(32) 章紹嗣・田子渝・陳金安主編『中国抗日戦争大辞典』（武漢出版社、一九九五年）、三七〇頁。

(33) 潘家戴庄事件の第一次大虐殺は、一九四一年一月二五日、唐山に駐屯していた日本軍指揮官佐々木二郎が日本軍と治安軍（華北政務委員会の軍隊）三〇〇〇人を指揮して冀東地区抗日遊撃隊根拠地の中心の豊潤県潘家峪を包囲殲滅、村民の集団虐殺、略奪、女性の凌辱、村の焼却をはかり、一二三〇人を殺害したという事件。同事件については、一九七一年に当時朝日新聞記者であった本多勝一が現地聞き取り調査をおこない、「三光政策」と題してまとめられて『中国の旅』（朝日文庫、一九八一年）に収録された。虐殺に憤った村の青年が「復仇青年小隊」を組織、さらに隣村の青年たちも加わって一二〇余人に増え、八路軍指導下に「潘家峪復仇団」を成立させ、後に八路軍正規部隊となり冀東軍分区一二団に編入されて日本軍にたいする遊撃戦を展開するようになった（劉景山主編『侵華日軍大屠殺暴行』人民日報出版社、二〇〇五年、二九七頁）。治安戦における日本軍の虐殺行為が八路軍の勢力を拡大させた一例である。

(34) 中央檔案館・中国第二歴史檔案館・吉林省社会科学院合編『日本帝国主義侵華檔案資料選編 華北歴次大惨案』中華書局、一九九五年、四六四―四七四頁。

(35) 両論稿とも、陳建輝主編『人間地獄「無人区」日本侵華罪行実録』（中央編訳出版社、二〇〇五年）に収録されている。
(36) 中共遵化市委党史研究室「遵化山区的〝無人区〟」（陳建輝主編前掲書、五五―五七頁）。
(37) 呉振強・尹成清「遷安県境内的〝無人区〟」（同前、五八―六一頁）。
(38) 南京近郊の農村を訪ね南京事件の被害体験者から聞き取りをおこなった筆者の体験は、拙著『体験者二七人が語る南京事件――虐殺の「その時」とその後の人生』（高文研、二〇〇六年）で紹介した。
(39) 『日本侵華戦犯筆供』第二冊、五三頁。
(40) 中央檔案館・中国第二歴史檔案館・吉林省社会科学院合編『日本帝国主義侵華檔案資料選編　細菌戦与毒気戦』中華書局出版、一九八九年、三一〇頁。
(41) 本多勝一・長沼節夫『天皇の軍隊』（朝日文庫、一九九一年）の「第一〇章　一八秋魯西作戦＝コレラ作戦」に中国帰還者連絡会の元兵士からの聞き取りをもとに、同作戦について詳述されている。聞き取りにより加害者の側の心理や論理もわかるので参考になる。
(42) 前掲『細菌戦与毒気戦』、三三五頁。
(43) 朱銘・王宗廉主編『山東重要歴史事件――抗日戦争時期』山東人民出版社、二〇〇四年、四二九―四四〇頁。
(44) 前掲『細菌戦与毒気戦』、三三四頁。
(45) 前掲『細菌戦与毒気戦』、三三九―三四〇頁。
(46) 中央檔案館・中国第二歴史檔案館・吉林省社会科学院合編『日本帝国主義侵華檔案資料選編　華北歴次大惨案』中華書局、一九九五年。

(47) 小俣和一郎『検証 人体実験 七三一部隊・ナチ医学』第三文明社、二〇〇三年、一一二頁。

(48) 山東省平原県や恩県における聞き取り調査記録は、三谷孝編『中国農村変革と家族・村落・国家――華北農村調査の記録 第二巻』(汲古書院、二〇〇〇年)として出版された。

(49) 中央檔案館・中国第二歴史檔案館・河北省社会科学院編前掲書、一一三頁。

(50) これらの残された問題については、前掲『中国侵略の証言者たち――「認罪」の記録を読む』の笠原十九司・伊香俊哉執筆「第三章 三光作戦とは何だったのか」において叙述したので参照されたい。

(51) たとえば、毒ガス戦については、石田勇治・小野寺利孝他編『中国河北省における三光作戦――虐殺の村・北疃村』(大月書店、二〇〇三年)、歩平著、山辺悠喜子・宮崎教四郎監訳『日本の中国侵略と毒ガス兵器』(明石書店、一九九五年)、吉見義明『毒ガス戦と日本軍』(岩波書店、二〇〇四年)などがある。吉見前掲書は「Ⅷ 燼滅戦・殲滅戦下の毒ガス戦 中国戦線――一九四二―一九四四」の「「解放区」への攻撃」の節で華北の治安戦における毒ガス戦の事例を叙述している。

中国人強制連行については、杉原達『中国人強制連行』(岩波新書、二〇〇二年)、西成田豊『中国人強制連行』(東京大学出版会、二〇〇二年)などがある。中国人強制連行・強制労働については、中国においても河北大学教授何天義を中心に聞き取り史料の収集が大々的に進められ、何天義主編『二戦擄日中国労工口述史』全五巻(齋魯出版、二〇〇五年)が出版されている。さらに治安掃蕩作戦の「労工狩り」で拉致・連行された農民、捕虜などが華北の各地に設置された集中営(強制収容所)に収容された被害を聞き取りした、何天義主編『日軍侵華集中営――中国受害者口述』（大衆出版社、二〇〇八年）がある。梅桑楡『日軍鉄蹄下的中国戦俘与労工』（中共党史出版社、二〇〇五年）もある。

なお、中国人戦争被害訴訟の全体については、中国人戦争被害賠償請求事件弁護団編『砂上の障壁——中国人戦後補償裁判一〇年の軌跡』（日本評論社、二〇〇五年）を参照されたい。

エピローグ

（1）前掲『日本侵略華北罪行檔案2 戦犯供述』、一三頁。

（2）林博史『BC級戦犯裁判』岩波新書、二〇〇五年、六一、一〇九頁。なお劉傑『漢奸裁判——対日協力者を襲った運命』（中公新書、二〇〇〇年）も参照されたい。

（3）奥村哲『中国の現代史——戦争と社会主義』（青木書店、一九九九年）、一〇三、一〇七、二〇五、二〇六頁。

（4）三谷孝編『中国農村変革と家族・村落・国家——華北農村調査の記録』、七八六頁。

（5）蔡徳金前掲書（下）。

あとがき

「治安戦」という歴史用語は、防衛庁防衛研修所戦史室が編纂した「戦史叢書」に『北支の治安戦(1)』『同(2)』があるように、「治安掃蕩作戦」「治安粛正作戦」「治安強化作戦」などの作戦を略称する用語として日中戦争当時に使われていた。しかし、いざ「治安戦」という用語を歴史事典類や百科事典類で調べても該当項目はない。軍事用語事典類にさえも見当たらない。そのため、「治安戦」は歴史用語としては忘れられようとしているかに見える。「治安戦」というタイトルの本をインターネットで検索してヒットするのは、防衛庁戦史室の『北支の治安戦』のみである。そうであれば、『日本軍の治安戦』と名付けた本書は、『北支の治安戦』につづく歴史書ということになる。

筆者は「治安戦の思想と技術」(『岩波講座アジア・太平洋戦争5　戦場の諸相』)において、「治安戦とは、占領地、植民地の統治の安定確保を実現するための戦略、作戦、戦闘、施策などの総称である」と規定して、近代日本の戦争史における治安戦について、台湾征服戦争、朝鮮抗日義兵闘争、シベリア干渉戦争、満州事変・「満州国」、日中戦争、アジア・太平洋戦争の各期における展開を概述したが、本書はその続編であり、まとめでもある。

本書においては、第一に、日中戦争(一九三七年七月—四五年八月)における日本軍の治安戦の全体像を、日中戦争全体の展開に位置づけて明らかにした。すなわち、当初の段階においては、治安戦の思想と技術の実践の試みという性格をもっていたが、一九四〇年八月の百団大戦を契機に、抗日根拠地・ゲリラ地区の燼滅《じんめつ》をはかる治安討伐作戦が中心となり、アジア・太平洋戦争開始後は、食糧・物資・資源・労働力の収奪・略奪の手段へと目的と性格を変えていき、それが中国農民を中国共産党および八路軍の指導・組織する抗日闘争の側に追いやり、日本軍の治安戦が挫折し、崩壊していく要因となった過程を明らかにした。

第二に、中国では三光作戦(三光政策)といわれる治安戦について、華北の山西省における燼滅掃蕩と収奪作戦、河北省における無住地帯化と経済封鎖作戦、山東省における細菌戦を事例に取り上げて、加害者の日本軍の論理と被害者の中国農民の記憶の両側面から事件を照射する方法をとおして、実相に迫る叙述をおこなった。同事件に関する、日本軍側の史料と中国民衆側の史料とを照合させることによって、事実の実証性が高められたといえよう。日本では、三光作戦は中国側のプロパガンダであり、そのような歴史事実はなかったと主張する風潮がとくにメディア世界においてまだ強いが、本書で詳述した加害者と被害者の史料・証言が一致した事例については、「ウソ」「でっちあげ」

「捏造《ねつぞう》」などと否定できないのではあるまいか。

第三に、読者の方々はお気づきであろうと思うが、本書には治安戦に加えてサブ・ストーリーがある。それは、「天皇制集団無責任体制」にもとづく、無謀でデタラメともいえる戦争指導体制についての批判と、これまで論じられることのなかった日中戦争における海軍の戦争責任の追及である。これらは主として注において記述したが、長期化した日中戦争の過程において、強固な拡大論を唱える特異な性格のエリート軍人——陸軍中枢部、とくに参謀本部の作戦参謀として集まった特権的軍人官僚たち——が、ノモンハン事件を引き起こし、北部・南部仏印進駐を強行し、日本をアジア・太平洋戦争に突入させる作戦指導をおこなったことを明らかにし、作戦参謀たちの戦争責任を追及した。特権的軍人官僚となった作戦参謀たちは、自分の立案した作戦によって、万単位の兵士が無用な戦死を遂げ、病死あるいは餓死する結果になっても、それに痛痒を感ずることなくつぎの無謀な作戦計画を作成し、強権をもって実施させたのである。さらに恐ろしいのは、作戦参謀の無謀な作戦計画が大本営の作戦命令としていったんくだされると、チェック機能をもたない厳格な上位下達の階級的軍隊制度によって、現場の末端の部隊には反対、拒否をいっさい認めない絶対服従の命令として強行され、生け贄のように多くの犠牲者を出していった軍機構である。

このサブ・ストーリーをぜひとも書きたいと思ったのは、恩師藤原彰先生が逝去される二年前に書いた『餓死した英霊たち』(青木書店、二〇〇一年)がきっかけになっている。同書は、アジア・太平洋戦争における日本軍戦没者の過半が病死者、餓死者(栄養失調症による死者もふくめる)であったという驚愕の事実を明らかかし、最後に「そもそも無茶苦茶な戦争を始めたこと自体が、非合理な精神主義、独善的な攻勢主義にかたまった陸海エリート軍人の仕業であった。そして補給輸送を無視した作戦第一主義で戦闘を指導し、大量の餓死者を発生させたことも彼らの責任である。無限の可能性を秘めた有為の青年たちを、野垂れ死にとしかいいようのない無惨な飢え死にに追いやった責任は明らかである」(同書、二三五頁)と書かれている。筆者は、われわれ戦後世代にとっての戦没者への鎮魂とは、若き兵士たちが餓死・病死さらに玉砕・自決など無謀な戦死を強制された戦場の実態と戦争の現実を知り、彼らの悔しさ、無念の気持ちに思いを馳せ、そのような戦争の愚行を再び許さないことであるとつくづく思ったのである。

本書を終えるにあたって二つの問題を指摘しておきたい。

一つは、治安戦という作戦用語をつかって戦闘をおこなった日本軍兵士の意識と経験についてである。日本軍は占領地や満州国や中華民国臨時政府、および汪精衛の南京国民政府とその傘下の華北政務委員会などの傀儡国家、傀儡政権の領域において、治安を攪乱し、崩壊させようとする「敵」である八路軍や抗日ゲリラにたいして、治安維持のために治安粛正作戦を実施するのだと宣言し、将兵たちも同様な意識をもった。宮柊二が山西省を侵略、占領した日本軍の一兵士であるという立場を自覚しないで、農民ゲリラを「出没する敵百姓」と詠んだのは、そうした意識の反映であった。

「治安を守る」ために治安掃蕩作戦をおこなうという意識は、日本軍兵士の立場が「正当」で、「治安を乱す」八路軍や抗日ゲリラが「不当」であるという錯覚に容易におちいらせた。そもそも兵士たちは、日中戦争が「ソ連による中国赤化」を阻止し、「ソ連の手先となった蔣介石の容共抗日」を「膺懲」して「帝国日本の自存自衛」をはかるための聖戦であると思い込まされ、共産主義を「悪」とみなす強い反共意識を抱かされていたため、軍事的・思想的「正当化」は堅固であった。このため、「コミンテルンの指令を受けた中国共産党が指導する八路軍や抗日ゲリラなどの治安攪乱の敵」を掃蕩、撲滅するための治安戦を遂行したという類の日本軍将兵の意識からは、治安戦そのものが侵略戦争であり、中国においては三光作戦と呼ばれていたことへの認識は生まれにくい。

治安戦を遂行した日本軍兵士の多くが、戦後になっても侵略・加害兵であったことの自己認識ができなかったのは、幼少時から教育勅語によって天皇制の思想を刷り込まれ、軍人勅諭によって天皇の軍隊(皇軍)、天皇の兵士(皇兵)であることを骨の髄までたたきこまれていた結果でもあった。

日本国民であれば、小学校時代から暗唱させられ骨肉とまで化した教育勅語の思想からすれば、天皇統治の大日本帝国の威勢を東アジアへ拡大するための戦争が「聖戦」であり、その占領統治を維持し「皇運を扶翼」するための戦争が「治安戦」であるという発想に何の疑念もいだかずにいたことが想像できよう。さらに、日中戦争の軍歌第一号で、もっとも広くうたわれた代表的戦時歌謡の傑作である「露営の歌」の五番の「東洋平和のためならば、なんで命が惜しかろう」という歌詞のように、多くの将兵が大日本帝国の領土拡大のための戦争が「東洋平和のため」であるというレトリックを鵜呑みにして、抗日根拠地・抗日ゲリラ地区にたいする三光作戦を「東洋平和を乱す」勢力への治安戦として正当化してなんら疑問をもたなかったといえる。

さらに天皇の軍隊である皇軍の「忠君愛国」のための精神教育の聖典として、兵士に丸暗記が強要された「軍人勅諭」においては、「上官の命令は朕の命令と心得よ」と天皇の権威によって命令が絶対化されていた。このため、普通の兵士にとって、上官の命令がたとえ違法なものであっても、命令を拒否することは事実上不可能となっていた。それどころか、従わない場合は「抗命罪」として軍法会議にかけられた。

軍人勅諭を遵守することで、部隊上級の作戦命令に絶対的に従うことを強制されていた兵士たちは、治安戦と称した三光作戦における行為すべてが、上官の命令に従っただけだという自己正当化の思考パターンを身につけていたのである。

第五章で詳述したような残酷、残虐行為をおこなった日本軍兵士の多くが(中国帰還者連絡会の関係者ならびに近藤一のような少数の加害証言者を例外として)、侵略・加害の行為について、深刻な省察を加えることなく戦後社会を生きてこられたのも、天皇の軍隊の特質に規定されて、治安戦という思想の欺瞞性に目覚め、反省する体験をもたなかったからである。本書は、日中戦争における治安戦の実相を明らかにすることをとおして、日本軍兵士の治安戦の経験を問い、彼らのおちいった思想と思考の錯覚にもメスを入れ、戦争の意味をあらためて問い直そうとした筆者なりの試みであった。

もう一つは、治安戦は過去のことではなく、現代の戦争であるということである。日中戦争時に華北において治安戦を指揮した経験をもつ鈴木啓久が、ベトナム戦争たけなわの一九六七年に書いた手稿「中北支における剿共戦の実態と教訓——中共軍と戦った五年間」(本文前出)において、日本軍がおこなった治安戦とアメリカのベトナム戦争が酷似していることを指摘しているのはその証左である。鈴木は、アメリカが北ベトナムへの爆撃や、北ベトナムから南ベトナム解放戦線への補給路であるホーチミン・ルートの遮断、南ベトナムの解放区にたいする経済封鎖などをおこなっているが、「ベトコンはじめ北ベトナム等を屈伏せしめ得ると考えるならば甚だ甘い考えだと言わねばならない。この事は私の五年間の僅かな経験によっても明らかである」と記し、この段階において、アメリカのベトナム戦争敗退を明言し、「之は過去五ヶ年間中国共産党軍と苦闘に終わった一ヶの軍人の杞憂に過ぎなければ幸いである」と結んでいる。

また騎兵第四一連隊の騎兵として山西省南部の山岳地帯で治安戦に従事した軍歴をも

つ伊藤桂一は、著書『兵隊たちの陸軍史——兵営と戦場生活』(番町書房、一九六九年)のなかで「第五九師団参謀長であった折田貞重大佐の『対中共戦回想』なる小冊子に、治安工作についてのみごとな記述がある。これは自衛隊のテキストとしてごく少部数リコピーされたものであるが、ベトナム政策に悩むアメリカ軍にとっても、甚だ示唆するところ多いかと思われる」(一八六頁)と書いている。

現在、国際連合が世界の民族紛争地域、内戦地域に派遣している「治安維持軍」が現地で展開しているのは、まさに「治安(public peace and order)」を保障するための「治安戦(public security operation)」である。

インターネットのフリー百科事典『ウィキペディア(Wikipedia)』には「対反乱作戦」の項目があり、「治安戦とも表記されることもある」として以下のように説明されている(二〇〇九年一二月一一日閲覧)。「遊撃部隊(ゲリラ)、テロリストなどの反政府勢力などを撲滅・制限する作戦をいう。……対ゲリラ作戦を内容として包括する場合がある。……通常の戦闘ではなく、不正規戦に対応することが求められる」。そこでは「対反乱作戦」の撲滅・制限の対象とする反政府勢力について、①爆弾テロ、暗殺、拷問などの手段を用いる、②概ね地元住民であり、一般人との識別が困難である、③長期戦に持ち込むことで対反乱作戦が国民に支持されなくなるのを待っている、④政治的・経済的・社会的な不満やイデオロギーを持ち、結束している、⑤新兵募集、補給、情報収集等の活動の為に一般人の中で協力者を持っている、と記している。

以上の『ウィキペディア』の記述は、現代の「治安戦」を説明したものであるが、「反政府勢力」を「抗日勢力」、「爆弾テロ」を「ゲリラ攻撃」と言い換えれば、本書の主題である、日中戦争における「日本軍の治安戦」と多くの共通点をもっている。「日本軍の治安戦」とアメリカのベトナム戦争やイラク戦争、アフガン戦争は類似する点が多く、その意味で「日本軍の治安戦」は、現代の戦争の原点となっているともいえる。

日本において、歴史学研究、軍事史研究の立場からはじめて本格的に三光作戦を取り上げたのは、藤原彰先生であった。筆者にとって藤原先生は戦争史研究の生き字引(walking dictionary)であり、先生との出会いがなければ筆者の南京大虐殺事件研究、そして三光作戦研究もなかったのではないかと思われる。本書第四章において、藤原先生を大陸打通作戦において部隊を指揮する若き中隊長として、すなわち歴史上の人物として叙述したことには感慨深いものがある。

藤原先生は、第一二軍所属の第二七師団歩兵第三連隊第一大隊第三中隊附中尉として河北省で治安戦に従事した経験をもつ。同師団は本書で詳しく取り上げた鈴木啓久の所属した部隊であるから、藤原先生は鈴木とほぼ同じ地域で治安戦に従事していたことになる。一九四三年三月、河北省中部の永清県(巻末地図3参照)の紅槍会(農村自衛のための宗教結社）の反乱の鎮圧に出動した二一歳の藤原中尉は以下のような衝撃的な場面を目撃して、日中戦争にたいする観方を変えていった（藤原彰『中国戦線従軍記』、五九―六〇頁）。

永清県一帯は華北大水害で疲弊しているところである。私たちが紅槍会の武装解除をおこなっていると、部落民の一団が川の堤防上に避難しているのに遭遇した。そのなかの一人のガリガリに痩せ細った母親が、これも骨と皮ばかりの赤ん坊に母乳の代わりに草の茎をしゃぶらせていた。私はこの光景につよい衝撃を受けた。日本軍はアジア解放のため、中国民衆の愛護のために戦うのだと教えられてきたのに、貧しい農民たちは飢えに追いやられているではないか。それを討伐するというのが皇軍の姿なのか、という疑問をもった。聖戦の美名と、民衆への弾圧の実態との大きな差違をかねて感じていたが、目のあたりに飢えた母子の姿を見て、この現実につよい感銘を受けたのである。日本軍の行動が、部落を焼き、無人区を作るなど農民を苦しめていることの矛盾を強く感じたのである。

私が中国との戦争に疑問をもつようになった決定的な転換点が、この永清県での紅槍会鎮圧作戦であった。冀東での三光作戦につづいて、ここで飢えた農民の姿を直接眼にしたことで、大きな衝撃を受けたのである。

右の話は筆者も何度か直接聞いているので、よほど大きな衝撃をうけ、そのことが、藤原先生が三光作戦の研究をまとめられようとした思いにつながっていたのだろう。しかし先生は、三光作戦の研究を手掛けたところで、二〇〇三年二月二六日、忽然《こつぜん》と逝去されてしまった(享年八〇歳)。そのわずか二週間前に筆者は先生から手紙をいただき、そこには「いま、私は三光作戦について歴史的に考察したものをまとめようとしていますが、いつになるやら」と書かれてあった。前掲拙稿「治安戦の思想と技術」は藤原先生の遺志を継ぐかたちでまとめたものであった。本書はさらにそれを筆者なりに発展させたものである。

本書を謹んで藤原彰先生の御霊前に捧げたいと思う。

末尾となったが、本書の執筆の機会を与えてくださった岩波書店編集部の吉田浩一さんに衷心より感謝申し上げたい。三光作戦について一書にまとめたいと思っていた筆者の意図を理解して激励してくださり、書きたいことを書かせてくださった。また藤田紀子さんは原稿提出日を何度も裏切った筆者に忍耐強く対応しながら、本書完成までてきぱきと編集作業を進めてくださった。あらためて御礼申し上げたい。

二〇一〇年三月

笠原十九司

岩波現代文庫版あとがき

本書の単行本が発行されたのは、二〇一〇年である。刊行から十数年が経過しているが、この間、本書のように日中戦争時の中国華北における日本軍の治安戦について本格的に扱った歴史書は、管見の限りでは出されていないように思う。

その理由は、イギリス社会史・労働史が専門であった松村高夫氏(慶應義塾大学名誉教授)がかつて、「社会経済史学の継続に意義はあるのか」(松村氏からいただいた社会経済史学会大会における氏の発言原稿)で、日本の社会経済史学が政治権力(国家権力や諸々の形態の権力)を研究の射程に入れない傾向が強いという問題を批判したうえで、同様に歴史学においても、国家権力を正面からとりあげて軍国主義を批判し、侵略戦争に反対する思想にもとづく軍事史研究をする者が少ないことにも触れ、そのため「日中戦争中のアジアの軍事侵略の歴史を書く執筆者は皆本来の研究テーマを持ちながら、サブ・ワークとして軍事史を書いているのです。私は七三一部隊と細菌戦のことをやってきましたが、これほど重要な問題が日本史にも中国史にも専門家がいないのです(家永訴訟、細菌戦裁判)。本来これは軍事史研究者がやるべきテーマで、私もサブ・ワークとしてやってきました」と批判したことと関連する。

ちなみに、家永三郎教科書検定訴訟(第三次)の第二審では、私が「南京大虐殺」の争点、松村氏が「七三一部隊」の争点で、家永側の証人として意見書を提出して東京高裁の証言台に立った。第一審(東京地裁)で家永側が敗訴したのを覆し、前者は東京高裁判決で、後者は最高裁判決で勝訴したのだった。

その松村氏が日中戦争研究にかんする「(日本の)軍事史の分野は希薄のままであると思います」という文章につづいて、「最近でた笠原十九司『日本軍の治安戦』を読んでこの希薄なままであるとの見解に修正の要ありと感じています」と拙著を評価してくださった。さらに松村氏は口頭で、「笠原さんの本は、これまでの日本の軍事史にはなかった社会史をふまえたヨーロッパの軍事史研究の水準になっている」とまで評してくださった。

「社会史をふまえた」という指摘は、日本近現代史研究者の本庄十喜氏が、「書評／笠原十九司著『日本軍の治安戦』」(『歴史評論』七三三号、二〇一一年五月)において拙著の特長を以下のように評価してくださったことと関連しよう。

①加害者・日本軍と被害者・中国民衆の記憶の両側面から証言や文書史料、歌などの多彩な方法を用いた叙述によって実相を提示し、治安戦に従事したいわば加害者が戦場で詠んだ短歌を多数引用している。②被害者の側の伝唱歌も多数紹介しており、これら

両者の「歌」を媒介にして加害者と被害者の心理状況、追い込まれたそれぞれの立場について読者が想像することを易くしている。③日中戦争下の日本軍兵士の加害と被害の重層性を提示し、中国の民衆の側からみればまぎれもなく加害者であった日本軍兵士の存在にも焦点をあて、戦後の彼らの「あゆみ」についても紙幅を割いている。④多くの中国人被害者の存在と戦後の経験をあげ、日本軍に協力した「漢奸」(中国の裏切り者)たちの戦後についても触れながら、日本兵や中国民衆のそれぞれの戦争体験と戦後生活とを読者に想起させる工夫がほどこされている。⑤「天皇制集団無責任体制」が温存されるまま、自らの戦争体験を戦後の経験にどのように結び付けていったのか、さまざまな戦争体験者の戦後の「あゆみ」についての示唆が重い。

松村氏が言及した日本の軍事史における国家権力の批判については、教育学史研究者の松浦勉氏が、書評「笠原十九司著『日本軍の治安戦』」(日本戦没学生記念会発行『わだつみのこえ』一三四号、二〇一一年七月)において、つぎのように評価してくださった。

「治安戦に加えて、著者自身が「天皇制集団無責任体制」にもとづく無謀でデタラメともいえる戦争指導体制とよぶ「サブ・ストーリー」に言及しておきたい。本論とは別に、多くが注記のなかでくりかえし論及されているのだが、海軍の戦争責任と、陸軍中枢部(参謀本部)に集まった特権軍人官僚たちに代表される特異な性格のエリート軍人の無謀な作戦計画の決定とそれにもとづく作戦指導が究明・追及されている」と述べ、

「彼らのはたした役割を冷静に分析してその責任を問うことがもとめられている」という「著者の提案に積極的に賛意を表したい」述べてくれたのである。

他にも拙著を好意的に書評、紹介してくれた新聞や雑誌が数例あるが、ここでは省略させていただく。

*　*　*

ところで、二〇二二年二月二四日のロシア軍のウクライナ侵攻に始まったロシア・ウクライナ戦争は、ロシア軍の空爆、砲撃、ミサイル攻撃により、破壊されるウクライナの都市、殺戮される民間人、さまよう膨大な難民の集団など、戦場の悲惨な現場が、連日報道されている。私たちは、目を覆いたくなるような戦争の現場を見せつけられ、戦争は殺戮と破壊以外のなにものでもないことを改めて思い知らされている。これまでもベトナム戦争やイラク戦争などメディアで報じられてきた戦争はあったが、侵略戦争の被害国、被害民衆の立場、視点から戦場の惨状がマスメディアを通じてリアルタイムで世界中に報道されるようになったのは、世界史において、ウクライナ戦争が嚆矢であろう。

筆者は、連日のウクライナ戦争報道に胸を痛めながら、いっぽうでは、本書の著者として居た堪れない思いにかられることがしばしばだった。それは、ロシア・プーチン政権のウクライナ侵攻を国際法無視、人道法蹂躙と糾弾、非難する日本人のどれほどが、日中戦争における「治安戦」において、日本軍が現在のロシア軍をはるかに凌駕する規模で、侵略、加害、破壊行為を繰り広げたことを知っているのだろうかという危惧である。プーチン政権よりはるかに無法な侵略国家であった日本が、「治安掃討戦」においてどのような非人道的な残虐行為をおこなったかは本書で詳述したとおりだが、多くの日本人は、その歴史事実を知らないままに、他人事のようにプーチンやロシア軍を非難しているのではないかという、懸念である。

　戦時中の日本国民は、日中戦争の戦場で日本軍がどのような加害・侵略・虐殺・破壊行為をおこなったか知らされなかった。それは戦場が日本本土ではなく、中国大陸であったからである。戦時中の日本政府と軍部は、日本軍が中国の戦場でおこなっていた侵略・加害行為については、厳格周到な報道統制によって、日本国民に知らせなかった。新聞やラジオなどのメディアは日本軍の不法行為については報道することを禁じられ、兵士の軍事郵便についても厳しい検閲がおこなわれ、兵士が家族への手紙で戦場の実相を知らせることはさせなかったし、帰還した兵士にも厳格な緘口令《かんこうれい》が敷かれていた。

　多くの日本人に本書から、中国側が「三光作戦」と恐れた日本軍の「治安戦」の実態――「殺し尽くし、焼き尽くし、奪い尽くす」作戦、つまり村民の皆殺し、家屋の焼却、食糧や家畜の略奪――を、ウクライナ戦争報道と照らし合わせながら、連想、想像して欲しいと願っている。

岩波現代文庫版の刊行にあたっては、単行本刊行の時と同様に、岩波書店編集部の吉田浩一さんにたいへんお世話になった。衷心より感謝申し上げたい。

さらに若手研究者の齋藤一晴氏に本書の解説を書いていただけた。有り難く、お礼申し上げたい。

笠原十九司

二〇二三年一〇月

解説

齋藤一晴

1　著者について

笠原十九司氏は、一九四四年（昭和一九年）に群馬県で生まれている。十九司という名前は、昭和一九年生まれであることに由来するという。東京教育大学および同大学院で東洋史を専攻し、中国史を専門とする野沢豊から教えを受けている。一九六五年、大学二年生のときには関東学生中国研究会連合の委員長として第一回日中青年交流会に参加、毛沢東や劉少奇、周恩来らと接見している。

一九七一年からは東京大学教育学部附属中等教育学校で教員生活をスタートさせ、宇都宮大学教育学部を経て一九九九年から二〇一〇年まで都留文科大学で教鞭をとった。その間、南京師範大学や南開大学の客員教授を務め、二〇〇九年には「第一次世界大戦期の中国民族運動と東アジア国際関係」で博士（学術）を東京大学から授与されている。現在は都留文科大学名誉教授である。

氏の研究テーマは実に幅広い。まず、博士論文にまとめられた、中国の新民主主義革命史を再検討するための五・四運動史研究、および中国の民族運動を日中関係や東アジア関係史からとらえる研究がある。次に、家永教科書裁判を支援する過程でライフワークとなっていった南京事件研究を指摘できる。さらに、近年は日中韓共同歴史教材の作成にたずさわり、国境を越えた歴史認識の対話もあげることができる。また、学校図書から刊行された一九七八年版の中学校社会・歴史の教科書や一九九四年版から二〇〇四年版まで一橋出版から刊行された高校の世界史教科書を執筆している。

氏は、日本の歴史のなかでも激動の時代を生きてきたと言えるだろう。日本の敗戦から日本国憲法の制定、戦争の傷跡を身近に感じた幼少期、そして高校生で日米安保反対運動、大学生のときにはベトナム反戦運動をリアルタイムで経験している。

『アジアの中の日本軍――戦争責任と歴史学・歴史教育』(大月書店、一九九四年)の「あとがき」の最後に、氏が父に向けて書いた以下の一文がある。

〔私が〕高校生の時には〔父は〕安保反対闘争に参加してデモや座り込みをやり、夜遅くに帰ってくることが多かった。日本に築かれ始めた平和と民主主義の教育を守ろうと奮闘していた父の背中は、無言の教育を私にしてくれた。

こうした経験は、歴史学の役割をアカデミズムの世界で完結させず、研究成果を世に問うことで社会的責任を果たそうとする氏の原点になっているに違いない。

本書を執筆するに至った動機については、藤原彰『天皇の軍隊と日中戦争』(大月書店、二〇〇六年)に収められている「藤原彰先生を偲ぶ」に、以下のように記されている。

私への最後の手紙にあったように、先生は「私の最後の仕事として、台湾征服戦争、シベリア出兵、満州事変、日中戦争へと継続して行われた日本軍の三光作戦について、通史的にまとめたい」と決意され、調査研究を深め、執筆の準備作業を進めている最中の急逝であった。藤原先生の学恩に報いるためにも、先生の三光作戦の研究を受け継いで世に残す仕事をしたいと思っている。

上述してきたように、本書は氏の使命感ともいうべき情熱によってまとめられたものであり、歴史的な経緯、背景がある。

2　本書の特徴

本書は氏が都留文科大学を退職した年に刊行されており、思い入れの深い一冊だと思われる。以下に特徴をあげてみたい。

①短歌、民謡、踊りへの着目

本書の「プロローグ」は、宮柊二の歌集『山西省』に載っている八首の短歌から始まる。自身、歌人でもある氏らしい読者をひきつける導入である。限られた文字数に感情や経験、それらの背景などが盛り込まれる短歌は、詠み手から読者へのメッセージであり対話でもある。治安戦に実際に参加した一兵士であった宮からのメッセージを受け止め、個人の視点から治安戦の全体像へ迫っていくという本書の叙述スタイルを提示している。歴史学において、こうした短歌や民謡、踊りなどへの着目は重要であり、今後、研究課題として深めていく必要があるだろう。

本書の後半には山西省で人々に伝唱された日中戦争に関わる歌、踊りが紹介されている。そこには、文字として記録されていない中国民衆の戦争経験や被害の実態、そして何よりも人々の思いが残されている。いずれも記録だけでなく記憶として、さらに身体的に日中戦争がどのように継承されたのかを示しており、中国の人々がなぜ今日に至るまで日本との戦争を忘れず、厳しい視線を向けるのかを知ることができる。氏が伝えたいのは、このような歴史認識の「違い」を知らなければ対話は始まらないということであろう。

②初学者から研究者まで

本書が先行研究に依拠し、史資料の実証に裏づけられた学術書であることは言うまでもないが、初学者にも配慮した叙述スタイルを採っていることが特徴の一つと言える。

本書のように戦争をテーマとする場合、地名や軍事、軍事史に関わる用語を知らないと戦闘の規模や戦場の状況が分からず、戦争の実態や全体像がつかめないということが起こりやすい。しかし、本書では例えば日本陸軍の部隊編成について、師団・連隊・大隊・中隊・小隊と明示したうえで、戦場における戦闘単位が中隊であること、人数が一二〇〜二〇〇人であることなどを記している。さらに、作戦の指揮命令系統や戦術、戦略の担い手が誰もしくはどこだったのかということが分かりやすく述べられている。これらの説明は戦場の実相の理解に役立つだろう。

また、巻末の関連地図を見れば、日本軍と中国側との戦闘が、いつ、どこで行われたか一目瞭然である。これも戦争の歴史を流れとしてとらえるうえで大切なことである。

③通史としての日中戦争史

近年、歴史学では研究テーマが細分化され、通史を書くことの難しさが増している。そうしたなか、氏は本書において、一九三七年から一九四五年までを、華北だけ、もしくは華中だけと地域を絞らず中国全体の戦闘の推移を通史として描いている。氏も指摘している通り、そうすることで治安戦が日中双方にとってどのような意味をもったのかがクリアになる。また、通史という叙述スタイルは、戦局の推移を追うにとどまらず、歴史像や時代像、そして世界史像を示すうえでも優れた方法である。

本書では、日中戦争が単なる二国間の戦争ではなく、双方が国際関係のなかで駆け引きを行いつつ遂行された世界戦争であったことが述べられている。一兵士の足元から見た戦場と国際関係下で行われた戦争とを結びつけることで、歴史を像として立ち上げていることも大きな特徴といえるだろう。

④日中戦争の実相、全体像に迫る

本書は、戦場における戦闘をメインに扱い日中戦争の実相を明らかにすることを試みているが、それだけでなく例えばレイプ、法幣をめぐる経済戦、アヘンの密売、対日協力政権による中国人への懐柔・教化、細菌戦、経済封鎖、経済収奪、戦争のトラウマなど日本軍の戦争犯罪について幅広く言及している。

戦場の諸相を描く際、どうしても南京大虐殺や「慰安婦」といった象徴的なトピックに着目しがちである。たしかに両者は日中戦争を知るうえで欠くことのできないキーワードであるが、氏が本書全体で示しているように、戦場だけでなく日常的な暴力が中国社会や人々の生活を破壊したことを理解しない限り、日中戦争の実相、全体像をとらえることはできないだろう。治安戦は、日本軍にとっての日常であり軍隊としての特質を表している。氏は、一つひとつの作戦、戦場だけでなく、日本軍によって中国人の生活がどう変化したのかを詳細に描きつつ、戦争とは何かを伝えているのである。

⑤証言と調査、都市と農村

中国人戦争被害者の証言や日本兵の戦犯供述書など、証言を数多く活用していることも本書の特徴の一つである。また、証言を史資料から裏づけ、歴史学におけるその有効性を示している。これらは、氏が一九八〇年代から中国の大学と行った共同研究や、三谷孝を中心とする中国農村慣行調査研究会のメンバーとして華北で継続した聞き取り調査によって可能となった。氏はそれらの調査を通して、日中戦争が農村で暮らす人々、家族の生活の何をどう破壊したのかに着目してきた。また、氏が本書のなかで紹介しているように、中国の歴史学においてオーラルヒストリーを扱った証言集の刊行が続いていることも背景としてあるだろう。

日中戦争の実相を知るためには、本書のように都市だけでなく、日本軍の侵攻先として圧倒的多数を占めた農村での戦闘を研究しなければならない。氏がモットーとする「足で歩く歴史研究」が発揮された成果だといえよう。

⑥戦争と戦後史をつなぐ

本書の大きな特徴の一つが、日中戦争を経験した中国人の戦後が書かれていることである。例えば、日中戦争のときに日本人と交流があったり日本語を学んだりした経験がある人物や日本兵にレイプされた女性、新民会に参加した人物などが、戦後の中国における反右派闘争や文化大革命の時期に、糾弾や迫害の対象になったことを指摘している。

また、対日協力政権の評価をめぐって中国人の間に意見の相違や分断をもたらしていることにもふれている。戦争が終わり、日本軍がいなくなった後にも中国社会や人間関係に負の影響を与え続けた具体的な事例を記している。

本書の最後が「日本当局と日本人に利用され、欺かれた彼らの悲惨で無惨な歴史を記憶することが求められている」としめくくられていることからも、氏の問題意識や研究の射程、いいかえれば日中戦争の実相とは、なにも戦時中の日本軍の戦争犯罪だけを指すのではなく、それがもたらした戦後への連続性を含むことが分かる。

⑦治安戦をめぐる研究

氏は、治安戦を「治安を確保するための戦闘」であり、「日本軍の治安戦」とは、日本軍が確保した占領地の当地の安定確保を実現するための戦略、作戦、戦闘、施策などの総称であると定義している。そして、歴史研究者の側からその全体像を明らかにする試みはまだ十分になされていないと記している。そうしたなか本書では、日本が行った治安戦の発端、展開、変容、挫折をまとめることで、それが偶然の産物ではなく、氏の言葉を借りれば「天皇制集団無責任体制」のもとで生み出されたことを明らかにしているところに特徴がある。

日本軍の治安戦を中国側は三光作戦もしくは三光政策と呼んで恐れ、非難した。氏が指摘しているように、現在、それらを記述している日本の歴史教科書はわずかである。一方、中国では、建国当初の歴史教科書から一貫して記述されてきた。三光作戦は中国の人々の記憶に深く刻まれてきたのである。そうした中国の人々にとって戦争が持つ意味を一貫して問うているのも本書の特徴の一つだといえる。

⑧歴史教育への視野

本書の特徴の一つは、主語、主体が明確であることだ。日本軍や日本兵、日本といった大きな括りを主語とする、もしくは戦闘の激しさや規模を犠牲者数に代弁させるというよりは、人物の名前や主体が個別具体的に明記されている。これは、歴史上の「有名人」が登場する歴史教科書を用いてそうした大きな括り、主語で授業をしてしまいがちな歴史教育にとって大切な視野だと感じる。

氏のこうした姿勢は、二〇年にわたって参加している日中韓共同歴史教材の作成も影響していると推察する。作成現場では、犠牲者数や日本軍の特質といった議論だけでなく、日中韓を問わず名前を持つ戦争被害者の一人ひとりに焦点を合わせ、彼らの顔を浮かべることができるのか、ということを問い続けてきた。なぜなら、戦争や植民地支配ではあまりにも過酷な死が無数にあり、命の存在が軽く感じられてしまうからだ。

生と死の重み、戦争の本質を考えるためには、一人ひとりに向き合う必要がある。これは歴史教育の大きな課題でもある。

3　本書から私たちが問われていること

最後に、解説を執筆するにあたり氏へのメッセージを書いておきたい。氏と初めてお会いしたのは、二〇〇三年、早稲田大学で開かれた「歴史認識と東アジアの平和」フォーラムであった。大学院生だった私は、著書でしか知らなかった氏と初めて会話をしたことを今でも鮮明に覚えている。それ以降、日中韓共同歴史教材の作成や南京事件・沖縄戦合同研究会(現在の日本現代史研究会)などでご一緒させていただいてきた。

飾らない言葉、ゆるぎない信念、そして日本語、中国語、英語を駆使して国境を越えた対話を行い、建設的な議論を積み重ねる姿を間近で拝見してきた。氏は、二〇一六年、事故により大けがを負い生死の境を彷徨《さまよ》うことになった。その後の懸命なリハビリを経て、こうやって本書が岩波現代文庫として刊行されることを心からうれしく思う。

本書は、氏の研究成果だけでなく、無数の生、そして死に真正面から真摯に向き合ってきた人生そのものなのである。戦争や紛争が今日的課題となっている現代社会において、私たち読者に投げかけられた課題は大きい。ぜひ、本書を手にしながら、多くの方々と問題意識を共有し、議論していければと願っている。

(さいとう　かずはる／歴史教育・歴史学、日本福祉大学教育・心理学部准教授)

本書は二〇一〇年五月、岩波書店より刊行された。

索　引

ア 行

カ 行

サ 行

タ 行

ナ 行

ハ 行

マ 行

ヤ 行

ラ 行

巻末資料(表)

表1　日中戦争期華北における日本軍の大量虐殺

年月日	場所と犠牲者数	
1937. 8. 27	察哈爾省万全(張家口)	300余
1937. 9. 9	山西省陽高城	1000余
1937. 9. 12	山西省天鎮城	2200余
1937. 9	山西省霊丘	1200余
1937. 9. 15	河北省保定	2000
1937. 9. 15	河北省固安	1500余
1937. 9. 24	河北省保定	500
1937. 9. 28	山西省朔県城	4000
1937. 10. 2	山西省寧武城	4800
1937. 10. 8	山西省崞県城	2000
1937. 10. 12	河北省趙県	700
1937. 10. 12	河北省藁城県梅花鎮	1547
1937. 10. 13	山西省忻口南懐化村	700余
1937. 10. 24	河北省成安	5300
1937. 11. 13	山東省丘県	808
1937. 11. 13	山東省済陽城	2000余
1938. 3. 17	山東省藤県	2259
1938. 4. 14	山東省陽城	700余
1938. 4. 21	山東省臨沂	2840余
1938. 11. 3	山西省五台	400余
1939. 1. 16	山東省掖県城	440余
1939. 7-9	山西省武郷	1500
1939. 10. 31	河北省望都県薛庄	299
1940. 4. 13	河北省易県常峪溝	800余
1940. 5	山東省泰安県紅山	300
1940. 9. 8	山西省寿陽県韓贈村	364

1940.11.18	山西省昔陽県西峪村	386
1941. 1.25	河北省豊潤県潘家峪	1230
1941. 2. 4	熱河省寛城碾子峪	187
1941. 2.11	熱河省寛城大屯村	187
1941. 2.18	山西省応県下社	1700 余
1941. 3.12	山西省絳県里冊峪	500 余
1941. 4.29	河北省故城霍庄	500
1941. 9.12	河北省平山県驢山	700 余
1941.12	山東省臨沂留田	3000 余
1942. 1	河北省興隆県	400 余
1942. 4.16	河北省遵化県魯家峪	500 余
1942. 5.27	河北省定県北疃	800 余
1942.11.23	山西省浮山県馬石山	503
1942.12. 5	河北省灤県潘家戴庄	1280
1942.12. 6	山東省栄成県崂山	300 余
1943. 2.10	河北省興隆県	400 余
1943. 5.14	河北省易県狼牙山	300 余
1943. 9.20	河北省平山県焦家庄	400 余
1943.11.14	河北省井陘県老虎洞黒水坪	1000 余
1943.12	察哈爾省張北県狼窩溝	3000
1944. 1.23	河北省興隆県	500 余
1945. 3.31	山東省茌平県張家楼	330
1945. 5	山東省泊里	120 余

出典）中国抗日戦争史学会・中国人民抗日戦争紀念館・中国地図出版社編『中国抗日戦争史地図集』(中国地図出版社, 1995年), 171, 172頁より作成

表 2　北支那方面軍の華北における治安作戦

1939 年	
南部山西掃蕩戦 (12. 25-1. 10)	第 1 軍の第 20，第 108，第 109 師団をもって，臨汾西山地に蟠踞する山西軍の遊撃根拠地を掃蕩
北部山西掃蕩戦 (2. 3-3. 28)	第 1 軍の第 109 師団，独立混成第 3，第 4 旅団等をもって山西省，陝西省，河北省間の中国軍連絡線を遮断，粛正
春季反撃作戦 (4. 3-5. 31)	駐蒙軍，第 26 師団騎兵集団等をもって，綏遠奪回を企図する中国政府軍にたいして先制撃攘
五台作戦 (4. 18-6. 25)	第 1 軍の第 36，第 109 師団，独立混成第 3，第 4 旅団等をもって，五台山地に蟠踞する山西軍および共産党軍を撃破
魯南作戦 (6. 7-6. 30)	第 12 軍の第 5 師団等をもって，山東省に残存していた国民党系遊撃隊を掃蕩
魯西作戦 (7. 3-7. 9)	第 12 軍の第 14 師団および第 10，第 32，第 35，第 104 師団の一部をもって，魯西地区平地方面における共産党軍および土匪の本拠を剿滅
晋東作戦 (7. 4-8. 25)	第 1 軍の第 20，第 108 師団および第 35，第 36，第 109 師団，独立混成第 4，第 9 旅団等の各一部ならびに集成飛行隊をもって，中央軍および共産党軍の潞安地区における策動の根拠地を覆滅
潞安周辺掃蕩戦 (10. 2-10. 9)	第 1 軍の第 20 および第 109 師団ならびに第 1 飛行団をもって，潞安奪回を豪語する同地周辺の国民政府軍を撃滅し潞安平地の治安を確立
1940 年	
春季晋南作戦 (3. 25-5. 8)	第 1 軍の第 36，第 37，第 41 師団その他ならびに第 1 飛行団をもって，潞安方面山西省東南地区衛立煌軍を撃破して該地域を確保
郷寧作戦 (3. 29-4. 20)	第 1 軍の第 37，第 41 師団ならびに第 1 飛行団をもって，山西省南西の郷寧方面に侵入した国民政府軍第 98 軍を撃破
晋南反撃作戦 (5. 9-6. 20)	第 1 軍の第 36，第 37，第 41 師団ならびに第 1 飛行団をもって，潞安奪回を企図する中国の第 1 戦

	区軍を周村，沢州，高平附近に撃攘
第1期晋中作戦 (8.30-9.18)	第1軍の独立混成第4，第9旅団をもって，百団大戦への反撃戦として平定，和順，楡社附近の共産軍を撃破
第2期晋中作戦 (10.11-12.3)	第1軍の第36，第41師団等の各一部所在部隊ならびに第1飛行団をもって，石太線および北部同浦線を擾乱する共産党軍を掃蕩
晋察冀辺区粛正作戦 (10.13-11.2)	駐蒙軍と第1軍の第110師団，独立混成第15旅団をもって，晋察冀辺区の共産党軍根拠地にたいして大規模な粛正作戦
西方作戦 (12.13-1.22)	第1軍の独立混成第9，第16，第3旅団等ならびに第1飛行団の一部をもって，興県附近に蟠踞する共産党軍根拠地を覆滅

1941年

陵川作戦 (3.4-3.20)	第1軍の第36師団およびその他兵団各一部ならびに第1飛行団をもって，国民政府軍第27軍を山西省南東の河南省に近い陵川に撃破
15軍撃滅作戦 (3.10-3.30)	第1軍の第37，第41師団等ならびに第1飛行団の一部をもって，国民政府軍第15軍を撃破，緯県東方の国民政府軍陣地を占領
中原作戦 (5.7-6.15)	北支那方面軍の第21，第33，第35，第36，第37，第41師団その他兵団の各一部ならびに第3飛行団をもって，垣曲北方より済源西方地域一帯に進入した第1戦区の主力20数個師団を撃破
冀東作戦 (5.29-7.2)	北支那方面軍の第27師団，独立混成第15旅団等をもって，冀東に蟠踞する李雲長共産党軍を撃破
北部冀中作戦 (6.6-7.10)	北支那方面軍の第110師団およびその他兵団各一部をもって，白洋淀北方地区を粛正
晋察冀辺区粛正作戦 (8.10-10.15)	駐蒙軍および第1軍をもって省境を封鎖，第21，第33，第110師団，独立混成第8，第15旅団等ならびに第1飛行団をもって，山西・察哈爾・河北省境山地における共産党軍巣窟を徹底掃蕩して，共産軍を包囲撃破した後，さらに共産党軍地区を遮断して残敵を剔抉掃蕩

博西作戦 (9. 19-10. 1)	第12軍の独立混成第6，第10旅団をもって，膠済線南方地区を粛正
沁河作戦 (9. 22-10. 28)	第1軍の第36，第41師団，独立混成第16旅団等ならびに第1飛行団をもって，沁河河谷の共産党軍を撃破
河南作戦 (10. 2-11. 19)	黄河を越え鄭州を占領して，第11軍の長沙作戦に策応した後旧態勢に復帰する
汾西作戦 (10. 26-11. 18)	第1軍の第37，第41師団，独立混成第16旅団各一部をもって，絳州西方地区に中央軍の侵入を撃破
第2次魯南作戦 (11. 5-12. 28)	第12軍の第17，第21，第32師団，独立混成第5，第6，第7，第10旅団各一部等をもって，国共相剋に乗じて山東省南部に共産党軍根拠地を覆滅
1942年	
冬季山西粛正作戦 (2. 2-3. 15)	第1軍の第36，第37，第41師団，独立混成第3，第4，第16旅団等をもって，山西全域にわたる剿共戦を実施，共産党軍の撃滅，その根拠地の徹底粛正，兵器物資の獲得搬送により，治安圏の飛躍的拡大を企図
魯中作戦 (2. 5-2. 26)	第12軍の歩兵19個大隊をもって，臨朐南方，博山南東方面山岳地帯を根拠地として蠢動をつづける魯蘇戦区総司令于学忠の国民政府軍の本拠地を覆滅
冀東道粛正作戦 (2-4月，9-11月)	北支那方面軍の直轄の第27師団をもって，河北省東北の長城線に沿う山地一帯の共産党軍の根拠地の燼滅
魯西作戦 (3. 1-3. 7)	第12軍の第32師団，騎兵第4旅団をもって，山東省西部平原地帯で蠢動をつづけ，形勢観望中の孫良誠の決断を迫るため包囲攻撃，孫良誠は部下2.5万を率いて帰順
第2次魯東作戦 (3. 25-4. 15)	第12軍の独立混成第5，第6旅団をもって，山東半島東部地区および海岸地帯の共産党軍の根拠地施設の覆滅，半島東部地区では所在警備隊，海軍部隊と協力して，威海衛，文登，石島付近を掃蕩
冀東作戦	北支那方面軍直轄の第27師団をもって，河北省

(4.1-6.10)	東北の共産党軍根拠地および地下組織を徹底的に粛正
冀南作戦 (4.29-5.15)	第12軍の第32師団をもって，冀魯豫軍区の共産党軍の根拠地と国民政府軍系の高樹勲軍(第39集団軍)蟠踞地中心地区を掃蕩
冀中作戦 (5.1-6.20)	北支那方面軍直轄の第26，第41，第110師団，独立混成第7旅団，騎兵第13連隊ならびに第29独立飛行隊等をもって，河北省中央平原部の共産党軍根拠地を3期にわけて徹底的に掃蕩
晋冀豫辺区粛正作戦 5.15-7.20)	第1軍の第36師団，独立混成第3，第4旅団ならびに第1飛行団等をもって，劉伯承共産党軍および国民政府中央軍の第27軍，第40軍，新編第5軍を掃蕩，根拠地を覆滅
泰莱蒙作戦 (6月初旬)	第12軍の第59師団をもって，新泰，萊蕪子，泰安，蒙陰の東方山地の共産党軍の根拠地の掃蕩，津浦線や鉱山の確保
第2次魯中作戦 (8.12-8.15)	第12軍の第32師団，独立混成第5，第6旅団等をもって，山東省中部山岳地帯に蟠踞する于学忠の国民政府系軍の包囲殲滅
冀東秋季作戦 (9.17-11.15)	北支那方面軍直轄の第27師団をもって，河北省東北の共産党軍を徹底的に剿滅
東平湖西方剿共作戦 (9.27-10.5)	第12軍の第32師団，独立混成第6旅団等をもって，山東省西部の旧黄河付近の共産党軍を掃蕩剔抉
第2次魯東作戦 (11.19-12.29)	第12軍の独立第5旅団主力と第59師団，独立混成第6，第7旅団の一部等をもって，膠東軍区の共産党軍の剿滅ならびに山東半島一帯の治安回復
1943年	
十八春冀西作戦 (4.18-5.11)	北支那方面軍直轄の第110師団をもって，河北省西部の北部太行山脈地帯の晋察冀辺区の共産党軍の撃滅，根拠施設の徹底的覆滅
十八春太行作戦 (4.20-5.22)	第1軍の第35，第36，第37，第69師団，独立混成第3，第4旅団ならびに第3飛行団の一部をもって，南部太行山脈の省附近に蟠踞する国民政府軍の第24集団軍の覆滅，集団軍総司令の寵炳

	勛および新編第5軍長孫殿英が帰順．後，山西省北西の八路軍司令部と第129師を掃蕩剔抉
十八魯中作戦 (5月中旬)	第12軍の第59師団をもって，山東省蒙陰，沂水両県にわたり，国民党于学忠軍(国民政府軍)の残党を剿滅，その方面の八路軍にも打撃
十八夏太行作戦 (7.10-7.31)	北支那方面軍の第35，第36師団の主力でもって，山西省の陵川東方および南方省境山岳地内の根拠地再建をはかっている国民政府軍の第27軍を掃蕩剔抉，国民政府軍の後退した地域へ進出した共産党軍を剿滅
十八秋魯西作戦 (9-10月)	第12軍により，山東省西部の各県において共産党軍を包囲殲滅，食糧掠奪，さらに細菌兵器の効力を実験し，日本軍がコレラ伝染地域で作戦をおこなう上での防疫力と耐久力を調査
十八秋冀西作戦 (9.16-12.10)	北支那方面軍の第110師団をもって，山西省に近い河北省西部の共産党軍主力を攻撃し，その根拠地を覆滅
十八秋晋北西地区粛正 (9.26-11.10)	第1軍の独立混成第3旅団主力と第69師団の一部をもって，山西省北西の共産党軍の根拠地一帯を掃蕩
十八秋太岳地区粛正作戦 (10.2-12.10)	第1軍の第37，第62，第69師団をもって，沁河流域を根拠にして中條山脈に勢力を拡大した共産党軍の根拠地の封鎖と掃蕩
十八秋魯中作戦 (11.10-12.9)	第12軍の第32，第59師団，独立混成第5旅団をもって，張店南方山岳地帯内にある共産党軍の根拠地を覆滅
1944年	
十九夏衣山東作戦 (6-9月)	第12軍の第59師団をもって，山東省内の八路軍の根拠地を掃蕩．小麦収買支援作戦，戦略物資の掠奪と解放区の民衆の連行
十九秋山東作戦 (10月下旬-12月中旬)	第12軍により，山東省において八路軍根拠地の掃蕩，小麦，棉花等収買支援を目的とする作戦
秋季2号作戦 (10月下旬-11月下旬)	独立混成第9旅団により，津渤・渤海両道において，棉花雑穀の収買支援作戦に成果

1945 年	
二十春衣山東作戦(1-3 月)	第 12 軍の第 59 師団をもって八路軍を攻撃
秋嶺 1 号・2 号作戦(5-7 月)	新しく編成された第 43 軍隷下に第 59 師団をもって共産党軍の掃蕩，対米戦準備のための陣地構築

出典）堀場一雄『支那事変戦争指導史』，防衛庁防衛研修所戦史室編『北支の治安戦(1)』『北支の治安戦(2)』，新井利男・藤原彰編『侵略の証言』より作成

表 3　北支那方面軍の編制(1942 年 4 月)

北支那方面軍司令部	方面軍司令官	**第 1 軍**	軍司令官
	参謀長		軍参謀長
	参謀副長		第 36 師団
	参謀(第 1 課，第 2 課 第 3 課，第 4 課)		第 37 師団
			第 69 師団
北支那方面軍直轄兵団	第 27 師団		独立混成第 3 旅団
	第 41 師団		独立混成第 4 旅団
	第 110 師団	**第 12 軍**	軍司令官
	独立混成第 1 旅団		軍参謀長
	独立混成第 8 旅団		第 32 師団
	独立混成第 9 旅団		第 35 師団
	独立混成第 15 旅団		第 59 師団
駐蒙軍	軍司令官		独立混成第 5 旅団
	軍参謀長		独立混成第 6 旅団
	第 26 師団		独立混成第 7 旅団
	独立混成第 2 旅団		騎兵第 4 旅団
	騎兵集団		

出典）『北支の治安戦(2)』125，126 頁より作成

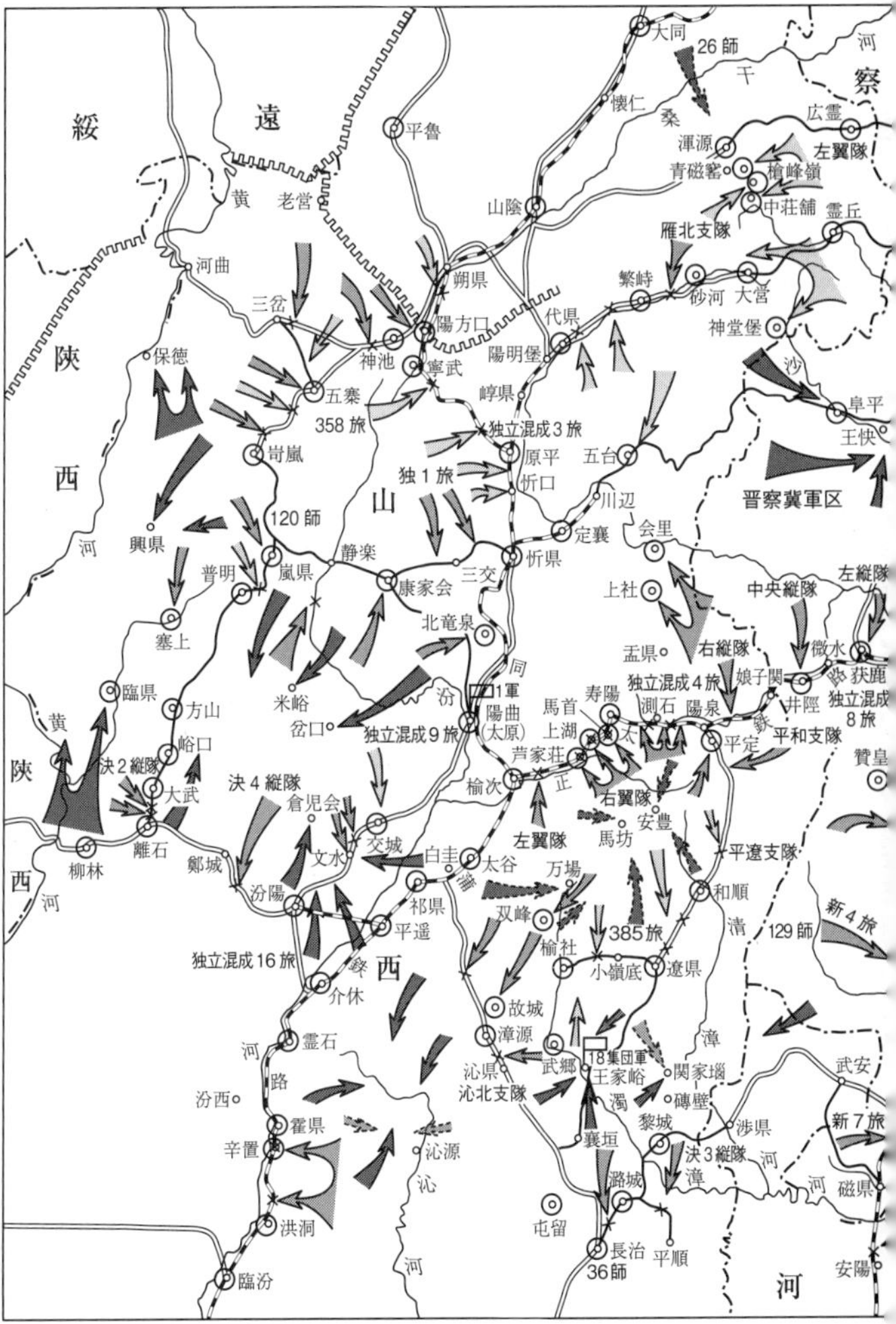
綏
遠
陝
西
山
西
察
晋察冀軍区
大同
26師
懐仁
桑
干
河
広霊
渾源
左翼隊
青磁窰
槍峰嶺
中荘舗
霊丘
平魯
黄
老営
山陰
雁北支隊
河曲
朔県
繁峙
砂河
大営
三岔
陽方口
代県
神堂堡
神池
寧武
陽明堡
保徳
五寨
崞県
沙
阜平
358旅
独立混成3旅
王快
岢嵐
原平
五台
独1旅
忻口
川辺
120師
河
興県
静楽
定襄
会里
普明
嵐県
三交
忻県
康家会
上社
中央縦隊
左縦隊
塞上
北竜泉
同
盂県
右縦隊
微水
臨県
米峪
1軍
独立混成4旅
娘子関
获鹿
方山
汾
陽曲
(太原)
馬首
寿陽
測石
陽泉
井陘
独立混成8旅
盆口
独立混成9旅
上湖
太
平定
平和支隊
峪口
芦家荘
鉄
決2縦隊
陝
黄
正
贊皇
大武
決4縦隊
倉児会
榆次
右翼隊
安豊
離石
交城
左翼隊
馬坊
柳林
文水
白圭
太谷
平遼支隊
鄭城
万場
西
河
汾陽
祁県
和順
清
129師
新4旅
双峰
浦
平遥
385旅
独立混成16旅
楡社
小嶺底
遼県
介休
西
故城
霊石
漳源
漳
河
18集団軍
武郷
王家峪
関家堖
武安
沁県
沁北支隊
路
濁
汾西
磚壁
霍県
黎城
渉県
新7旅
辛置
沁源
決3縦隊
河
漳
沁
路城
磁県
河
洪洞
屯留
長治
平順
36師
安陽
臨汾
河
河

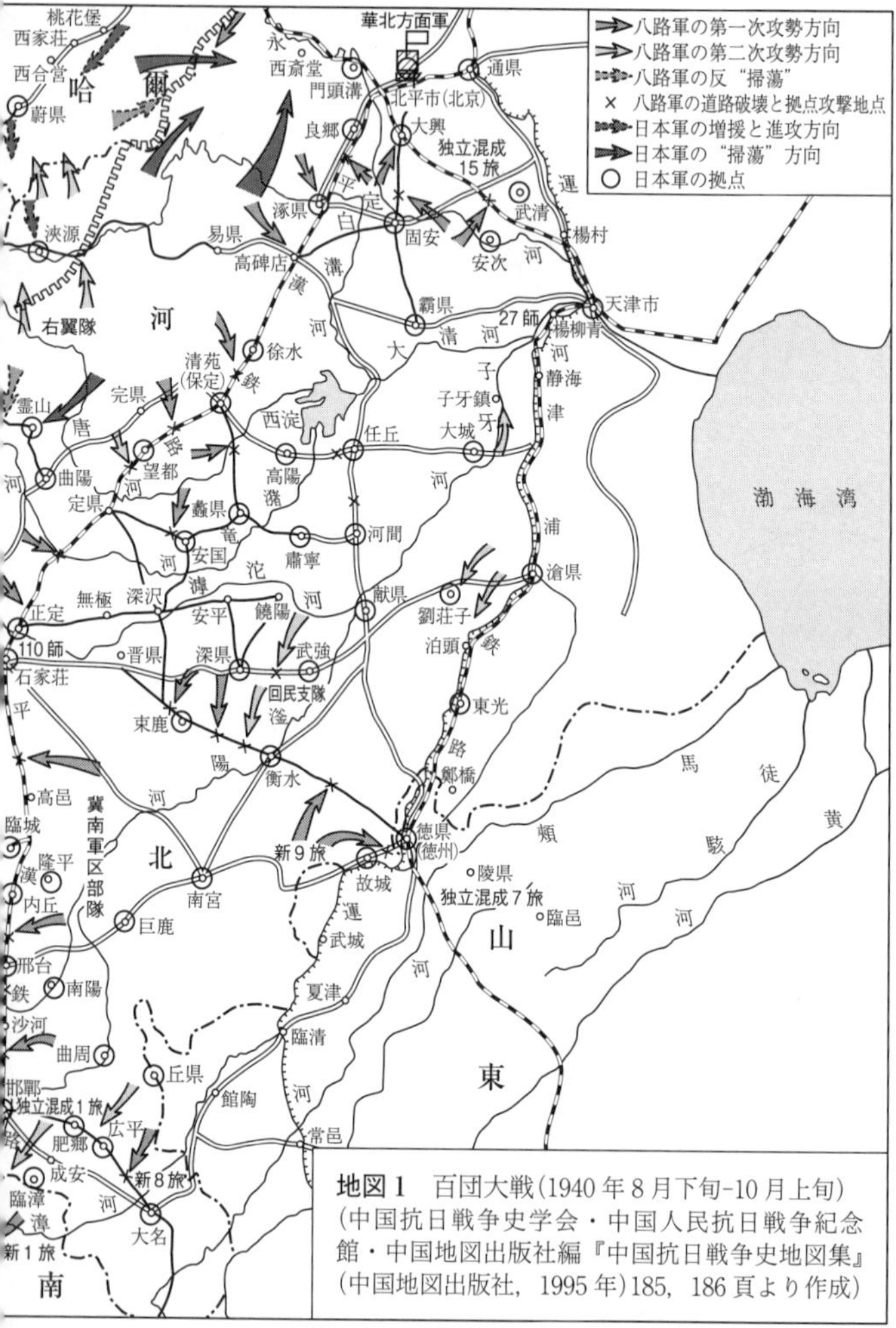

地図 1　百団大戦(1940 年 8 月下旬-10 月上旬)(中国抗日戦争史学会・中国人民抗日戦争紀念館・中国地図出版社編『中国抗日戦争史地図集』(中国地図出版社，1995 年)185，186 頁より作成)

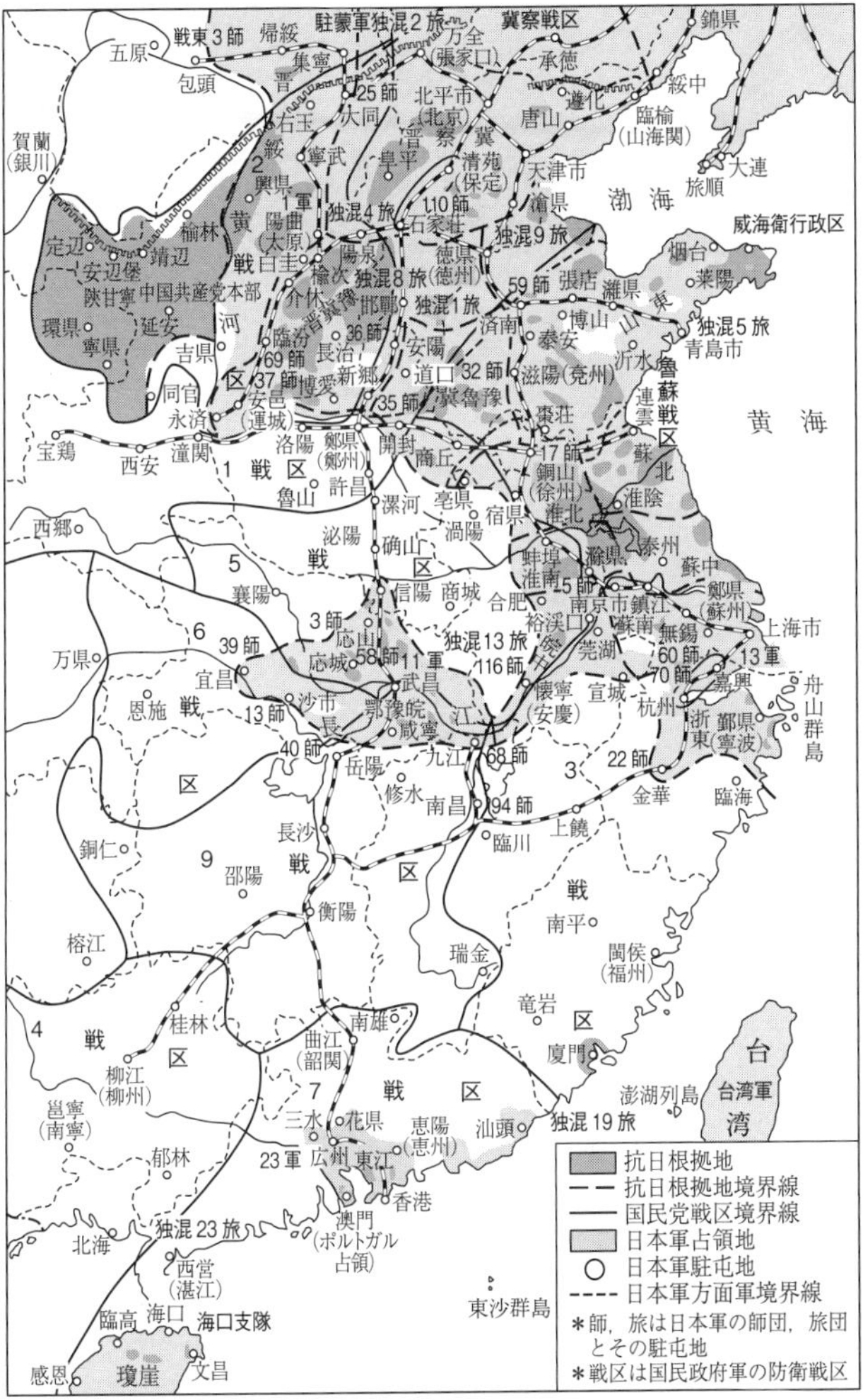
戦東3師
帰綏
駐蒙軍独混2旅
冀察戦区
錦県
五原
包頭
集寧
万全
(張家口)
承徳
綏中
晋
25師
北平市
(北京)
遵化
唐山
臨楡
(山海関)
賀蘭
(銀川)
右玉
大同
晋
察
冀
綏
寧武
阜平
清苑
(保定)
天津市
大連
旅順
2
興県
1軍
独混4旅
110師
滄県
渤海
黄
陽曲
(太原)
石家荘
独混9旅
威海衛行政区
楡林
定辺
靖辺
安辺堡
戦
白圭
陽泉
徳県
(徳州)
烟台
萊陽
陝甘寧
中国共産党本部
楡次
独混8旅
59師
張店
濰県
介休
晋冀魯豫
邯鄲
独混1旅
済南
博山
山
東
環県
寧県
延安
河
臨汾
36師
安陽
泰安
独混5旅
青島市
吉県
69師
長治
沂水
魯
区
37師
博愛
新郷
道口
32師
滋陽(兗州)
同官
安邑
(運城)
35師
冀魯豫
連雲
蘇
戦
区
永済
棗荘
黄海
宝鶏
西安
潼関
洛陽
鄭県
(鄭州)
開封
南丘
17師
1戦区
許昌
銅山
(徐州)
蘇
北
魯山
漯河
亳県
淮陰
宿県
淮北
西郷
泌陽
渦陽
確山
5
戦
区
蚌埠
淮南
滁県
泰州
蘇中
襄陽
信陽
商城
合肥
15師
南京市
鎮江
鄭県
(蘇州)
3師
裕渓口
蘇南
上海市
6
応山
独混13旅
無錫
39師
応城
58師
11軍
116師
蕪湖
60師
13軍
万県
宜昌
武昌
皖
70師
嘉興
舟山群島
恩施
戦
沙市
13師
長
江
鄂豫皖
咸寧
懐寧
(安慶)
宣城
杭州
浙東
鄞県
(寧波)
40師
岳陽
九江
68師
3
22師
区
修水
南昌
94師
金華
臨海
長沙
上饒
臨川
銅仁
9
戦
区
邵陽
戦
南平
衡陽
榕江
瑞金
閩侯
(福州)
竜岩
区
桂林
南雄
4
戦
区
曲江
(韶関)
廈門
台
柳江
(柳州)
7
戦
区
澎湖列島
台湾軍
湾
邕寧
(南寧)
三水
花県
恵陽
(恵州)
汕頭
独混19旅
鬱林
23軍
広州
東江
香港
澳門
(ポルトガル占領)
北海
独混23旅
西営
(湛江)
東沙群島
臨高
海口
海口支隊
感恩
瓊崖
文昌
抗日根拠地
抗日根拠地境界線
国民党戦区境界線
日本軍占領地
日本軍駐屯地
日本軍方面軍境界線
＊師，旅は日本軍の師団，旅団とその駐屯地
＊戦区は国民政府軍の防衛戦区

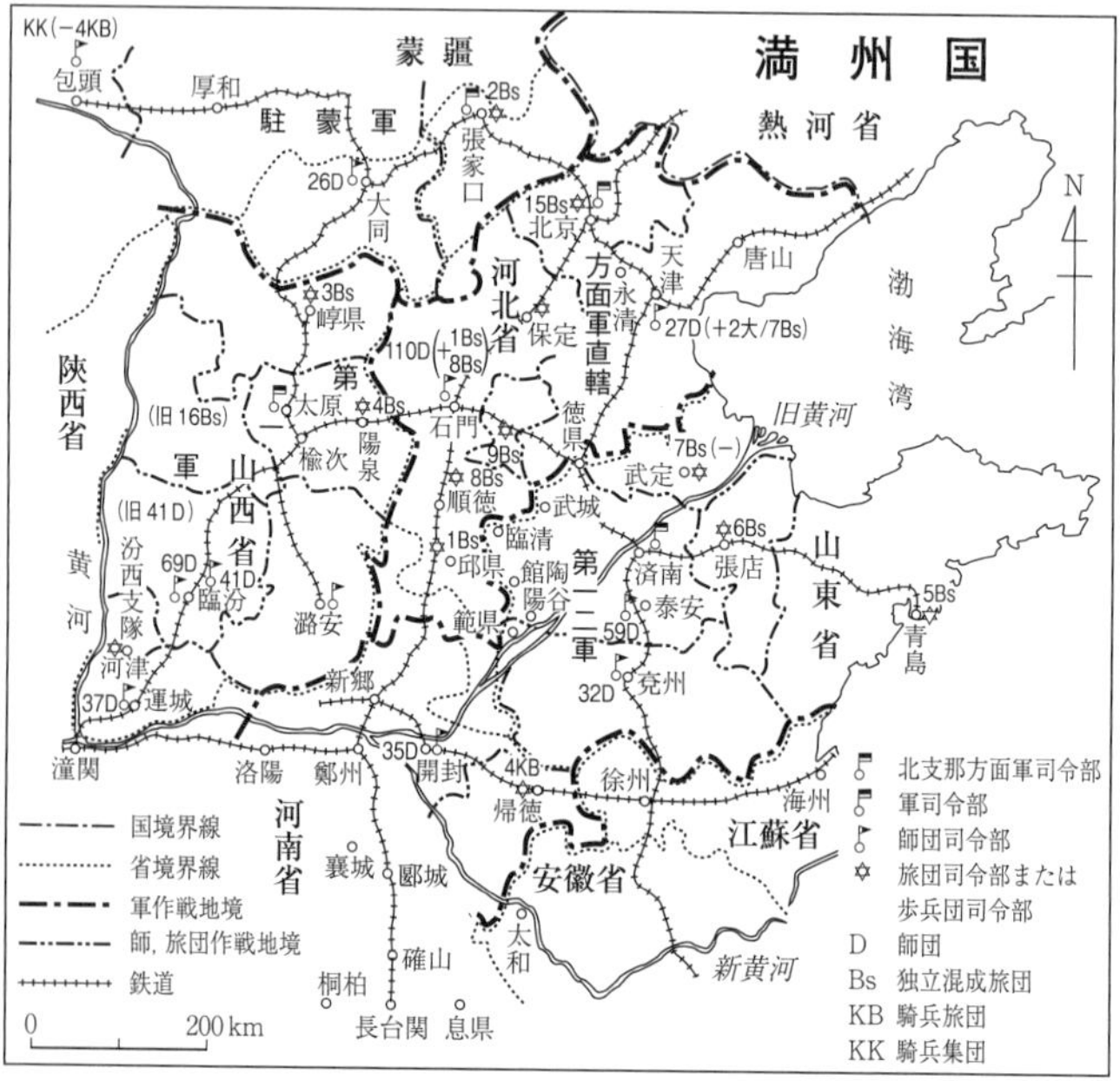

地図3　北支那方面軍(直轄・第1・第12軍)の作戦地域(1942年4月)
(防衛庁防衛研修所戦史室編『北支の治安戦(2)』125頁より作成)

地図2(左頁)　日本軍占領地と抗日根拠地(1943年)
(『中国抗日戦争史地図集』243頁より作成)

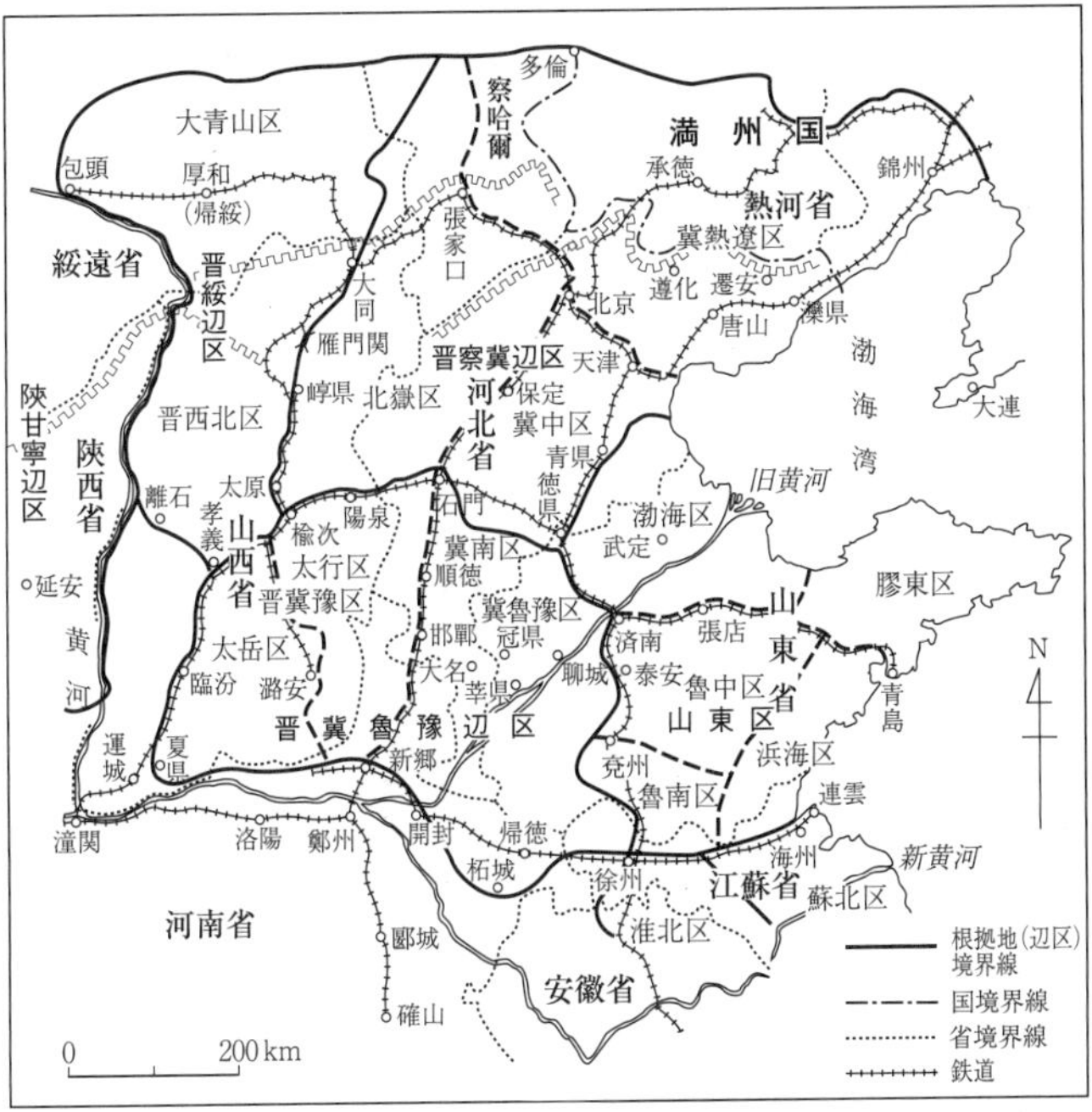

地図 4　華北の抗日根拠地(1944 年)(『北支の治安戦(2)』560 頁より作成)

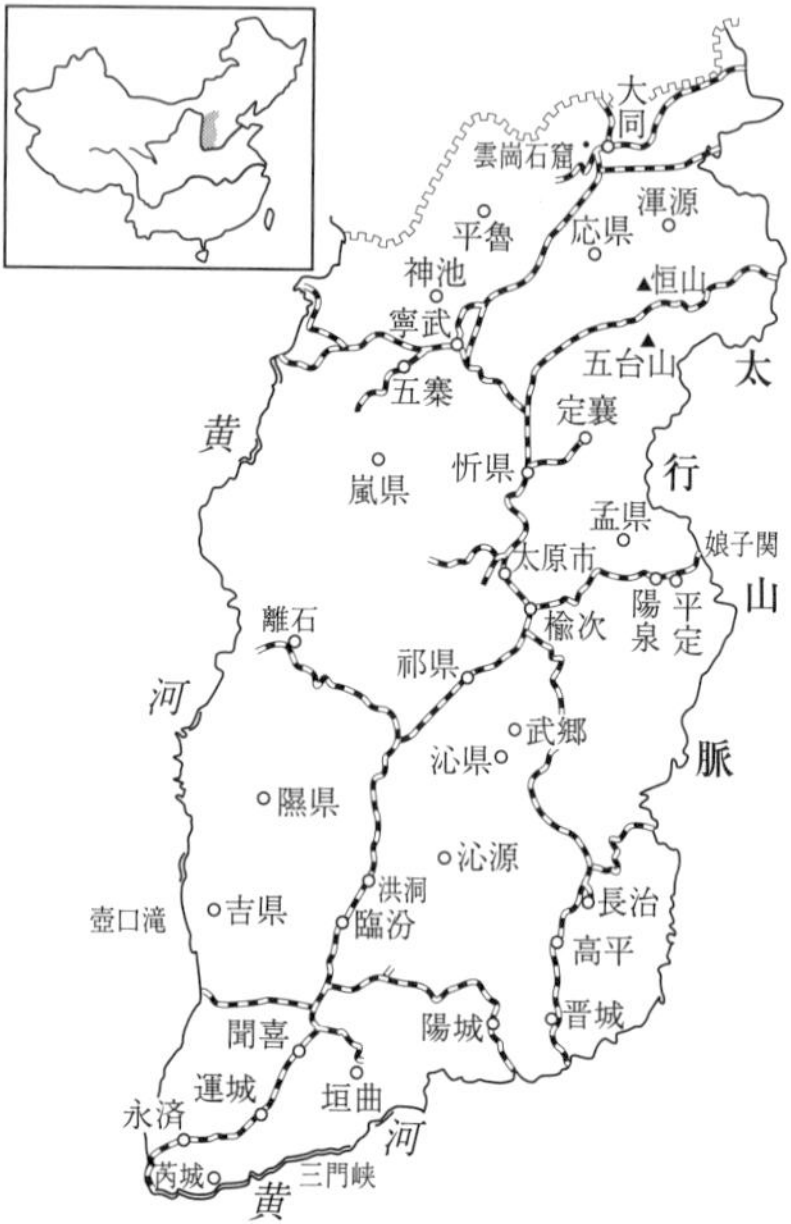
大同
雲崗石窟
渾源
平魯
応県
神池
恒山
寧武
五台山
太
五寨
定襄
黄
忻県
嵐県
行
孟県
娘子関
太原市
山
陽泉
平定
離石
楡次
祁県
河
武郷
沁県
脈
隰県
沁源
洪洞
壺口滝
吉県
臨汾
長治
高平
晋城
聞喜
陽城
運城
垣曲
永済
河
芮城
三門峡
黄

地図 5　山西省(現在)

日本軍の治安戦 ― 日中戦争の実相

2023年12月15日　第1刷発行
2024年 2 月26日　第2刷発行

著　者　笠原十九司《かさはらとくし》

発行者　坂本政謙

発行所　株式会社 岩波書店
〒101-8002 東京都千代田区一ツ橋 2-5-5
案内 03-5210-4000　営業部 03-5210-4111
https://www.iwanami.co.jp/

印刷・精興社　製本・中永製本

ISBN 978-4-00-600471-2　　Printed in Japan

岩波現代文庫創刊二〇年に際して

二一世紀が始まってからすでに二〇年が経とうとしています。この間のグローバル化の急激な進行は世界のあり方を大きく変えました。世界規模で経済や情報の結びつきが強まるとともに、国境を越えた人の移動は日常の光景となり、今やどこに住んでいても、私たちの暮らしは世界中の様々な出来事と無関係ではいられません。しかし、グローバル化の中で否応なくもたらされる「他者」との出会いや交流は、新たな文化や価値観だけではなく、摩擦や衝突、そしてしばしば憎悪までをも生み出しています。グローバル化にともなう副作用は、その恩恵を遥かにこえていると言わざるを得ません。

今私たちに求められているのは、国内、国外にかかわらず、異なる歴史や経験、文化を持つ「他者」と向き合い、よりよい関係を結び直してゆくための想像力、構想力ではないでしょうか。

新世紀の到来を目前にした二〇〇〇年一月に創刊された岩波現代文庫は、この二〇年を通して、哲学や歴史、経済、自然科学から、小説やエッセイ、ルポルタージュにいたるまで幅広いジャンルの書目を刊行してきました。一〇〇〇点を超える書目には、人類が直面してきた様々な課題と、試行錯誤の営みが刻まれています。読書を通した過去の「他者」との出会いから得られる知識や経験は、私たちがよりよい社会を作り上げてゆくために大きな示唆を与えてくれるはずです。

一冊の本が世界を変える大きな力を持つことを信じ、岩波現代文庫はこれからもさらなるラインナップの充実をめざしてゆきます。

（二〇二〇年一月）